MITO E HISTORIA

MIGUEL DE FERDINANDY

MITO E HISTORIA

Ensayos

EDUPR

EDITORIAL DE LA UNIVERSIDAD
DE PUERTO RICO

Primera edición, 1995
© 1995, Universidad de Puerto Rico

Catalogación de la Biblioteca del Congreso
Library of Congress Cataloging-in-Publication Data

Ferdinandy, Miguel de
   Mito e historia : ensayos / Miguel de Ferdinandy. -- 1. ed.
     p.   cm.
   ISBN 0-8477-0214-6
   1. Mytology--Miscellanea. History--Miscellanea. I. Title.
   BL315.F38   1995
   291.1'3--dc20   94-23313
                                                    CIP
ISBN 0-8477-0214-6

Portada: Wanda G. Torres
Tipografía: Novograph

Impreso en los Estados Unidos de América
Printed in the United States of America

EDITORIAL DE LA UNIVERSIDAD DE PUERTO RICO
Apartado 23322
San Juan, Puerto Rico 00931-3322

Administración: Tel. (809) 250-0550 Fax (809) 753-9116
Dpto. de Ventas: Tel. (809) 758-8345 Fax (809) 751-8785

CONTENIDO

PREFACIO

La paciencia visionaria de Miguel de Ferdinandy

"El Infierno existe, es la historia". Esta frase de Jean Cocteau dicha a Julien Green y que éste registra en su Diario, *ha sido para mí, desde el día en que cayó bajo mi vista, motivo de largas reflexiones y atónitos descubrimientos. En efecto, siempre me habían despertado serias sospechas los clásicos historiadores decimonónicos —Michelet y Macaulay a la cabeza— que narran la historia como una incesante lección que, escuchada y seguida por los hombres, los conduce por el camino del progreso y el cumplimiento de una vida mejor y más justa. Pero he pensado siempre como Louis Gillet que, después de Auschwitz e Hiroshima, esa clase de ingenuas necedades no son de recibo ni siquiera entre gentes de mediana inteligencia. La frase de Cocteau la leí poco antes de que mi querido y nunca bien llorado amigo Ernesto Volkening me iniciara en la obra de Ferdinandy. Me sumergí, luego, embelesado, en los libros vertidos al español del que más tarde iba a ser también amigo entrañable y guía imprescindible en el laberinto de la historia y de la vida. Su libro sobre* Carlos V, *su* En torno al pensar histórico, *luminosa reflexión sobre nuestro destino de testigos del pasado, su colección de ensayos* Carnaval y Revolución *y su* Historia de Hungría *me abrieron las puertas de otro camino, a mi juicio el único válido posible, que conduce a repensar la historia a la luz que pueda rescatarse después de recorrer ese Infierno que evocaba el poeta francés. Ese mundo subterráneo está tejido con todos los mitos, demonios, obsesiones y ritos sangrientos y propiciadores en los que descansa la vida de los hombres y, por ende, la de los pueblos. No más lecciones ejemplarizantes ni más anuncios de paraísos en la tierra, nimbados con la luz de un ilusorio progreso indemostrable.*

VII

Inspirado por las teorías de su maestro Szondy, Miguel de Ferdinandy ha recorrido uno por uno y con una paciencia y una tenacidad benedictinas, cada uno de los círculos infernales del acontecer histórico y, al regresar a la superficie, nos trae noticias ciertas de cómo el hombre ha ido viviendo y siendo víctima de las oscuras fuerzas que determinan su destino. Si se me pusiera a escoger cuál es el trabajo de Miguel de Ferdinandy que rescata más verdades y revela más abismos del pasado, de seguro caería en una perplejidad casi insalvable. Sin embargo, debo manifestar mi predilección por su "Marco Furio Camilo. El hombre entre el Mito y la Razón". En estas páginas, que tuve el orgullo y la dicha de leer en su versión original y antes de su publicación, el genio del autor —y uso de la palabra con pleno conocimiento de su estricto sentido y de la grave responsabilidad que supone usarla en su valor prístino, después de haberla rebajado a los niveles más necios— se muestra con una eficacia y una riqueza deslumbradoras. El encontrado destino de este romano, sobre el cual Plutarco escribió páginas ejemplares, se revela, por gracia de la intuición dramática y poética del historiador húngaro, como un ejemplo de grandeza francamente sólo comparable a ciertas escenas de Shakespeare por la desgarradora maldición de su final y el callejón sin salida a donde lo llevan los hados que rigen sus acciones. Con estas páginas, únicamente, ya el nombre de Ferdinandy merecería figurar entre los grandes de la historiografía contemporánea. Me doy cuenta de que, al citar este trabajo como uno de mis preferidos, parecería estar dejando de lado otros del mismo autor que en nada desmerecen frente al escogido por mí. Sus reflexiones sobre el encierro de Carlos V en el Monasterio de Yuste y su trabajo sobre "Los dioses de Goethe" son, desde luego, páginas magistrales y luminosas. Pero hay también ciertos rincones del pensamiento de Ferdinandy en donde suelo demorarme con delicia. No creo, en verdad, que nadie haya sabido seguir con tanta sabiduría y con resultados tan reveladores, la sinuosa línea de los Habsburgo desde su tronco primero hasta el opaco desenlace de los herederos de Franz Joseph, en medio de una Europa en llamas, poblada de cadáveres que se contaban por millones. Ferdinandy ha sabido ir delatando ciertas repeticiones de módulos de conducta y ciertos laberínticos procesos de un substrato mítico que han marcado la vida de estos monarcas de durante casi mil años de la historia de Occidente. Yo confieso con toda honesta ingenuidad que no conozco en las páginas de la historia moderna una labor que se le parezca.

*Este libro, que hoy reúne el producto de varias décadas de medita-
ción e inquisición de uno de los espíritus más lúcidos y ricos de nuestro
tiempo, es apenas una pequeña muestra de su obra; es, digámoslo
para caer en el símil tan conocido, la punta del iceberg. Yo pienso a
menudo lo que será como acontecimiento literario memorable, la aparición, en versiones francesa, española o inglesa, de las narraciones
noveladas de Ferdinandy sobre el destino secular y augusto de su familia durante parte del siglo XIX y el comienzo del XX. Libros que,
por hoy, sólo pueden conocer quienes lean la lengua magyar. De todos
modos, sigamos el ejemplo de paciencia y arrogante sencillez que Miguel de Ferdinandy nos está dando cada día y, por ahora, sepamos
disfrutar, en el volumen que nos ofrece la Universidad de Puerto
Rico, la cuota promisoria de saber y de placenteras reflexiones sobre
temas mayores de nuestro presente y algunos sobre nuestro pasado que
este libro ofrece para placer de sus lectores y enseñanza para un mundo que se hunde en el pantano de la sociedad de consumo y el de-
rrumbe, no por esperado menos angustioso, de las ideologías. Gracias,
pues, a Miguel de Ferdinandy y a su larga paciencia de visionario
irredento.*

Álvaro Mutis

MITO E HISTORIA

Permítame el lector que le cite aquí la primera oración de mi libro *En torno al pensar histórico* (Río Piedras: EDUPR, 1961), puesto que ella contiene toda mi sabiduría fuera de la cual no tengo otra: "La Historia —así reza la cita— era la narración del padre sobre el abuelo escuchada por el niño".

Y permítaseme que revele aquí también un secreto personal. Este, naturalmente, no podía estar publicado en el citado libro. Esa oración —helo aquí el secreto— es, a la vez, toda mi autobiografía. Soy yo quien llegó a ser historiador, porque fue mi padre quien me contaba a mí, en un entonces ya muy remoto, la historia de mi abuelo, luego, la del abuelo de él, luego, la de todo nuestro abolengo e, inadvertidamente, se extendió su narración a la de la nación entera y, al final, a la de toda la humanidad.

La narración de mi padre tenía, sin lugar a duda, también una tendencia pedagógica, bien escondida, sin embargo, así que solamente después de decenios la descubrí. Y fue una tendencia pedagógica muy afín a la de Plutarco. Este quería poner ante los ojos de venideras generaciones de griegos y romanos a los grandes griegos y romanos del pasado: los *mayores*, —y ¿cuál era su finalidad? Para ser éstos, los mayores, seguidos, imitados por la posteridad.

Los mayores por antepasados es una expresión latina llena de un sentido profundo. No cabe duda alguna de que, en la narración de mi padre, creció la figura de mi abuelo, sin perder, sin embargo, su imagen la verdad interior, de la cual se nutría su ejemplaridad para el nieto. Y tampoco cabe duda de que también las figuras de Plutarco crecían en y por las biografías paralelas, llegando a ser

1

mayores, sin perder, no obstante, por la así adquirida ejemplaridad, su autenticidad originaria.

Lo que Plutarco nos legó es el relato de pasadas cosas y, también, más que el mero relato de pasadas cosas; al mismo tiempo es también un señalar con ademán decidido en dirección al futuro, hacia una creación "utópica y dramática, reformadora y realista". Y allá está su escondido fin pedagógico, como, en pequeño cuadro, también lo estaba en las narraciones de mi padre. Lo que él me legó, también fue el relato de pasadas cosas y luego, algo más que el mero relato de pasadas cosas: fue, por el destino narrado por él acerca del abuelo, un romper camino, un abrir perspectivas hacia el futuro, hacia *mi* destino, entonces ni en formación aún, al implantarme a mí las imágenes de *mis* mayores. Y fue su gesto, como lo es toda la historiografía que merece tal nombre, un fundar en el futuro, en dirección de una creación "utópica y dramática, reformadora y realista". (La expresión entre comillas es de José Antonio Maravall.)

Y como en los lectores de Plutarco —desde el siglo 2 hasta el 19— se formó su destino *también* por el ejemplo de los mayores, cuya imagen les fue implantada por el genial libro de ese griego tardío, asimismo se plasmó en mí la imagen de mi propio destino, nutrido por la imagen de los destinos de mis antepasados, de los de mi nación, de los de Europa y el mundo; en una palabra: de los mayores.

Pensar que una biografía escrita por Plutarco contiene los hechos de las vidas pasadas en su casualidad originaria y el valor que tuvieran en los días vividos por el representado en ella —es una ingenuidad; pensar que Plutarco falsificó para sus fines "pedagógicos" tales hechos— es una frivolidad. La verdad está entre los dos extremos, y es una forma más fina y un contenido mucho más esencial para todo el pensar, y más aún: para toda la naturaleza del conocer humano, de lo que pensaríamos a primera vista.

Leopoldo de Ranke, gran historiador alemán, expresó, como base de todo su sistema histórico, las siguientes desde su tiempo muy a menudo citadas palabras: En la historia hay que describir y representar las cosas "como *realmente* han pasado". A primera vista esta sentencia parece señalar el único camino a seguir del historiador; y sin embargo, ella no expresa sino solamente un postulado, un anhelo, un *pium desiderium*, que nunca bajo ninguna condición se realizó, por una sencilla razón: por no ser realizable. Nadie sabe, acerca de ninguno de los sucesos, cómo pasaron ellos *realmente*; y más aún: nadie sabe cómo realmente pasaron los sucesos en su propia vida.

Bien sabemos qué enorme y, en la mayoría de los casos, qué vano esfuerzo significa para un tribunal la reconstrucción de un crimen —o sea: de un suceso, que pasó hace pocos días o meses— y lo que vieron personas vivas a quienes hasta confrontar podemos, si fuera necesario.

¡Qué vana es entonces la esperanza de poder reconstruir sucesos de una lejanía temporal de un siglo, de dos, de seis siglos, de un millar o de varios milenios de años! Y piénsese, al mismo tiempo, en nuestro material histórico: todo lo que sabemos de una época pasada o de una persona del pasado no es sino un conocimiento de segunda mano. Herodoto, quien escribe de Temístocles, no es Temístocles; un documento de Augusto César no es Augusto César; y un libro de Julio César sobre los hechos del mismo Julio César, no es aquel Julio César que actúa en el libro, sino otro, que redacta, ordena e interpreta los propios hechos de fechas pasadas, persiguiendo un objetivo, cuyo sentido yace en el futuro, o sea: en una realidad utópica.

Si el hombre buscara en el pasado seca y escuetamente lo que "realmente pasó", toda pesquisa histórica significaría un vano y superfluo esfuerzo, un fracaso de antemano, y la historiografía carecería de sentido. Uno tendría que estar maravillado, y más: estupefacto, ante tantos grandes espíritus que sacrificaban sus vidas por tan fútil caza de lo imposible.

Es que Ranke se equivocó: el hombre, al inclinarse sobre las cosas veladas de un remoto acontecer, no se mueve por esa caza vana de lo que definitivamente se ha perdido en el abismo del tiempo pasado, sino que se inquieta por el origen de lo que él mismo es. Ranke es un gran historiador, no porque siguiera su propia sentencia que citamos, sino por todo lo contrario: porque no la seguía. Su obra no es un escueto fichero de cosas pasadas, por ejemplo, sino una personalísima imagen del pasado, cuya visión se realizó por una única pero muy importante exigencia, que fue ésta: saber, conocer, ver, tocar el sentido del propio destino —y, por supuesto el de su raza, su nación, toda su cultura, expresado por la grandiosa imagen del destino pasado.

En resumidas cuentas: para poder lanzar *nuestra* realidad hacia el futuro, o sea: para poder vivir y seguir viviendo con sentido, conciencia, en dignidad humana y perspectivas humanas— para poder construir en la dirección de un crear, crear éste que representará un sentido para el porvenir: una creación utópica, dramática, reformadora y realista — tenemos que lanzarnos desde la plataforma del mito: de un mito que contiene, como prefigurado, *nuestro* destino personal o nacional o continental o universal— lanzarnos, como lo hace el esgrimista, dando, antes del ataque decisivo, un paso hacia atrás.

Thomas Mann tiene un hermosísimo ensayo, "Freud y el futuro", en que, más que sobre Freud, habla sobre el futuro, y le parece que éste, el porvenir, siempre se realizará siguiendo los contornos de una "imagen padre". Cada uno de nosotros —consciente o inconscientemente, importa poco— vive en una "imitación mítica". Para explicar qué quería decir con esta expresión, Thomas Mann cita dos grandes ejemplos: uno de ellos es el de Napoleón, cuya "plataforma mítica", desde la cual su destino se lanzó con gesto creador hacia el porvenir, fue el destino de Carlomagno; el otro es el de Cleopatra, cuya imagen mítica, que preformaba su destino personal, fue la de la diosa Isis.

Lo que en el interior del creador literario —ya sea él poeta o sea historiador— pasa, cuando se plasma en él la imagen del destino humano en formas imperativas que brotan del suelo del acontecer real de un entonces remoto, está expresado, a mi modo de ver, de la manera más contundente y lapidaria , en estas palabras de Goethe: mis obras son —dice— "fragmentos de existencias anteriores".

Por estas palabras, creo, podemos llegar a lo que el conocimiento, y mejor aún, el reconocimiento histórico realmente es. No una escueta enumeración, pues, de lo que realmente "ha pasado", sino un revivir creativo de lo que de una "existencia anterior" aún interesa para el futuro.

Nadie piense que logrará encerrar en su obra la totalidad de un Julio César, un Miguel Angel, un Goethe; pero sí puede tener la esperanza de captar lo que de una "existencia anterior" le corresponde *existencialmente* al propio ser del historiador — con otras palabras: lo que corresponde a tendencias vitales de un ser viviente en la actualidad: el hombre moderno. Y así es como le resurge a éste un fragmento de aquella existencia remota, o sea: su mito.

¿CÓMO NACE EL MITO?

A Rose Noëll de Bavier

En su hermoso libro *Los dioses de Grecia*, Walter F. Otto se enfrentó al problema de esclarecer el origen de un dios. Al tratar la figura de Hermes se opuso, y con mucha razón, a la hipótesis, generalmente conocida y en gran parte aceptada, de que el dios se formó de algún objeto sencillo y primitivo —un fetiche, verbigracia— al que, en el curso de los tiempos, las generaciones siguieron añadiéndole características muy diferentes, detalles de índole tanto anímica como material, hasta que el objeto —adornado ya con muchos pormenores, como un árbol de Navidad— se llenó (aunque ya estaba animado) con un "ánimo", un alma, y con un ímpetu que parecía brotar de su interior. Entonces, empezó a vivir, a actuar como lo hacemos nosotros. Este proceso de antropomorfización dio por resultado, al final, un dios, en este caso, Hermes.

Si pensamos, sin embargo, en la única analogía que se nos ofrece, a saber, la de las artes, se ve que podemos investigar desde una cercanía casi inmediata que nunca se da en el plano de los entes divinos. Y entonces se nos revela a primera vista lo insostenible de la hipótesis que citamos.

Miguel Angel decía: la estatua está en las entrañas de la piedra; la labor del escultor es sacarla de ella. Y Goethe: las figuras de la creación literaria yacen —como en la penumbra de su preexistencia— en la imaginación del poeta o entre las realidades del mundo; la labor del poeta es "solamente" la de darles forma, y en esto consiste el proceso de creación. Y Walter F. Otto, al preguntar por el origen —no de una estatua, ni tampoco de una creación poética, sino de un dios—, encontró para *su* tesis las hermosas palabras siguientes:

> Sea cual sea la imagen que se haya querido pensar sobre este dios (Hermes) en períodos arcaicos, su esplendor desde la profundidad debe haber alcanzado al ojo humano, de suerte que descubrió un mundo en el dios y al dios en el mundo entero: —Pues— a pesar de su multiplicidad, hay una sola imagen.

La concepción de Otto cautiva por su belleza, pero ¿nos ha dado la última respuesta posible a la gran pregunta, o tan sólo una idea que, a pesar de su hermosura, no ha dejado de ser mística? ¿Podemos imaginarnos o, con otra palabra, entender lo que realmente pasó cuando "su esplendor... alcanzó el ojo" y cuáles eran las profundidades de las que venía?

Sin añadiduras de imágenes de belleza mística, en escueta sobriedad, debemos preguntar entonces: ¿Qué pasó cuando el hombre des-cubrió la noción de dios? ¿Es posible preguntarse de tal modo, o bien la respuesta se pierde en las nebulosas escarpas, de los orígenes, de modo que tal contestación carece en absoluto de sentido?

Y aunque así parezca a primera vista, la respuesta surge, sin embargo, con una sencillez serena. El hombre —el de los comienzos, el primitivo, el de las culturas originarias y el de hoy— experimenta en cada uno de sus días un milagro que se repite con toda regularidad e influye en él inspirándole seguridad y confianza. ¿Será el sol? A esta interrogación contestan las mitologías con claridad suficiente. En la de los griegos, por ejemplo, Helios no es sino el nieto de Uranos y Gea, hijo del titán Hiperión. Se sabía, pues, que el origen no era él. A los ojos del hombre arcaico, el sol que sube en el horizonte es la consecuencia, lo que le antecede es el claro del día. Y es ese claro del día el que hace que se retire la noche y el que trae consigo al sol, y con él la vida. Por no estar sometido a ningún cambio, a ninguna fuerza superior (pues hasta en la madrugada más sombría se hace notar y convierte la noche en día) y por no tener frontera, ya que en su universalidad no lo limitan ni los contornos de una figura ni las barreras del tiempo, el claro del día es dios. Es el más antiguo de todos, el principio vital que se manifiesta en eterno retorno diario en las más altas esferas perceptibles del mundo. No se revela "cual ser de muchos nombres", como lo hace, en el polo opuesto, la profundidad del cosmos, el poder del principio letal, "la parte del hombre" (y de todo lo que vive), el Hado, la "Moira poderosa". Al pensar en ella, la de los "muchos nombres", nos inquieta la pregunta de si el claro del día quedaría o no sin nombre, pues el darles nombre hace humanamente accesibles las cosas; lo anónimo no es de nuestra órbita.

Día se origina del *dies* latino, vocablo primordial de raíz indogermánica: *dyaus* en el indo arcaico, reconocible aún en la forma remota del nombre Júpiter: *Dies-piter*, el Padre-Día, o sea, el origen del iluminarse (*Aufleuchten*) del cosmos. Cuando, mucho más tarde, se desarrolla el múltiple patrón en las mitologías, Zeus, el dios de las alturas celestiales, las nubes y el relámpago, que representa originariamente tan sólo la tercera generación de los dioses, alcanzaría una situación cada vez más céntrica sobre el mundo. Aun en aquel entonces, su origen —ya oculto históricamente— se revelará por el nombre que lleva.

"Zeus, el más eminente de los dioses, la esencia de lo divino" —citamos una vez más a —W. F. Otto—, alude en su nombre muy significativamente al origen: el claro del día, pues en *Zeus* o *Dios* se conserva *dies*. Así, hasta las líneas más remotas del cosmos confluyen en los mitos que le rodean y lo expresan, "y en ninguna cuestión se puede prescindir de él".

Solamente los dos principios —el vital y el mortífero— se aíslan del resto por la ausencia de lo mítico en ellos. El resto —y con él el Zeus histórico— nos habla por medio de sus mitos. Llegar a los dioses no se puede sino por ese medio. Por consiguiente, ahora nos es menester preguntar por el origen del mito.

Y es ésta —aunque quizá no se pensaría así— una pregunta mucho más compleja que la anterior. El empleo del vocablo no es claro en modo alguno. Hasta la definición escolar —"el mito es una narración de los dioses"— resulta insuficiente. ¿Y cuando no trata de los dioses o cuando no es narración? El mito heroico no es necesariamente narración acerca de los dioses, y la estatua de un dios expresa su mito, pero no lo narra. Esta y, también, la danza cúltica no solamente no son narraciones sino —muy a menudo— expresiones que sin el conocimiento del mito narrado permanecen incomprensibles, del todo o en parte.

Uno de los más notables intérpretes del mito llegó a decir que el mito es lo verídico, en violenta y consciente contradicción con el uso cotidiano del vocablo, según el cual el mito es lo falso, es mentira.

No basta con eso. El mito genuino es aquel que brota de su suelo patrio, del culto y del rito vivientes, y si es así, ya no hay mito genuino; al menos, no lo hay dentro de los vastos límites de la cultura occidental, la europeo-americana, en la que cultos y mitos se marchitaron, a excepción de unos pocos residuos sobrevivientes. En las culturas primitivas o extraeuropeas, no obstante, la situación será diferente, aunque incluso en ellas pasaron ya las épocas religiosamente creativas. Sólo un ejemplo: en la segunda mitad del siglo pasado, entre dos pequeños pueblos fino-úgricos, los vogules y los ostiacos, dos notables e incansables investigadores magiares encontraron una de las más ricas, profundas e interesantes mitologías del mundo entero. Pero ni siquiera habían pasado 30 años cuando un sabio finlandés se lanzó a la búsqueda de mitos por las mismas tierras, sin que, fuera de unos pocos residuos, encontrase nada que mereciera la pena. Ahora bien, si por un lado los residuos son míseros, por el otro encontramos una abundancia salvaje e insana: toda la asustadora jungla de los mitos aplicados. Estos se separaron de toda clase de cultos y ritos pertenecientes a las antiguas religiones. Persiguen fines "prácticos" que son ajenos a todo el uso tradicional del mito. Y luego está el mito político. Ni siquiera se puede decir que estos mitos sean sencillamente falsos: dentro del círculo de la necesidad que los había plasmado, seguramente no lo son. Si logran sus fines, se manifiestan como fuerzas creativas, aunque, salvo raras excepciones, no es positivo lo que obran, sino, normalmente, lo diametralmente opuesto.

Por esos campos de escombros de muy diversa índole, en un aislamiento que ofrece cada vez menos esperanza, sigue el trabajo de la diminuta grey de auténticos "mitósofos". Pero se pierden en pequeñeces cientificistas, sin tener la valentía, ni siquiera la conciencia, de hacer frente al desorden que les rodea.

En este ambiente desolado no es quizá inútil del todo dirigirse —buscando ayuda— a las artes creativas, ya que una de las más trascendentales creaciones literarias de nuestro siglo ha sido la obra, en notable medida mitológica, de Thomas Mann. Autor éste de quien nos separa una generación a la sazón. Parece menester entonces que busquemos un "mitólogo" en nuestra época propiamente dicha, entre nuestros contemporáneos.

No tenemos que buscar mucho. La obra de uno de los más preclaros representantes de las letras hispanas, Gabriel García Márquez, se nos ofrece con varios aspectos de lo genuinamente mitológico. Esta vez, nos limitaremos a un solo cuento de él, con la fundamentada esperanza de que, si no nos puede brindar la ciencia, sí nos regalará la espontaneidad del crear literario, o sea, la respuesta a nuestra segunda pregunta.

"El ahogado más hermoso del mundo" es uno de los siete cuentos que integran el tomo *La increíble y triste historia de la cándida Eréndira y de su abuela desalmada* de Don Gabriel. Consta tan sólo de ocho páginas. El tema es el hallazgo del cuerpo de un hombre muerto, que el mar le brinda inesperadamente a la gente de una aldea y la devolución del mismo cuerpo al mar. Entre esos dos sucesos se desarrolla la trama.

El cadáver, primero por su magnitud descomunal, luego por su extranjería, causa sorpresa en la pobre aldeíta del fin del mundo, en la cual no es sólito que ocurran tales sucesos. Característicamente, son las mujeres las que se hacen partidarias del "intruso". Los hombres solamente van a las aldeas vecinas a averiguar si no era uno de allí; más tarde, sin embargo, se llenan de celos, ni una sola vez pronunciados, pero bien fundamentados, pues sus mujeres descubren la hermosura, el tamaño y la virilidad del difunto, y es de temer que dejarán de soñar con sus maridos, que pescan de noche fuera, en el mar, para ilusionarse con fantasías sobre ahogados. Velando al muerto y cosiéndole —con manos inhábiles dado el tamaño— nueva ropa y pantalón, para que pueda "continuar su muerte con dignidad", llegan a amarlo, llegan a imaginárselo en vida: las desventajas de su magnitud, el que no quepa por ninguna puerta, bajo ningún techo, en ninguna silla. Piensan con ternura en su timidez, pero se les antoja también que su mujer habrá sido la mujer más feliz del mundo. Y con esto ya están barruntando su autoridad y su poder, que no invalidan los rasgos de su timidez ni sus torpezas, pues el hombre no es sino un raro tejido de sus propias contradicciones. Piensan que debió ser capaz de llamar a los peces del mar, de hacer brotar manantiales y flores entre las rocas, y llegan lentamente a compararlo con sus maridos, quienes, a la larga, les parecen los seres más miserables de todo el mundo.

Y regresan los despreciados. Llegan tarde. El ahogado ya es persona; tiene nombre. Se descubrió que "tiene cara de llamarse

Esteban". Las nuevas traídas por los hombres sólo confirman lo sucedido: en las vecindades no falta nadie. Pues "es nuestro", gritan las mujeres.

La aldeíta se llena de gentes de las otras aldeas. Y traen flores, y traen a los suyos. Ya ni caminar se puede de tanta gente. Para que no esté solo, le eligen al ahogado padre y madre: se forma su genealogía. Pero también los de esta y las otras aldeas descubren de repente que son parientes; lo son mediante Esteban, el primo de todos, el *héros eponymos* de una nueva nación. Pues ya no son un pueblo o muchos pueblos vegetando el uno al lado del otro entre los peñascos costaneros. Son nación, comunidad estructurada y consciente de sí misma.

Estaban completos cuando apareció el ahogado; sienten ahora que nunca más lo estarán sin él. Y les entra —como resultado de su nueva conciencia— otra conciencia, que es la de su desolación. Y su llanto llena no sólo la aldea, sino hasta el mar. Y uno que temió que lo que oía era el canto de las sirenas "se hizo amarrar al palo mayor". Una brecha se abre —atrevidamente— hacia lo auténticamente mítico. Y lo que ahora sigue es el mito en toda su vigencia. El culto a Esteban hizo crecer las puertas más anchas, los techos más altos, los pisos más firmes, "para que *el recuerdo* de Esteban pudiera andar por todas partes sin tropezar con los travesaños". Y se pintan las casas "de colores alegres para eternizar *la memoria* de Esteban". Y se excavan manantiales y se siembran flores entre los peñascos. Y ahora ya no es el llanto el que llega afuera, en alta mar, sino que es el olor de jardines: surge "un promontorio de rosas en el horizonte del Caribe... allá donde el sol brilla tanto, que no saben hacia dónde girar los girasoles, sí, allá, es el pueblo de Esteban".

En nuestra época crespuscular, rodeado el horizonte, no de "promontorios de rosas", sino de horribles amenazas del porvenir, ya no es posible ni aconsejable que se narren los mitos con la espontaneidad y seriedad con que lo hacían en aquel entonces los autores anónimos de los Himnos Homéricos. No los soportaríamos. En el mejor de los casos, nos parecerían risibles. Lo que nos queda, sin embargo, —y lo ha entendido mejor que otros Don Gabriel— es la parodia. No "la parodia pesada, envenenada por el odio, sino la ligera, dulce y amable, la de aquel que se siente en ella como en su propia casa". K. Kerényi la llama "parodia dorada" cuando habla de *Las cabezas trocadas* de Thomas Mann, novela corta que no es "nada más que una broma metafísica", como le señaló en una carta a Kerényi el mismo Thomas Mann.

Es una lástima que el tomo con los siete cuentos de García Márquez no haya podido llegar hasta Kerényi, que murió en el año en que el libro vio la luz. Ya no le fue posible a Kerényi encontrar el paralelismo —externo no, solamente interno— entre la "natura" de *Las cabezas trocadas* y "El ahogado más hermoso del mundo". Las dos obras son "capaces del resplandor mítico" y se encuentran bajo el signo de la ironía. Thomas Mann, al introducir ésta y hacerla una de las características más sobresalientes y personales de su obra, salvó en último análisis de una descomposición fatal e irreparable los temas históricos y míticos de la literatura. En esto se le alía con igual valor el narrador colombiano. Ironía: como contenidos parodia: como forma exterior o género literario. "La parodia significa una especie de espejismo transformando las proporciones reales *hasta* la risibilidad. No obstante, consérvase *pura*. Su pureza espiritual la asegura el propio espejo". (Kerényi). Si uno interpreta tanto los episodios como las expresiones del cuento, no puede caber duda alguna de que toda la genial "broma", esta vez no metafísica, sino mitológica, está entendida y presentada *paródicamente*. Lo cual nada le quita de la trascendencia, la seriedad y el peso de su contenido. Presentado está cómo nace un mito y, por su aceptación, un héroe, y, por el héroe *eponymos*, una nación. Se conocen dos versiones míticas del mismo suceso, relativamente recientes, o sea, todavía aptas para la comparación con "El ahogado", aunque en parte estén algo desfiguradas, en la tradición de los dos pueblos aquí en cuestión por los diferentes sistemas de valores que sufrieron al convertirse uno al Cristianismo y el otro al Mahometismo. Aludimos al mito origen de los magiares —siglo IX— y al de los turcos osmanlíes —siglo XIII—. En ambos casos surge el héroe fundador descendiente del halcón divino (*divina visión en forma asturis*), poseedor de autoridad y poder. Las estirpes se unen bajo su nombre y conducta. Y se forma de ella la nación consciente, ligados sus miembros por parentesto mítico. Y el nombre del héroe lo adopta como suyo, en el primer caso, la nueva dinastía (los Arpados), y en el segundo la nueva nación (Osman). Así, los suyos guardan su "memoria", su "recuerdo", *quamdiu vita duraret*, como "el pueblo de Esteban".

El mito se estableció y llegó a ser formador y plasmador de nuevas comunidades de pueblos. Y las brisas "del claro del día" llevaron su fama hasta los confines del universo, como lo hicieron con el perfume del "promontorio de rosas" del pueblo de Esteban.

(Traducción de Ramón Castilla Lázaro)

LOS HIPERBÓREOS

ESTUDIO SOBRE LAS FUENTES DE LA MITOLOGÍA UGRIA

1.

La investigación de cuentos sabe, desde hace mucho, que a determinado tipo de cuentos les corresponde un determinado paisaje, propio del cuento. En el cuento húngaro, lo mismo que en otros foráneos, ese paisaje tiene un carácter permanente y rasgos siempre iguales. Hay, naturalmente, varios de estos tipos de paisajes. Como punto de partida, investigamos el tipo que presenta los siguientes rasgos importantes.

El país del cuento está detrás de los siete países (*hetedhét országon túl*) y allende el océano (*óperenciás tengeren túl*).[1]

Es el "país del resplandor maravilloso", adonde el héroe del cuento sólo puede llegar después de enormes dificultades y con peligro de muerte.[2] Este país está limitado por grandes sierras nevadas. Cuando el héroe del cuento ha atravesado los bosques nevados y conquistado las cúspides, entonces el país maravilloso se abre ante él.[3] En el horizonte se eleva la "montaña de cristal" o "montaña de diamante".[4] En el cielo resplandecen un sol especial y estrellas especiales.[5] Bajando por las rocas de la montaña de diaman-

---

1. F. Vámos, *A kozmosz a magyar mesében* (Budapest: 1943) 45.
2. F. Vámos, *A kozmosz* 67.
3. F. Vámos, *A kozmosz* 45
4. F. Vámos, *A kozmosz* 46.
5. F. Vámos, *A kozmosz* 55.

te, el héroe llega al "lugar bello y glorioso": allí está el "sitio del descanso" y, en medio, brilla el estanque central, a cuyo lado se yergue el gran árbol de los mundos, el "árbol sin copa" (*tetejetlen fa*) del cuento húngaro. En las ramas del árbol anida el pájaro grifo.[6] Este grifo pone al héroe sobre su lomo y vuela con él, bajando al mundo de los muertos, donde, en una isla maravillosa,[7] los amantes se encuentran "alrededor del mediodía perpetuo" o donde acontece lo que constituye el sentido propio del cuento, la finalidad de su trama.

También a los cronistas medievales húngaros les es conocido este paisaje. Ciertamente, a las descripciones tradicionales vinieron a añadirse muchos elementos extraños, pero el sentido entero de la descripción y los detalles típicos son claramente reconocibles hasta el día de hoy.

La literatura de gestas húngara conoce dos países maravillosos, uno a cada extremo del fin del mundo. En el Sur está la región maravillosa del pantano, Maeotis,[9] y en el Norte, igualmente en un sentido no histórico, Escitia, rodeada de montañas.[10] Al país maravilloso del pantano lleva sólo un sendero: "es difícil rcorrerlo".[11] La vasta región pertenece a la estepa legendaria, en la cual los dos hermanos de la saga persiguieron a la cierva maravillosa[12] y entonces consiguieron a sus mujeres.[13] En el límite extremo de esta estepa comienza el país antiquísimo, Escitia. El camino hasta allí es espantoso: peligros increíbles asedian al viajero.[14] Matorrales repugnantes, brezales empantanados y cenagosos se alternan con montes nevados, donde el sol no atraviesa nunca la espesa niebla. En esta región viven animales cuyo veneno es mortal: serpientes, escuerzos, basiliscos, tigres y unicornios.[15] Si alguien, pese a todo, llega a Es-

---

6 F. Vámos, *A kozmosz* 55.

7. F. Vámos, *A kozmosz* 55. Cf. B. Munkácsi, *Vogul Népköltési Gyüjtemény*.

8. F. Vámos, *A kozmosz* 45.

9. *Scriptores rerum Hung.* vol. I (ed. Szentpétery) 144 (25).

10. *SS r. Hung.* I: 145 (12-13).

11. *SS r. Hung.* I: 144 (28), 145 (1).

12. *SS r. Hung.* I: 144 (18-20).

13. *SS r. Hung.* I: 145 (3-5).

14. *SS r. Hung.* I: 253 (9-10).

15. *SS r. Hung.* I: 253 (11-12).

citia, se ve de repente en un ambiente totalmente distinto. Escitia es una fortaleza gigantesca creada por la naturaleza.[16] El río Etul, que nace aquí, se abre camino entre las montañas nevadas que rodean (*cingunt*) el país escita como un gigantesco baluarte.[17] Lo mismo que en la descripción de Maeotis,[18] aparece aquí el único acceso, estrecho y peligroso, el conocido sendero angosto. Escitia también está emparentada por lo demás con el extraño país pantanoso. Es, igualmente, una región rica y alegre, con bellos bosques y praderas floridas, abundantemente poblada por aves y otros animales.[19] Pero, al igual que el "país del resplandor glorioso" de los cuentos húngaros, Escitia no es otra cosa que una gran isla rodeada, no por un mar, sino por páramos horribles.[20] Al Norte, el territorio lleno de peligros se extiende hasta el océano.[21] Durante nueve meses, la *nubium densitas* se cierne sobre el despoblado paisaje, en el cual nunca apareció un hombre: aquí, el desierto ya es *humani genero immeabile*.[22]

Escitia está en la frontera del Norte; al final, pues, del mundo, y se dice que entre sus montañas se encuentran cristales.[23] Allí anidan los viejos seres fabulosos, los grifos, y allí incuban los halcones, que —como escribe el cronista— se llaman *legisfalk* (*Jägerfalken*, en alemán) y *kerecsen* (*Kerechet*, en húngaro).[24]

Cuando este paisaje norteño de cuentos y mitos, que casi parece ártico, se compara con las regiones septentrionales, lingüísticamente emparentadas, de los húngaros, ostiacos y vogules, se encuentran coincidencias. Un tipo del paisaje de cuentos ostiaco es el lugar resplandecientemente bello, el país de belleza maravillosa en que crece hierba de oro. El acceso aquí es tan difícil como el del país prometido del cuento húngaro. La tierra aquí es "más peligrosa que el agua", dice el cuento ostiaco. Probablemente también es "el agua más peligrosa que la tierra". Finalmente, el héroe del

16. *SS r. Hung.* I: 253 (14).
17. *SS r. Hung.* I: 253 (13-14).
18. *SS r. Hung.* I: 254 (4).
19. *SS r. Hung.* I: 254 (10-12).
20. *SS r. Hung.* I: 253 (18-20).
21. *SS r. Hung.* I: 254 (12).
22. *SS r. Hung.* I: 254 (14-16).
23. *SS r. Hung.* I: 146 (23).
24. *SS r. Hung.* I: 146 (24-25).

cuento llega a una gigantesca montaña oscura. Rocas cristalinas cubiertas de nieve forman su cúspide. La mayoría de las veces, esta montaña tiene la forma de un ave. El héroe puede pasar a través de las rocas de cristal si, de su propia tibia, hace una flecha y la dispara cruzando el espacio embrujado. Entonces, igual que al héroe húngaro del cuento, se le muestra el país maravillosamente bello, con el lugar del descanso y el estanque central.[25] Hay también una variante en la que el héroe, sobre el lomo del grifo domado, vuela al submundo.[26] Allí encuentra la isla maravillosa, con la misma magnificencia de oro que en los cuentos húngaros. Aquí, en esta isla vive la novia del Gobernante de los Mundos, el gran dios del mito vogul (el *világügyelö férfi*). En la figura de un ganso, o en la de un cisne, vuela hacia su novia.[27]

Las coincidencias entre la tradición húngara y la ostiaco-vogul son, ciertamente, muy interesantes, aunque hoy ya no sorprenden. Los ostiacos y vogules están emparentados con los húngaros, al menos lingüísticamente. Entre sus mitos y las sagas húngaras se han podido comprobar numerosas coincidencias, hasta en los detalles, y la semejanza entre los dos paisajes de cuento no puede ocasionar ningún particular quebradero de cabeza. Esta imagen apacible, este mundo de los problemas resueltos, cambia inmediatamente, en un principio, cuando nos volvemos hacia el Sur griego e italiano. Al lector de textos clásicos se le muestra, en el mundo de la Grecia clásica y en el de la Roma antigua, un tipo de paisaje de cuento muy parecido.

Comencemos por los griegos. En el libro IV de Herodoto encontramos restos de una tradición que apuntan a profundas raíces míticas. Según esta tradición, en una ciudad de las colonias griegas de Crimea vivió una vez un gran poeta anciano, Aristeas.[28] Este Aristeas fue el héroe de un viaje extraño que le llevó al más remoto Norte. Primero tuvo que atravesar comarcas horribles[29] para llegar luego al país de los devoradores de hombres,[30] seres de un solo

25. B. Munkácsi, *Vogul* II. 2: 291s.
26. De Ferdinandy, "El paisaje mítico", *Anales de Arqueología y Etnología,* Mendoza, VIII (1948): 223-224.
27. B. Munkácsi, *Vogul* II. 2: 295.
28. Herodoto, *Hist.*, vol. IV (Paris: Les Belles Lettres, 1945) 13 (1-2).
29. Herodoto, IV: 18 (9-10), 25 (3).
30. Herodoto, IV: 18 (10).

ojo,[31] calvos[32] y con patas de cabra,[33] y, finalmente, a un pueblo que vivía en guerra continua con los poderosos e inteligentes grifos, que, allá en el lejano Norte, custodiaban el oro del dios Apolo (κρυθοφύλακας γρῦπας).[34] Herodoto no omite observar que él apenas creía esta habladuría.[35] Separa nítidamente el cuento y la verdad, pero afortunadamente no deja de contar el cuento. Así sabemos que Aristeas era el elegido de Apolo (φουβόλαμπτος);[36] en consecuencia, el país del oro, que está detrás de los horribles páramos, puede abrirse ante él.[37] Este país dorado, en griego país "hiperbóreo", estaba, en efecto, detrás de las montañas según uno —aunque no el único— de los intentos de explicar esta expresión etimológicamente.[38] Allí vivían los elegidos de Apolo.[39] Cuando Aristeas hubo regresado del lejano Norte, escribió el relato de su extraño viaje en versos que Herodoto todavía llegó a conocer.[40] Pero entonces es cuando comienza la verdadera historia maravillosa. Un buen día, Aristeas murió de forma completamente inesperada en una tienda de su ciudad patria. El comerciante corrió en busca de los parientes y les llevó la noticia de la desgracia. Al mismo tiempo llegó a la ciudad otro griego, quien proclamó en voz alta que se había encontrado con Aristeas en la carretera. El cadáver de Aristeas ya no estaba en la tienda. Siete años después, Aristeas apareció de nuevo, trayendo maravillosos cuentos a los habitantes de su ciudad natal.[41] Pasados doscientos cuarenta años, volvió a aparecer, pero esta vez en el Sur de Italia, en la ciudad donde murió Pitágoras. Allí se introdujo como representante de Apolo, pidiendo que, en la plaza principal, se erigiese un altar a Apolo y, a su lado, una estatua de él mismo, ya que él solía acompañar al dios por sus caminos en forma de cuervo. El incrédulo Herodoto obser-

---

31. Herodoto, IV: 13 (3-4).
32. Herodoto, IV: 25 (2).
33. Herodoto, IV: 25 (5).
34. Herodoto, IV: 13 (5), III, 116.
35. Herodoto, IV: 25 (1, 5, 7).
36. Herodoto, IV: 13 (2), 15 (10-12).
37. W. F. Otto, *Die Götter Griechenlands* 81.
38. K. Kerényi, *Apollon*, 1a. ed., 51.
39. K. Kerényi, *Apollon* 48.
40. Herodoto, IV: 14 (1).
41. Herodoto, IV: 14.

va al respecto que él mismo había visto el altar y la estatua en dicho lugar de Metaponto, la ciudad de Pitágoras.[42]

Hasta aquí Herodoto y su tradición de una región maravillosa allende las montañas, el país hiperbóreo, cuyas peculiaridades típicas se asemejan en lo esencial a los enumerados elementos característicos del paisaje de cuento húngaro y ugrio correspondiente.

Vayamos a Roma. La época de César Augusto nos quiere dar, en un gran monumento escrito, la expresión permanente de su autoestima y de su llamamiento al dominio del mundo. Virgilio es el poeta a quien elige el emperador. Este Virgilio proviene de una familia campesina de Italia septentrional: incluso la superestructura cultural griega es incapaz de hacer desaparecer sin huellas las antiquísimas tradiciones itálicas. Aparecen éstas en su gran epos, La *Eneida*, especialmente en el Canto VI, en que Eneas, acompañado por la Sibila, desciende al mundo de los muertos. En el campo de los elegidos ha de encontrarse frente a su fallecido padre y oír de éste su futuro propio y el de Roma.

Primero, el viaje lleva a los dos caminantes a través de campos brumosos y tristes, hasta que llegan al río negro, el Aqueronte, donde el barquero Caronte los pasa al otro lado.[43] Después sigue el viaje a comarcas cada vez más oscuras, a través de matorrales más y más difíciles de atravesar, en medio de un paisaje desierto y brumoso (*lugentes campi*). Sombras cada vez más tristes y desesperadas, las sombras de los difuntos, aparecen ante ellos. Finalmente, el camino se bifurca en un punto. Uno de los dos brazos lleva al Tártaro. Rodeada por el río rojo del Infierno, se eleva ante los caminantes una enorme peña, y encima hay una fortaleza negra de hierro. Gemidos y quejas salen de ella. Allí cumplen su condena eterna los malditos por Dios. En el otro brazo del camino se transforma la horrible comarca: praderas bellísimas, arboledas deliciosas y luminosas se reflejan en los ojos de los caminantes. Llegan hasta el Elíseo, la hermosa morada de los elegidos de Dios. También esta zona tiene su propio sol y estrellas propias. Sólo los elegidos pueden llegar hasta aquí, como sucede en todo este tipo de cuentos

---

42. Herodoto, IV: 15.

43. F. Altheim observa muy acertadamente que Caronte tuvo alguna vez un "pico de ave". (*Italien und Rom.* I: 101).

que estamos considerando. Aquí viven los elegidos de Apolo (*Phoebi digna locuti*), los muertos felices; en realidad esto podemos expresarlo sólo de manera peculiar: aquí viven de verdad los muertos y eternamente felices. Finalmente, encuentra a su difunto padre y conoce por él su futuro y el de su pueblo.

Pero ¿dónde encuentra Eneas al viejo Anquises, el espíritu de su padre? Museus, el antepasado de los poetas, que "poseía, gracias a Bóreas, el don de volar"[44] lleva a Eneas y a la Sibila a la bóveda cerrada donde Anquises cuenta las legiones de las almas que han de nacer. Ya de las palabras de Museus

> *nulli certa domus, lucis habitamus opacis,*
> *riparum toros et prata recentia rivis*
> *incolimus*[45]

se desprende que estas almas se ciernen aquí de manera muy peculiar. Anquises pasa revista a estas almas; las ve volar como si fuesen aves: "hunc circum innumerae gentes populique volabant".[46] Y cuando el viejo Anquises y su gran hijo están sobre la colina, las almas alzadas vuelan hacia ellos como las abejas. El símil proviene de Virgilio.[47] El mismo dice que la comarca entera zumba y vibra porque las almas revolotean como las abejas.

La analogía de las abejas y las aves se retrotrae a raíces extraordinariamente profundas. A nosotros aún no nos resulta extraña la idea de que el alma es en realidad un ave o una mariposa, que remonta el vuelo en el momento de la muerte. Pero la imagen del ave y la de la abeja, seres voladores, se funden aquí en una sola visión. Si damos un paso adelante, desde Virgilio a las tradiciones itálicas, nos encontramos con el más allá de los etruscos, donde las almas, revoloteando y flotando, juegan como los pájaros.[48] Si ampliamos el círculo de las tradiciones mediterráneas, aparecen de

---

44. Pausanias. I: 22 (6).
45. *Aen.*, VI: 673-5.
46. *Aen.*, VI: 706.
47. *Aen.*, VI: 707-9.
48. W. Muster, "Der Schamanismus bei den Etruskern", en *Frühgeschichte und Sprachwissenschaft*, Wien, 1948 (Arbeiten a. d. Institut f. allgem. u. vergl. Sprachwissenschaft, herausgeg. v. W. Bradenstein, Graz) 74.

nuevo los griegos. Herodoto, ciertamente, no relata nada al respecto, pero una tradición sobre el santuario de Apolo en Delfos contiene la noticia de que los difuntos dichosos del país de los hiperbóreos, en figura de cisne, ánade, grulla u otra ave, viven en el país feliz.[49] Según Pausanias, las abejas le edificaron una vez a Apolo un templo de cera. Después, las abejas, animales elegidos de Apolo, llevaron el templo al país de los hiperbóreos.[50]

Los seres voladores, especialmente las aves migratorias, son también un elemento característico del país de los cuentos ostiacos y vogules. Como se ha mencionado, el dios ugrio en figura de ganso o cisne, visita la isla feliz del cuento ostiaco.

Hemos comparado los países de cuento, típicos de tres culturas diferentes. El resultado en sí es todavía bastante flaco. Pero si, además del paisaje, nos ponemos a considerar al portador de la acción, el héroe o incluso el dios que está en el centro de la acción en estos cuentos o mitos, entonces veremos que no sólo se igualan los paisajes de la narración, sino que también los protagonistas están emparentados. Después veremos también que a un determinado paisaje y a su dios les corresponde, además, en la mayoría de los casos, una determinada ceremonia. Esta ceremonia sirve para que el dios o su elegido se acerque al país maravilloso.

2.

El dios que en las correspondientes tradiciones de la antigua Grecia está en el punto central del país maravilloso con características nórdicas es Apolo. En lo que sigue trataremos brevemente de los atributos del Apolo griego, los cuales podemos encontrar también en el dios correspondiente del país mítico de ostiacos y vogules.

Homero llama a Apolo "el dios más poderoso".[51] Es el único que posee el epíteto de "Dominador" (''Αναξ). La madre de Apolo, Leto, vino del país de los hiperbóreos a la isla de Delos,

49. Pauly-Wissowa. *Realenc.* IX: col. 275.
50. Pausanias, X: 5 (9).
51. *Ilíada*, XIX: 10-11.

para dar a luz allí a su poderoso hijo. Su camino lo siguieron los lobos.[52] La tradición relata también que Leto misma era una loba,[53] y de aquí el nombre del dios: Λυκηγενής, el dios nacido lobo.[54] También más tarde Apolo mantuvo los vínculos con el país de su linaje materno.[55] Todos los años abandonaba Grecia para dirigirse al Norte, al país de los hiperbóreos, donde, en torno al templo edificado por las abejas del dios, volaban los cisnes que, misteriosamente, eran iguales que los hiperbóreos, los elegidos de Apolo. Año tras año, el dios viajaba entre Grecia y las regiones nórdicas siguiendo el ritmo de vida de las aves de paso. A veces iba a Grecia cuando el verano abrasador del Mediterráneo reinaba sobre el país con fuerza mortífera.[56] Entonces Apolo representaba también al Sol. El símbolo del Sol era el águila rapaz del cuento, el grifo, que tan cerca está de la esfera de Apolo.[57] El grifo es el animal mítico del alejamiento, de la distancia.[58] Y el dios es igualmente el dios de la distancia.[59] Apolo, decía W. F. Otto, nunca está cerca del ser humano, a diferencia, por ejemplo, de Pallas Atenea, la diosa amistosa. Apolo es el dios del espíritu. Y el espíritu siempre es lejano, frío e implacable. Por eso, también el suyo es el país lejano: "el viejo jardín de Febo", que decía Sófocles.[60] De allí viene también el vengador Apolo. Entonces, tensa su enorme ballesta de oro, su signo de dominador. Sus flechas matan desde lejos, rápidamente y sin dolor, de suerte que la víctima de Apolo muere con la sonrisa de la vida en los labios. Pero este dios terrible, a quien Juan el Evangelista llamó también *Exterminans*,[61] el ángel destructor, no sólo es el dios vengador y el que envía las epidemias. En su séquito figuran no sólo cuervos negros y lobos grises. El otro lado, el radiante, de Apolo muestra al dios podero-

---

52. K. Kerényi, *Apollon* 51.
53. K. Kerényi, *Apollon* 51.
54. A. H. Krappe, "Apollon", *Studi e Materiali di Storia delle Religioni*, vv. XIX-XX, Bologna: 119.
55. W. F. Otto, *Die Götter* 80.
56. K. Kerényi, *Apollon* 49.
57. K. Kerényi, *Apollon* 49.
58. W. F. Otto, *Die Götter* 82.
59. Píndaros, *Pyth.*, 10, 29. Cf. W. F. Otto, *Die Götter* 80.
60. Sófocles, Fragm. 870. Cf. W. F. Otto, *Die Götter* 81.
61. *Apocalipsis*, IX: 10-11.

so como espíritu de la curación (*Iatromantis*). Él es el Auxiliador (*Boedromios*), el Protector (*Patroos*), el que da la salud (*Oulios*) y el espíritu poderoso y puro de la música, las canciones y los vaticinios. Es el dios de la inspiración. Sus elegidos no son los bienhadados de esta Tierra, los favoritos del poder o de las mujeres, sino los grandes solitarios, los hombres que, por la gracia de su dios Apolo, conocen el pasado y el futuro. Su destino es grande y solitario; lo pagan con la sangre de su corazón, con su dicha terrenal.

Vayamos ahora al Norte: busquemos la correspondiente divinidad de la mitología ugria, el portador de la acción en la región ártica de los cuentos. Este dios es Mirsusno-chum el Gobernante de los Mundos, el gran dios de los vogules y ostiacos, el señor de la isla feliz de la región ártica. Es "el más poderoso de los dioses",[62] el único entre los dioses al que se le llama Señor (*Āter*).[63] A causa de su poder existe el mundo, cantan los vogules. Cuando este dios poderoso, el Gobernante de los Mundos, pisa la Tierra, tiembla el mundo entero.[64] Después de su nacimiento, su padre, el dios de los cielos, gritó: "¡Oh, cómo podrá el hijo de la Tierra soportar a este dios!"[65] Igual que Apolo, también el Gobernante de los Mundos puede ser el vengador. Y entonces mata igualmente desde lejos.[66] Cuando una vez llevó al Sol en la mano y pasó por la bóveda celeste, bajó la mirada hacia la Tierra y vio en ella a los hijos de la Tierra, y entonces, por la fuerza de su pensamiento, los hombres cayeron muertos.[67] Con frecuencia, el Gobernante de los Mundos cabalga en un caballo[68] que, a veces, es un semental negro.[69] Entonces lleva consigo su arco poderoso, que él mismo ha hecho y con el que mata a sus víctimas.[70] Cuando caza renos, persigue a sus presas en la figura de un lobo ("lobo de hierro").[71] Pero cuando no se transforma en lobo, sino en cisne o en ganso, en el do-

---

62. B. Munkácsi, *Vogul* II. 2: 54.
63. B. Munkácsi, *Vogul* II. 2: 53.
64. B. Munkácsi, *Vogul* II. 2: 62.
65. B. Munkácsi, *Vogul* II. 2: 70.
66. B. Munkácsi, *Vogul* II. 2: 109.
67. B. Munkácsi, *Vogul* II. 2: 88.
68. B. Munkácsi, *Vogul* II. 2: 56 y 65.
69. B. Munkácsi, *Vogul* II. 2: 109.
70. B. Munkácsi, *Vogul* II. 2: 64.
71. B. Munkácsi, *Vogul* II. 2: 109.

minador de los gansos (*Lunt-Áter*),[72] entonces vuela al país de las aves, el país de sus antepasados, el reino de los muertos del cuento ugrio,[73] donde los elegidos viven en figura de cisne, ánsar o alguna otra ave. Munkácsi, que en el siglo pasado coleccionó *in situ* la mitología vogul, oyó casualmente una vez de los vogules el nombre verdadero del Gobernante de los Mundos. Era: Tari pés nimäla-saw.[74] Solamente la primera parte de este nombre se ha podido esclarecer y significa "grulla". Grulla blanca, cisne blanco, o dominador de los gansos, así llaman los ugrios frecuentemente a su dios.[75] Como Apolo, también él sigue a las bandadas, obedeciendo así el ritmo biológico de las aves de paso.[76] También la lejanía es típica de él. No es posible llegar hasta este dios, dicen los vogules, pues siempre hay en medio una extraña distancia.[77] Una canción lo llama "el rey invisible de las mujeres", "el rey desconocido de los hombres".[78] Este rey lejano y desconocido es un señor terrible e implacable. Cuando se presentó en una ceremonia de los vogules, gritó con voz poderosa: "Yo soy el del áureo plumaje caído, el dios con rostro de águila, el dios cubierto con sangre de hombres, el dios cubierto con sangre de mujeres..."[79] El cuervo, la corneja, el lobo y la lagartija son sus animales, como los de Apolo.[80] También puede enviar epidemias y alejarlas de nuevo.[81] Como el Apolo lupino de los etruscos, anda asimismo con vestidura negra.[82] Pero no siempre. También la espada pertenece a la esfera del Gobernante de los Mundos. Cuando galopa con su extraño caballo, el Sol reluce en su pelo, la Luna reluce en su pelo. Si mueve un brazo, el Sol sale de siete mares. Mueve el otro brazo, y la Luna se hunde en siete mares.[83] Cuando precisamente tiene ganas, el Gobernante de

---

72. B. Munkácsi, *Vogul* II. 2: 55.
73. Cf. Munkácsi, Patkanov y Grexain, "El paisaje mítico", pp. 224-228.
74. B. Munkácsi, *Vogul* II. 2: 181.
75. B. Munkácsi, *Vogul* II. 2: 58.
76. B. Munkácsi, *Vogul* II. 2: 65.
77. B. Munkácsi, *Vogul* II. 2: 111.
78. B. Munkácsi, *Vogul* II. 2: 111.
79. B. Munkácsi, *Vogul* II. 2: 383.
80. J. Krohn-A. Bán *A finnugor népek pogány istentisztelete.* (Budapest: 1908) 331.
81. B. Munkácsi, *Vogul* II. 2: 106 y 78.
82. B. Munkácsi, *Vogul* II. 2:119.

los Mundos también sabe curar.[84] Finalmente, la música, las canciones y los vaticinios son cosa suya, como en el caso de Apolo.[85] El Gobernante de los Mundos es igualmente el dios de la inspiración. Sus elegidos son esos sacerdotes embelesados de cuyo ser entero —y frecuentemente contra su voluntad— se apodera el dios, que entonces habla por boca de ellos, en primera persona. Esos sacerdotes, como los de Apolo, llevan una vida terrenal grandiosa, solitaria y, con frecuencia, desdichada. Pero son los elegidos. Lo que el destino les depara a los hombres también recae sobre las mujeres. El Gobernante de los Mundos es el tirano poderoso de las mujeres.[86] En la esfera de Apolo es igual: la locura pone a las mujeres bajo la violencia del dios, y no hay nada que les depare dicha. El Gobernante de los Mundos tiene una hermana. En la mayoría de las variantes, ella es de más edad que él. Se llama Kaltes. Los intentos de interpretar este nombre son insatisfactorios. En algunos cuentos, Kaltes es todavía más poderosa que su poderoso hermano. En un tiempo, ella fue la nodriza de su hermano pequeño[87] y le regaló un caballo maravilloso. Con la ayuda de Kaltes, este semental salvó a su dueño, el Gobernante de los Mundos, de situaciones difíciles.[88] Kaltes es, en particular, la señora de los animales poderosos. El lobo, el glotón y especialmente el oso son sus animales sagrados.[89] Con frecuencia se oye decir que ella misma, la madre de los lobos, es una loba.[90] Lo mismo que su hermano se transforma en lobo, ella se viste con una piel de lobo. La capacidad de transformarse en ave migratoria la tienen los dos.[91] Kaltes guía a las aves migratorias al país maravilloso de su hermano. También ella es una divinidad terrible. Principalmente, porque es tan impre-

83. B. Munkácsi, *Vogul* II. 2: 60.

84. B. Munkácsi, *Vogul* II. 2: 106.

85. Ya Munkácsi se acordó de Apolo, dado que también el Gobernante de los Mundos es un "dios de la lira"; véase II, 2: 116. Sobre el profetismo del Gobernante de los Mundos: II. 2: 100-110.

86. Cf. "El paisaje mítico", pp. 250-51, y la bibliografía que incluye.

87. B. Munkácsi, *Vogul* II. 2: 57 y 38.

88. B. Munkácsi, *Vogul* II. 2: 81-82.

89. B. Munkácsi, *Vogul* II. 2: 42-43.

90. Cf. la Canción de la muchacha diosa, cantada en primera persona, en: Munkácsi,, *Vogul* III. 1: 1.

91. B. Munkácsi, *Vogul* II. 2: 49 y 46.

decible y tan espantosamente voluble. Y así, los ostiacos cantan: "¡Oh, señora de la medianoche,... madre de las estrellas nacientes, rica en sacrificios sangrientos!"[92] Bajo la protección de Kaltes están no solamente las estrellas, sino todo cuanto nace. Es la gran diosa de los alumbramientos.[93] Las mujeres parturientas llaman a Kaltes. Las mujeres enfermas también. Pero, tristemente, con estas significativas palabras: "Kaltes, diosa del antojo, señora irritable, ¡ven y ayuda!" Y Kaltes viene, pero sólo auxilia cuando su humor lo quiere. Como hace su hermano con los hombres, ella suele matar a las mujeres desde lejos. A esta muerte repentina e imprevista la llaman los ugricos una "disposición de Kaltes".[94]

En la Hélade se rendía honor, junto a Apolo, a una poderosa diosa, Ártemis, hermana gemela de Apolo, pero que, según algunas tradiciones, tenía más edad que él y lo cuidó cuando niño. Algunos fragmentos de mitos muy antiguos indican que Ártemis pudo ser más poderosa que Apolo. De esta época de su poderío le quedó el nombre de dominadora: Señora de los Animales. El ciervo, el león y en particular el oso le pertenecen a Ártemis. La lingüística ha comprobado que "Ártemis" significa, en realidad, "osa". A través de los siglos, las doncellas que participaban en el culto aparecían con máscaras de oseznas, en honor a Ártemis. La muchacha osa de la mitología griega, Calisto, fue una vez, evidentemente, idéntica a Ártemis. Ártemis está igualmente en íntima conexión con las aves de paso. Las guía y también puede adoptar su figura. En el comienzo de su vida se encuentra el motivo del ave de paso. Ártemis nació en la isla de las codornices.

Cuando pensamos en Ártemis, también aparece ante nosotros la Diana romana, la diosa virgen emparentada con la Luna y que, con pies ligeros, conduce la danza de las ninfas en un frío calvero iluminado por la Luna. De hecho, también esto es característico de Ártemis. Pero también es propia de ella una pureza dura y sin compasión: el pobre Acteo vio bañarse a la diosa sólo desde lejos, pero hubo de quedar transformado en un ciervo que, luego, los perros de caza de Ártemis despedazaron. La impredecibilidad y ve-

92. B. Munkácsi, *Vogul* II. 2: 47.
93. B. Munkácsi, *Vogul* II. 2: 47.
94. B. Munkácsi, *Vogul* II. 2: 48.

leidad son tan características de ella como de la Kaltes vogul. El himno homérico a Ártemis pone frente a frente, con genial virtuosismo, los dos lados de la diosa: de una parte es la diosa de la danza y la canción; de otra, es la diosa de la inclemencia y la veleidad. Cuando las parturientas la invocan, aparece y también ayuda. Es típico el que la figura de una antigua diosa, auxiliadora de las parturientas, se confunda por completo, andando el tiempo, con Ártemis. Pero sólo ayuda a las parturientas, y "dominada por la cólera", como dice Rilke; a las enfermas no. También la muerte de las mujeres depende de ella. Es, al igual que Apolo, una divinidad amante de las flechas. Su flecha hiere desde lejos a la mujer o la muchacha cuya muerte ha decidido. La muerte la alcanza tan rápida que la sonrisa en los labios de sus víctimas no llega a extinguirse.[95]

En los mitos griegos y ugrios hemos encontrado también la pareja divina de hermanos que, allá y acá, pertenecen al territorio de los cuentos del mismo tipo. La concordancia del paisaje en griegos y vogules, por lo tanto, no es casual, pues no sólo concuerdan los paisajes, sino también los dioses que viven y obran en ellos. El enigma se hace así todavía mayor. Ahora falta solamente la comparación de las ceremonias mediante las cuales se acerca a su dios el griego o el itálico en el Sur, el ostiaco o el vogul en el Norte.

3.

En las culturas modernas la vía de acercamiento a la divinidad es lógica. Pero esto es sólo el final de un camino y quizás también el comienzo de caminos nuevos. El vínculo del hombre antiguo con la divinidad aún era más directo, honrado y vehemente. El hombre de las culturas antiguas anhelaba con fervor la proximidad de su dios. Y como su búsqueda del dios no podía encontrar satisfacción dentro de la forma de vida usual y cotidiana, se salía de sí mismo. Esto es lo que significa la palabra *éxtasis*. Si se observan

---

95. Cf. la descripción de Ártemis en W. F. Otto, *Die Götter Griechenlands,* con el himno homérico a Ártemis y M. Sánchez-Ruipérez: "El nombre de Ártemis dorio-ilirio: Etimología y expansión", en la revista *Emérita*, XV (Madrid 1947).

las religiones que conocen la vivencia del éxtasis, se ve que, al investigar religiones antiguas, hay que entender el éxtasis en su sentido más estricto, en su viejo significado. El sacerdote extasiado: el *vates* itálico y el chamán siberiano se salen efectivamente de sí mismos y se transfiguran y engrandecen para alcanzar a su dios. Se hacen tan altos, que llegan hasta su dios, el cual entonces habla en ellos, habla desde ellos.

Este es el caso de Aristeas en Herodoto. El *vates* entusiasmado hace su aparición en el Sur de Italia y allí alega que no sólo fue una vez acompañante de Apolo, sino que fue Apolo mismo. La vivencia de esta identidad total de la divinidad con Aristeas no es la única en este lugar. Porque en la ciudad en que apareció Aristeas vivió y murió Pitágoras, aquel filósofo que enseñaba la irreductibilidad de la vida. En las formas del cuerpo —decía— habitan también, en los vivientes, seres divinos.[96] En este ambiente espiritual, la rara historia de Aristeas cobra, naturalmente, una perspectiva distinta. Pitágoras —escriben sus partidarios— ponía en tensión toda su fuerza espiritual y entonces divisaba la perspectiva de veinte generaciones.[97] El mismo se identificaba con Euforbo, aquel héroe antiguo a quien el moribundo Patroclo identificaba a su vez con el propio Apolo.[98] De hecho, en el catecismo de los partidarios de Pitágoras, la pregunta "¿Quién era Pitágoras?" tiene la respuesta "El Apolo hiperbóreo".[99] Entendamos: ¡no un seguidor de Apolo, no una copia, sino el dios mismo!

La identidad con un dios tal es el grado máximo de la autoenajenación del sacerdote. La tradición italiana que Virgilio formó, no llega tan lejos. En ella, el visionario es una mujer, la Sibila.[100] Esta es una de las sacerdotisas que, en distintos lugares del mundo antiguo y a través de los siglos, estuvieron en posesión de los grandes misterios del destino. El fugitivo Eneas, cuando por fin llega al litoral del país prometido, Italia, va a ver a la Sibila para saber por ella el futuro. La Sibila está al servicio de Apolo.[101] Entonces ella

---

96. K. Kerényi, "Pythagoras és Orpheus", *Atheneum*, (Budapest: 1938) 15.
97. Empédocles, Fragmento 119, citado por K. Kerényi, *Vogul* II. 2: 15.
98. *Ilíada*, XVI: 849 y sigs.
99. K. Kerényi, *Apollon* 10. Pauly-Wissowa, *Realencyclopädie*, Ser. II, vol. II, col. 269.
100. Pauly-Wissowa, *Realencyclopädie*, Ser. II, vol. II, "Sibyllen".

llama a este gran dios de los presagios, para poder entrar en posesión de la sabiduría de las cosas venideras. A la entrada de la gruta
de la Sibila se levanta un viento (*ventus erat ad limen*): ¡el dios viene flotando![102] La Sibila es la primera en sentir su presencia:
"¡Deus! ¡ecce deus!", grita *fuera de sí*. Esta expresión es aquí
perfectamente adecuada. La Sibila está fuera de sí, se ha enajenado
para alcanzar al dios que se acerca. Su naturaleza humana, sin embargo, se opone al dios cercano, a su cercanía. Eneas y sus compañeros miran con escalofríos la escena que se desarrolla ante sus
ojos. El rostro de la Sibila se altera: los ojos se le tuercen, los cabellos se le erizan, sus labios se llenan de espuma, rueda por tierra y,
con todas sus fuerzas, quiere apartar de sí al dios (*magnum si pec-
tore possit excussisse deum*).

Finalmente, con estertores, jadeando y debatiéndose todavía
con su tiránico señor, acepta su presencia. Y en ese momento comienza a vaticinar. Entonces cede la tensión —*ut primum cessit
furor et rabida ora quietunt*—: la Sibila y Eneas pueden descender
al mundo de los muertos.

Bajan a las campiñas donde viven las almas elegidas. Allí, Eneas
conoce su futuro. Las campiñas son las mismas cuya imagen aparece en el cuento húngaro y en el mito ugrio, griego o romano. Y
ahora encontramos el asombroso trasunto fiel de la conjuración del
dios que se da también en el lejano Norte. La cultura húngara
conservó solamente los restos de esta antigua ceremonia. De los
táltos (sacerdotes paganos), de sus rostros, de sus transformaciones,
de su autoenajenación sabe todavía el mundo de representaciones
del pueblo húngaro. La gran ceremonia de la invocación del dios,
en cambio, permaneció íntegramente conservada en los pueblos
uralo-altaicos de Eurasia.

La información más completa que podemos recibir la constituye la descripción detallada de un hechizo chamán de tres días entre
los tártaros altaicos, que se puede leer en Radloff.[103] Entre los uralo-altaicos, lo mismo que entre los parientes ligüísticos nórdicos de

---

101. Pausanias, X: 12 (2. 6).
102. Sobre la manera de acercarse a la divinidad véase "El paisaje mítico";
sobre el dios que "flota en el aire" (en *Vogul, segamali*) y que "se desploma" (*en
Vogul, pati*) cf. p. 250. Véase p. 3 nota 26.
103. W. Radloff, *Aus Sibirien* II (Leipzig: 1884) 19-50.

los húngaros —los lapones, cheremises, vogules y ostiacos—, la transformación del chamán, el viejo sacerdote, y su acceso a Dios ocupa un lugar central. A fines del siglo XVII (1681), un viajero francés, Regnard,[104] pasó un tiempo con los lapones y presenció algunos ritos de los chamanes. Describe cómo se le torcían los ojos al chamán, cómo se demudaba su rostro y se le erizaba el cabello, cómo batía el tambor hasta casi desplomarse, y cómo, finalmente, cayó al suelo igual que un trozo inánime de madera. Este estado lo caracterizan los vogules con las palabras: "El celo del dios se ha apoderado del chamán", "el dios ha arrojado su fuego dentro de él", o "ha puesto en él su propia palabra".[105] En esta situación, el chamán es capaz de revelar el futuro. Dicho más exactamente, no es él quien profetiza el futuro, sino el dios, que lo ha iluminado y ahora habla por él. Casi todas las religiones conocen la iluminación del sacerdote por el dios. Cuando, en la mañana de Pentecostés, el Espíritu Santo descendió sobre los Apóstoles en forma de lenguas de fuego, y ellos, extasiados, empezaron a hablar en diversos idiomas, entonces tuvieron una vivencia que, en su esencia, equivale al estado de éxtasis de las viejas religiones. Y cuando el poeta moderno a veces no puede darse a sí mismo cuenta y razón de lo que dice y escribe y de las fuerzas que hablan a través de él y vierte sobre el papel líneas que son emisarios de fuerzas desconocidas y situadas fuera del ser humano, entonces ocurre algo semejante. *Ihlet* lo llaman los húngaros, una palabra completamente afín a la vivencia religiosa. *Inspiratio* se llama en latín, y esta palabra significa que el espíritu habita en nosotros.

En la mayoría de las tradiciones altaicas o ugras, el chamán que trata de unirse al dios se transforma en un ave[106] y, en figura de cisne, ánsar o halcón, vuela sobre el paisaje fabuloso, sobre montañas nevadas y rocas cristalinas para llegar al territorio apacible y dichoso, que más allá de las montañas y los terrores del Norte, se abre ante el elegido. En el país del cuento, como se ha expuesto detalladamente, viven los elegidos de Apolo en figura de cisnes o

---

104. Citado en Krohn-Bán, *A finnugor* 177.
105. B. Munkácsi, *Vogul* II. 2: 375 y 381.
106. Véase en la obra de Radloff la descripción exacta de la gran ceremonia del chamán. Cf. también M. de Ferdinandy. *Az Istenkeresök, Az Árpádház története.* (Budapest: 1942), cap. II. (Los buscadores de Dios, Historia de los Árpados).

de otras aves. El cuento vogul llama a los elegidos del dios "el pueblo de la región de las aves". Aquí es adonde viene volando el chamán. Los turcos altaicos creían que sus grandes héroes no morían, sino que se convertían en halcones y volaban entonces a un país lejano, donde seguían viviendo en torno a sus dioses.[107]

La transformación en ave no sólo significa el camino que el alma recorre desde la Tierra al Cielo: todo hombre extasiado llega volando a la región a la cual lo transporta el éxtasis. Es interesante observar cómo en los ritos chamánicos siberianos, el chamán se transforma en ave.[108] Primero se pone sólo la gran vestidura de plumas adornada con pedacitos de metal resonante, y, con este atuendo, tocando el tambor, baila una danza salvaje. Entonces abre los brazos e imita más intensamente los movimientos del ave. Dando grandes saltos, describe círculos dentro de la tienda de campaña. Finalmente, se ata unas alas o se sienta en un ánsar disecado. Ahora es completamente idéntico al ave: los ojos de su alma con seguridad que sólo ven abajo grandes países envueltos en brumas, sobre los cuales vuela él, como el ave, con el cuerpo extendido y dando fuertes graznidos. Los turcos altaicos saben todavía qué es lo que grita. De hecho, su voz es la del ánsar que pasa volando:

Ungai gak gak, kangai gak,
kangai gak gak, ungai gak.

Y si ahora, conforme a nuestro uso, cambiamos repentinamente de escenario, vamos a la Roma clásica y abrimos los *Carmina* de Horacio, haremos una experiencia muy particular. Horacio cuenta cómo él, en cuanto elegido de Apolo, se aleja de esta Tierra.

Alas enormes elevan al poeta hasta el cielo, al poeta que se llama a sí mismo *vates*, bardo arrebatado y elegido por el dios. La Tierra y las ciudades llenas de envidia las abandona para siempre. No como si hubiese muerto: el elegido no muere. Los ríos del mundo de los muertos no pueden ponerle fronteras a su vida. Pero el poeta que vuela allá arriba nota que ciertos cambios se producen en él. Su piel se endurece repentinamente. En sus dedos y hom-

107. De Ferdinandy. *Mi Magyarok. Tiz tanulmány a magyar történelemből.* (Budapest: 1941). 95. (Los húngaros. Diez estudios de historia húngara).
108. En adelante cf. nuevamente la ya indicada descripción de Radloff.

bros crecen plumas. Primero, un plumoncillo blando, luego grandes alas blancas. Y súbitamente, ya no vuela por los cielos un poeta
extasiado, sino un cisne blanco y radiante.

Iam, iam residunt cruribus asperae
Pelles et album mutor in alitem
Superne nascunturque leves
Per digitos umerosque plumae.

El mundo se abre bajo él. El mundo que él, finalmente, conquista,
ahora que lo abandona. Detrás de él quedan el Bósforo y el conocido litoral del Mediterráneo. Y el cisne resonante, antes Horacio,
vuela cantando sonora y hermosamente hacia el Norte. ¿Adónde?
En los versos está claro: al país de Apolo, a los campos de los hiperbóreos.

Iam Daedaleo notior Icaro
Visam gementis litora Bospori
Sirtesque Gaetulas canorus
Ales Hyperboreosque campos.

Apenas podría darse una descripción más completa, profunda y
expresiva de lo que acaece con el sacerdote de los ritos chamánicos.
Y no olvidemos que el poeta de esta estrofa proviene de la Roma
del emperador Augusto, en la cual reinó el más alto florecimiento
de la cultura urbana. Todavía entonces estaban vivos los arquetipos
del hombre itálico con una fuerza tan extraordinaria como para
aparecer todavía en la citada oda con una pureza y concordancia
tan sorprendentes.

Como hemos comprobado, el tipo de región correspondiente a
los cuentos y mitos de griegos, romanos, húngaros y vogules coincide. Al mismo tiempo, hemos visto en esas culturas, o sea, también en el Sur clásico y en el Norte siberiano, donde el espacio
mítico está habitado por un viejo dios correspondiente, que también este dios concuerda. También en el Norte hemos encontrado
un Apolo con todas las particularidades de su complicado ser, in-
cluyendo sus contradicciones. Junto a Apolo hemos encontrado, en
Siberia, también a su hermana Ártemis: junto al Gobernante de los
Mundos, la déspota Kaltes. Los atributos de esta hermana concuer-

dan asimismo con los de Ártemis. Además, hemos podido ver que a esta región y al acercamiento al dios que vive en ella les es inherente una peculiar ceremonia extática que coincide con la de griegos y húngaros en sus rasgos esenciales, pero que coincide totalmente con la de los romanos y los ugros. Esta concordancia se extiende por un territorio histórico-cultural tan vasto que la transformación del chamán norteño en ave la hemos podido evidenciar precisamente en la poesía de Horacio. Y así llegamos a nuestra última interrogante: ¿será tal vez posible explicar estas coincidencias aplicando los medios de la investigación histórica? O, dicho en otras palabras: ¿puede tenderse un puente entre el Sur greco-latino y el Norte ostiaco-vogul?

4.

Cuando la investigación moderna se ve ante la imagen de dos motivos míticos que son iguales, no por su forma, aunque sí por su esencia, y que no cabe vincular entre sí históricamente, lo que entonces suele decir es que se encuentra ante arquetipos que pertenecen a los estratos más profundos del alma humana y que ya no se pueden analizar más. Así es como Károly Kerényi, en su obra sobre la muchacha divina, interpretó el mito griego de Perséfona y su variante oceánica, la trágica historia de Hainuvele. En su caso, la idea del arquetipo era, en efecto, la única solución posible. La conexión histórica entre Perséfona y Hainuvele era inexplicable.[109]

Nuestro caso es diferente y más complicado. Hemos encontrado no sólo un arquetipo en el Norte y en el Sur entre griegos, romanos y ugros, sino también todo un sistema de arquetipos. De haber topado, en el Norte y en el Sur, simplemente con los mismos tipos de paisaje de cuento, prodríamos hablar del "pensamiento elemental" de Bastian. Pero no se trata sólo de eso. El país de los cuentos aparece esta vez, en el Norte y en el Sur, con un significado peculiar. Es un significado extraordinariamente complicado, uno de cuyos lados es el símbolo del ave, y el otro el paraíso de los felices elegidos por el dios. Ese dios que elige es, en los dos ámbi-

---

109. C. G. Jung-K. Kerényi, "Das göttliche mädchen", *Albae Vig.* VIII-IX, (Amsterdam-Leipzig, 1941).

tos, el mismo en esencia. En sí, no tendría nada de llamativo el que también encontrásemos entre los vogules un dios lírico. Pero se trata de mucho más. En ambas culturas hemos encontrado un Apolo de su lado radiante y su lado sombrío a la vez. Hemos encontrado esta compleja divinidad con todas sus contradicciones; también encontramos la hermana, con su contradictorio ser. La coronación de todas estas coincidencias ha sido la constatación de que, en el Sur y en el Norte, los sacerdotes o las sacerdotisas elegidos por el dios se acercan a su divinidad mediante ceremonias extáticas extraordinariamente parecidas y, en esencia, idénticas.

Todo esto es un gran complejo, y no podemos despacharlo con la fórmula del arquetipo, sino que tenemos que encontrar la conexión genética. Con ello pisamos un terreno nuevo. Leo Frobenius ya señaló en 1938 que el tema de la "fuga mágica" llegó desde las culturas del Norte de Asia hasta el lejano Sur.[110] Kerényi demostró entonces con el gran ejemplo de Zeus y Némesis la tesis de Frobenius.[111] Altheim llamó la atención sobre el hecho de que los paralelos más ostensibles de la saga de Rómulo y Remo se pueden encontrar entre los turcos del Asia Central.[112]

Esta era la situación cuando dos jóvenes investigadores húngaros, Sándor Gallus y Tibor Horváth, descubrieron en 1937 la llamada cultura preescita del país húngaro. La existencia de esta cultura significa que, ya antes de los escitas propiamente dichos, vivía en Hungría un pueblo con la forma cultural de los pastores jinetes.[113] Este significativo descubrimiento apareció como publicación en lengua francesa e hizo posible que Altheim fuese el primero en tratar de aclarar desde una perspectiva histórica universal el nexo existente entre estas culturas nórdicas y meridionales.[114]

Los preescitas son, con toda probabilidad, la última ola arrastrada hasta Hungría por una migración de pueblos extraordinariamente vasta que empieza en alguna región del Asia central o

---

110. *Paideuma*, I. 17 (1938): 16-17.
111. K. Kerényi, *Die Geburt der Hellena*, Alabae Vig., Neue Reihe III (Zürich, 1945), 10-11.
112. F. Altheim, *Italien und Rom*, I: 51.
113. S. Gallus y T. Horváth: "Un peuple cavalier préscythique en Hongrie", *Trouvailles archéologiques du premier Age du fer et leur rélations avec l'Eurasie*. Diss. Pannonicae, Series II, vol. IX, Budapest, 1937.
114. F. Altheim, *Der göttliche Arzt*.

meridional y que luego sigue avanzando hacia el Oeste, de suerte que, finalmente, los aglomerados pueblos jinetes empujan a sus parientes occidentales, los preescitas de Gallus y Horváth, a la cuenca húngara. Por entonces, según Altheim, vivían allí tracios indoeuropeos. En un principio, no eran un pueblo jinete. Pero cuando en el siglo X a. C., salieron de su patria en tierra húngara para trasladarse a la actual Tracia, ya se habían convertido en un pueblo jinete. Es obvio suponer que adoptaron de los preescitas el uso del caballo. Poco antes de esta emigración tracia, también los ilirios salieron de su territorio patrio en el Oder y el Vístula para ir a la actual Iliria. También ellos tomaron de los preescitas la cría de caballos y se la transmitieron después a los vénetos y latinos. La partida de los ilirios hizo que los últimos inmigrantes de Italia avanzaran hacia la península de los Apeninos, y al mismo tiempo surgió en el Norte de los Balcanes un poderoso movimiento de pueblos durante el cual el lineaje más joven de los griegos avanzó en dirección Norte-Sur. Es el momento de la invasión doria.

En la historia de las religiones, Tracia figura desde hace mucho en el centro del interés. Según una visión ya superada por las lecturas de una de las escrituras cretenses (véase el siguiente ensayo), también Diónisos pasó de aquí a Grecia. Es característico que frecuentemente, cuando el historiador de la religión griega busca el origen de un dios típicamente helénico, los hilos lleven hacia el Norte y se pierdan en algún lugar del Epiro, Macedonia o Tracia. Y de allá, precisamente de esa dirección —como ha quedado demostrado de nuevo por la investigación española en los últimos años— proviene la antigua Ártemis, la mujer osa.[115] También hacia el Norte apunta el hermano de Ártemis, Apolo, que, en la versión délfica de la tradición, aparece frecuentemente asociado al lobo y que después, significativamente, fue llamado el Apolo hiperbóreo ('Απόλλων ἐξ 'γπερβορεων), en consonancia con su antigua patria, de donde venía año tras año.

Altheim ha señalado varias veces que la representación del hombre en las culturas meridionales muestra el influjo del Norte.[116] Pienso en la particular figura divina que, con las pinturas rupestres

---

115. M. Sánchez-Ruipérez, "El nombre de Ártemis".
116. F. Altheim, *Italien und Rom* I: 22-25 y 27.

de Val Camonica, hace su entrada en la cultura mediterránea. A veces el dios aparece con un hacha, a veces con una lanza, como en las pinturas rupestres del Sur de Suecia. La figura típica de los Balcanes es el jinete con la lanza al hombro; la arqueología lo conoce bajo el nombre de "el jinete tracio". Desde este jinete tracio sólo hay que dar un paso hacia la Rusia meridional, donde en el primer milenio a. C. floreció la cultura escita. Esta cultura la podemos considerar como la primera gran realización de las formas de vida de los pastores jinetes. Allí aparece Papaios, la figura de jinete del dios supremo, con la lanza al hombro: el hermano mayor del "jinete tracio". Y allí, en la comarca escita, aparece también aquella figura de Apolo en la cual coincide la representación griega con la del alto Norte eurasiático.[117]

Con esto volvemos de nuevo a Herodoto. A ese dios lo llama él Γοιτόσυρος, y declara decididamente que ese Γοιτόσυρος no es otro que el Apolo de los escitas. Cuando un griego que, además, posee el ágil entendimiento y la aguda inteligencia de un Herodoto, se refiere a un dios escita diciendo que es su Apolo con vestidura escita, entonces, ante una declaración tan unívoca, las especulaciones posteriores están fuera de lugar. Herodoto sabía bien quién era Apolo. Si él llamaba Apolo a un dios escita, entonces es que también lo era.

Y con esto ya hemos llegado en realidad al resultado más importante. El Apolo escita de Herodoto es, efectivamente, el eslabón que faltaba entre el Apolo meridional y el Apolo norteño. Naturalmente, la manera cómo el Apolo hiperbóreo llegó a Delos y Delfos es todavía un enigma. Una obscuridad mayor envuelve el camino que lleva del Apolo escita al Gobernante de los Mundos ugrio. En parte, sin embargo, la investigación arqueológica y etnológica puede dar una respuesta a la pregunta que aquí se suscita.

La cultura escita no ha muerto en realidad nunca: los sármatas, los hunos, los demás turcos, los húngaros y los pueblos ugro-fineses asumieron su herencia. Si vemos las cosas desde una perspectiva tan amplia, probablemente tengamos que dar la razón a los húngaros del Renacimiento, que se designaban como descendientes de los escitas. Igual que en la ceremonia del entierro del príncipe hún-

---

117. Herodoto, *Hist.* IV: 59 (10-11).

garo intervienen no sólo viejas tradiciones turcas, sino también tradiciones inequívocamente escitas,[118] así también —como además se desprende claramente de los hallazgos de Munkácsi, que subraya el nexo ugro-iranio—, la herencia escita sigue viviendo en las culturas de los vogules y ostiacos: en el chamanismo y en el arte, pero principalmente en sus mitos.

Sobre la vía que lleva del Apolo hiperbóreo al Sur griego y latino nos pueden informar la tradición griega misma. Herodoto[119] nos da noticia de "ciertas ofrendas de trigo" que los hiperbóreos enviaban cada año desde el remoto Norte a Delos, el santuario de Apolo y Ártemis. Más tarde, dice Herodoto, se hizo uso el que los hiperbóreos le dieran la sagrada espiga a su pueblo vecino. Este pueblo se la entregaba al próximo y , así, la espiga pasaba de un pueblo a otro, para llegar a la península de los Balcanes, donde los dodoneos fueron los primeros griegos que adoptaron directamente de sus vecinos septentrionales la espiga peregrina. Después, ésta fue llevada de una ciudad a otra, hasta que llegó a Delos. Esta, sin embargo, es solamente la forma tardía de la tradición. En tiempos remotos, dos vírgenes hiperbóreas, desde el Norte, llevaron la sagrada planta por todo el país hasta el santuario de Ártemis en Delos. Sólo después, cuando los hiperbóreos vieron que los griegos no dejaban a sus dos vírgenes volver a casa, enviaron la espiga de un vecino a otro y de una ciudad a otra.

Las dos muchachas que así aparecen, Ὑπερόκη y Λαοδίκη , no son más que las sucesoras posteriores de dos muchachas jóvenes hiperbóreas Ἄργη y Ὦπις, que, ya en la aurora de los tiempos llegaron a Delos en el séquito de las diosas.[120] ¿Quiénes eran estas diosas? Eso lo sabemos por medio de Pausanias.[121] Una era la diosa del alumbramiento, Eileithya, que ayudaba a la otra diosa, Letho, más grande y más importante. Letho llegó entonces a la isla de Delos, para allí dar a luz a su hijo Apolo. Esta tradición la recibió Herodoto de los himnos de un poeta licio, Olen.[122] Ahora bien *Licia* significa, en realidad, "país de los lobos", o sea, que se trata

---

118. *SS r. Hung.* II: 22-25 y 27.
119. Herodoto, IV: 32.
120. Herodoto, IV: 35 (7-8).
121. Pausanias, I: 18 (5).
122. Herodoto, IV: 35 (13-15).

otra vez únicamente del país de los hiperbóreos, cuyo nombre de lobo —*Balcae*— ya conocemos también.[123]

Los hechos y las inferencias de la arqueología y la lingüística se unen, en este punto, a una reminiscencia extremadamente arcaica de la tradición griega. Olen fue, con seguridad, uno de los entusiastas compositores de himnos que conocemos por otras noticias de Herodoto. El tan mencionado Aristeas era uno de ellos, y también lo era el Abaris[124] que voló alrededor del mundo en la flecha de Apolo.[125] En particular, este Abaris fue el maestro de Pitágoras.[126] Por otra tradición helénica sabemos que Abaris era solamente uno de los abaridas: uno de aquellos sacerdotes cuyo nombre secreto —Αἰζροβατής— nos transmitió Porfirio.[127] Este nombre secreto se puede traducir por "el que va por el aire".[128] Lo cual, en el estamento de los sacerdotes, indica que ellos, en estado de éxtasis, podían volar por el cielo, igual que las aves.

Aquí se cierra el círculo. Estos sacerdotes que, en forma de ave, podían llegar al país de los elegidos del dios hiperbóreo, son seguramente chamanes que le profetizan el futuro al hombre primitivo del Norte asiático, lo mismo que la Sibila le enseña a Eneas, el fundador y rey de Italia, el camino a través del laberinto del futuro.

---

123. K. Kerényi, *Apollon,* 1a. ed., 51. Cf. también Krappe, "Apollon" 119.
124. Herodoto, IV: 36 (2).
125. W. F. Otto, *Die Götter* 80.
126. De Ferdinandy, "El paisaje mítico", p. 246, nota.
127. O. G. von Wesendonk, *Das Weltbild der Iranier.* 198 y 184.
128. "walking through ether", Lidell-Scott, *Dictionary,* new edition, I: 37.

LA IMAGEN ARCAICA DE LA
VIDA INDESTRUCTIBLE*

"El poder mágico, mediante el cual el Príncipe fálico de la Naturaleza exuberante arrebatara consigo al género femenino por nuevos caminos, se revela en tales fenómenos que sobrepasan no sólo nuestras experiencias, sino nuestra imaginación también. Sin embargo, si quisiéramos limitar estos fenómenos exclusivamente a la provincia del crear poético, por lo pronto revelaríamos una carencia de iniciación respecto a las profundidades tenebrosas de la naturaleza humana, los poderíos de una religión que satisfaría tanto nuestras exigencias sensuales como supersensuales, la receptividad del mundo sentimental femenino que funde lo material y lo espiritual en una unidad indisoluble; y nos equivocaríamos, también, en cuanto al encantamiento tiránicamente victorioso de la Naturaleza meridional. En consecuencia de la sensualidad del culto dionisíaco... y del significado que éste atribuye al imperativo del amor sexual, él mismo se revela extraordinariamente afín a la naturaleza femenina. Así se explica su contacto, antes que nada, con ésta. Y dio nuevas directivas a su vida; encontró en ella sus seguidoras más fieles; basaba en ella todo su poder. En un sentido casi total de la expresión, es Diónisos el dios de las mujeres, el manantial de todas

---

(A propósito del *Diónisos* de Carlos Kerényi: "Dionysos, Urbild des unzerstörbaren Lebens", Editorial Langen-Müller, München-Wien, 1976, [vol. VIII de sus *Obras*] y "Dionysos, Archetypal Image of Indestructible Life", trad. R. Manheim, Bollingen Series LXV, 2, Princeton University Press, 1976, con una biografía y una bibliografía del autor redactadas por Magdalena Kerényi.)

sus esperanzas sensuales y supersensuales; el centro de su existencia. Y son ellas las que lo descubrieron en toda su magnificencia; se reveló entonces delante de ellas y fueron ellas las que victoriosas le conquistaron el mundo entero".

Estas palabras de Bachofen, aunque solamente estén de introducción en la segunda parte del libro de Kerényi, señalan de modo conciso y sumario, qué es lo que nuestro autor quería demostrar y representar en esta su póstuma obra. De ningún modo al "dios loco" de W. F. Otto, cuyo concepto no se origina de la tradición, sino de la vivencia nietzscheana de Otto —de la cual ese autor nunca consiguió distanciarse— y de una equivocación en una afirmación de Schelling citada por Otto. "Quien engendre vida —dice Schelling— penetra en la profundidad primigenia, en donde habitan los poderes de la vida. Cuando surja de allí nuevamente, en los ojos le brillará la chispa de la locura, por ser allí abajo la vida lindante con la muerte". La experiencia, sin embargo, contradice esto. La locura brilla en el ojo del procreador o el creador artístico cuando éste se sumerge en la profundidad primigenia de la vida y *no* cuando se emerge de allí. Aquel en cuyo ojo la chispa de la locura brille no antes, sino *después* de su experiencia vital, sí que es loco de veras, y así es como Otto —bajo el influjo de Nietzsche— quiso hacernos creer que Diónisos es el "dios loco". Pensaba que Homero lo justificaba. *La Ilíada,* de hecho, habla de un *Dionysos mainomenes* (*Il.*, VI, 132 y sigs.). Otto, empero, no se dio cuenta de que este adjetivo aquí quiere decir "embriagado", quizá "arrebatado", caracterizando un estado al que nos empujan el vino o la pasión de amor; en que el mismo dios se expresa y se realiza; en que la mujer se tornará *mainas*: ménade, pero por esto aún no enloquecerá. El mito distingue con toda claridad entre arrobamiento dionisíaco y locura propiamente dicha —por ejemplo, ahí, en donde relata sobre las hijas de Minyos. Estas —insensatamente— querían resistir a la llamada del dios. Baco, ofendido, haciéndolas *realmente* locas, las castigó. Por entre las cimas del monte habrían de desgarrar, en su embriaguez dionisíaca, un animal joven. En vez de esto hicieron añicos, en la saña de su locura, al niño de una de ellas. Han hecho con éste lo mismo que hicieron, a su vez, los titanes —demonios de la muerte, pintados de blanco en la cara, en el mito primitivo— con el niño divino, Diónisos, lactante aún. Pero en el caso del dios inmortal, la vida irreductible —aunque sufriera, de veras, una muerte cruel— también sobrevivió: Diónisos resucitó, porque un miembro de su cuerpo, su falo, o, según la fórmula más tardía, "su corazón cuerdo", no se destruyó. Y fue en éste en donde se conservó temporalmente la vida no limitada: la *zoé*. (Zoe —explica Kerényi— es la vida indestructible; *bios*: la de cada uno, irreiterable, finita.) Y Kerényi demuestra que lo que fue dicho del modo citado por el lenguaje del mito es definible también por el lenguaje de la biología moderna, y conserva su validez en ambos casos: "Por contener la vida también hereditariedad... rompe con las fronteras del ser vivo, singular y finito, y resulta en cada uno de los casos... indestructible. La vida vive también en la hereditariedad... y es precisamente por esto por lo que lleva en sí el germen de la infinitud temporal". El Diónisos latente —el de después de su despedazamiento— duerme durante doce meses en el palacio de Perséfona, o sea, en el mundo bajo de los muertos, pero solamente duerme.

Las ceremonias de su pueblo invocan, de dos años en dos años, el mito, en el cual se anuncia —también en un sentido simbólico— la existencia supratemporal de su ser. Pasados los doce meses, clarines lo llaman y entonces retorna del país de los muertos, que se abre ahora, el ser más vivo y animado, el dios secreto, anhelo y esperanza de las mujeres entusiasmadas (piénsese en la etimología de este vocablo griego) al modo de ménades en las vísperas del adviento de *su* salvador. Aquellos ritos que se extendían ahora por un plazo de dos años no lo ubicaban, sin embargo, en Atenas, sino en Delfos. Cuando Apolo, pequeño aún, sentado en el brazo de su madre, Leto, por primera vez subió al Parnaso, el monte era ya el teatro de fiestas báquicas inauguradas para el culto de su hermano, Diónisos. El otoño tardío y el invierno le pertenecieron en Delfos a él también en adelante. En los textos griegos causa casi una impresión septentrional la descripción del paisaje invernal, el paisaje en que se realiza el *thyein*, el enjambrar intensificado, que casi llega al vuelo de las mujeres poseídas por su dios. "Subir al Parnaso — informa Pausanias— es dificultoso aun para un hombre fuerte; más altas que las nubes se yerguen las cumbres del monte, encima de ellas enjambra el tropel de las *tíadas*, mujeres en *trance* por Diónisos y Apolo". Helos aquí: Apolo y Diónisos— representados como opuestos irreconciliables en el famoso libro de Nietzsche, libro éste que, dicho sea de paso, carece de una evaluación del papel de la mujer en el orbe dionisíaco. La polarización en la cultura griega (*humanum* est: vivir en y por opuestos) ya la sentía y expresaba Hölderlin también, más de setenta años antes que Nietzsche. Se dio cuenta, sin embargo, de que los opuestos, para ser válidos, deben radicarse en lo más sencillo y más profundo de la naturaleza humana: en lo antagónico y armoniosamente unido —a la vez— de los sexos. Hombre y mujer: antagónicos, por un lado, se complementan, sin embargo, por el otro. Hölderlin vio la polarización del ser griego en el "pathos sagrado", que podría concebir como el polo del dios, que también se llamaba Dithyrambos, y... en Juno. El poeta vislumbró a Juno en la atmósfera diáfana de un ocaso claro (*abendländisch*), de carácter sobrio (*Nüchternheit*) y dotada del talento de la expresión nítida y precisa (*Darstellungsgabe*). (Carta de Hörderlin del 4 de diciembre de 1801. Comp. lo dicho acerca de *genius, genialis* [pág. 374] y acerca de la *Juno natalis* [pág. 375] *en nuestro:* "La genealogía, espejo de la Historia universal", en *Eco*, núm. 148.) Se entenderá que sin ella el "pathos" del otro es como la voz cuando carece de articulación.

Es, tal vez, la mayor dificultad en nuestra comprensión del mito griego —pero, a la vez, también una de sus grandes enseñanzas humanas— este completarse de y por el opuesto, este, a primera vista, más que confundidor estar patente mutuo de sus figuras, esta carencia de fronteras rígidas entre ellas que tan violentamente contradice nuestro concepto de la individualidad; el estar definido del individuo, doctrina ésta cuyas consecuencias determinan todo nuestro concepto de mundo y hombre. La mitología todavía sabía (y sabía representarlo también), cómo *resuena*—mediante sencillas, profundas y cálidas modulaciones internas— un ser humano en el otro ser humano, un ser divino en el otro ser divino. "¡Profeta tú! —invoca Esquilo a Apolo en uno de sus fragmentos—, *dionisíaco*, laurel-Apolo", y a modo de eco se percibe en un fragmento la voz de Eurípides: "¡Príncipe del laurel *el Baco amante:* Payan Apolo, tañedor de la cítara!" No son ellos solos, sin embargo, los que de tal modo "están rimando" entre sí, o, lo que es más: están patentes uno ante el otro. Así los otros también. Kerényi nos ofrece los más notables resultados que a este respecto contiene su libro en la primera parte, a la que dio el título de *Preludio en Creta.* Ya el mero descubrimiento del arte cretense ha sido —como sabemos— una magnífica experiencia cultural, que se completó en 1952 con el desciframiento del "Linear B", una de las escrituras de Creta. Por él, la Creta primitiva llegó a ser parte integrante de nuestro concepto histórico. La "superstición" de un Diónisos "tracio", advenidizo, tardío en la cultura griega, se desmoronó, cuando se supo que Diónisos aparece en Pilo ya en el siglo XIV; incluso expresiones que se refieren o aluden a él abundan en la misma isla de Creta en tiempos anteriores. La cultura cretense —afirma Kerényi— nos transmite tales imágenes y figuras, "en las cuales el secreto (de la vida) acércase más al hombre: como surgiendo de una gran lontananza se le presenta en un plano de tiempo 'puro', el tiempo festivo, y en el de un espacio 'puro', o sea, en el teatro de tales acontecimientos, que se desempeñan no en las dimensiones del espacio, sino en su *propia* dimensión, abriendo ante nosotros perspectivas de índole tal, que en ellas podemos anhelar o experimentar las revelaciones de los dioses". Lo dicho es uno de los más notables descubrimientos o, más correctamente, una de las más profundas comprensiones de Kerényi respecto al tema de la religión. Cada persona que se ocupe —aunque sea sólo superficialmente— de cuestiones religiosas sabrá que las visiones no son desvaríos enfermizos y espectros tampoco, sino realidades de validez plena, desde el punto de vista del hombre religioso que las experimenta. Esta consideración se manifestaba muy clara precisamente en la experiencia de Kerényi. Una epifanía representada en un anillo de oro de Isopata— que reproduce una visión semejante tal —nos señala con toda claridad de qué es lo que se trata aquí. Desde el fondo de la representación un ojo grande está mirando el espectáculo del tiempo festivo, en que se realiza la epifanía de una diosa. "*Jemand schaut zu*". De modo idéntico —aunque esta vez no buscaríamos vivencias religiosas— miraríamos desde afuera (de nuestra realidad cotidiana) hacia aquella dimensión de trascendencia elevada en que —ante los ojos de los espectadores de un drama o lectores de una novela —se nos presenta precisamente un acto o una secuencia de *esa* realidad. "La visión es verdadera, más verdadera que el sueño", dice Kerényi citando el testimonio de unos indígenas americanos. Pero también los santos católicos u ortodoxos nos testimoniarán lo mismo; en primer lugar, Teresa de Ávila en su *Castillo interior*. En un texto del medioevo tardío leemos: "Aquí comienza la visión en el tiempo de quietud del corazón. Y soy como a quien tocara un sueño del alma... *pero mi entendimiento está alerta*" (Nádor-Kódex,

1508). En este mundo rico y abundante, en que las esferas latentes
de lo profundo y lo interno de la psique están todavía vivas, pues
hablan y cantan, surgen y se plasman en imágenes y figuras, se torna comprensible y natural que todo —y hasta el acontecimiento
más cotidiano— alcance sus consecuencias en estas perspectivas elevadas de las que hablábamos. La precursora de la uva es la miel; el
precursor del vino, el hidromel. La época de su fermentación
coincidía con el tiempo del *canis ortus*, el temprano levante del
Sirius: el comienzo del año del Sirius. El cielo estrellado, a su vez,
constituye una proyección de esa dimensión, "que es adonde pasan
las cosas de mucho secreto entre Dios y el alma" (Teresa de Avila).
El Sirius es la estrella Can. Tras él marcha su amo, Orión, el gran
cazador. Pero de espaldas a Orión se halla el Escorpión y es su pi-
cadura la que acaba con el gran cazador. Desciende,pues, para regresar mañana a la noche y que su mito se repita, y que esto siga
siempre así hasta el final del mundo. También en este mito se expresa *zoé*, la vida indestructible. La estrella, a su vez, es un ser mítico ambivalente por excelencia. Bien lo sabía Homero (*Ilíada*,
XXII: 26-31), como también los mitos que se basan en la tradición
cretense, anterior aún al mismo Homero. Así se conservó el otro
nombre de Minotauro: Asterión, el astro. El otro nombre de Sirius
reza como sigue: Iakchos. Que Iakchos es igual a Bakchos debiera
parecernos natural, aun en el caso en que no lo comprobaron datos y no lo supiéramos por cómo transmigra la historia de Orión
y su perro en la de Oineus-Baco. Pues también Baco es un "gran
cazador". Como se recordará, uno de sus nombres es Zagreus, el
"cazador", aunque en el sentido del que captura, no del que mata
a su víctima. ¿Por qué? Por ser Diónisos también el Omestes, el
devorador de carne cruda: el que desgarra el animal que cae en su
poder y lo devora crudo. Esquilo relata: "como a una liebre" lo
persiguió a Pantheus, para desgarrarlo luego. En las *Bacantes* de
Eurípides, las *tiadas* son la jauría de Diónisos: con ellas sale a la
caza. Allí hace que a Pentheus —que resistía a su voluntad— lo
desgarre su propia madre, poseída por el arrobamiento de *mainas*.
Pese a esto, en el mito primitivo él mismo, el dios, había sido Pentheus: el desgarrador desgarrado. Con este lema vuelve nuevamente
el mito a su centro candente: la información acerca del divino niño
destrozado, como si estuviéramos vagando en el laberinto, del que
ya no se nos abre ninguna salida salvadora. Fue, sin embargo,

precisamente el estudio de la cultura cretense, el que condujo a
Kerényi al doble sentido —muerte y vida— del mito del laberinto
(*Labyrinth-Studien*, Vol. I de sus *Obras*, 226-273). En Knossos se
encontró una plaza de danza, en donde se podía "bailar el laberinto" en dos direcciones: hacia adentro, al centro mortífero, o hacia
afuera, en dirección de la luz. No obstante, en el profundo centro
tenebroso del laberinto originario —en el que, sin embargo, acontece también el cambio de rumbo; el comienzo de la salida a la
luz— estuvo sentada Ariadne: Pasiphaë-Ariadne, la unidad madre-
hija, y con ella Minotauro-Asterión, hijo y hermano a la vez. El
capítulo "Ariadne" de *El preludio en Creta* está lleno de sorpresas:
enigmas y misterios. "A la señora del Laberinto —miel—", dice
una tablilla de Knossos. Esta señora es Ariadne. Como tal, ella —
la "singularmente pura"— está subordinada al poderío de Diónisos, supremo rey del Laberinto. ¿Qué fue lo que la movió cuando
Teseo vino a Creta? ¿Quiso rebelarse contra el dios, escapar a la
esfera de su supremacía, como mujer y como diosa? Diónisos, al
darse cuenta de qué era lo que estaba pasando, llamó en testimonio a Ártemis. Según Homero, Ártemis acabó con Ariadne
(*Od.*, XI: 324-5), así como acabó con Koronis, la infiel amante de
Apolo. Semejantemente, tal como del cuerpo de Koronis el pequeño Asklepios, así se salvaba del de Ariadne el Diónisos infante. El
mito no conoce lo uno tras lo otro de nuestro pensar lógico ni
tampoco la cronología racional que nos guía. Ariadne, de repente,
se nos presenta como la madre de Diónisos. Ariadne, igual que
antes *resonaba* —mediante profundas modulaciones internas— en
Pasiphaë, y más adelante se identificó —aunque solamente en su
muerte— con el fin fatal de Koronis, así *resuena* ahora con Semele,
de cuyo cuerpo que devoraban las llamas, el mismo Zeus había
salvado el embrión, que luego llegó a ser Diónisos. Todos estos
mitos relatan nacimientos que surgen de la muerte. El Laberinto es
el Averno, y si es Ariadne la señora y reina de éste, entonces Ariadne es, *también*, Perséfona, aquella Perséfona en cuyo palacio el
Diónisos desgarrado —hemos visto— había dormido durante doce
meses. De este modo se entenderá cómo es posible que otras variantes míticas ensalcen a Perséfona en su calidad de madre de
Diónisos. Zeus, su padre, celebró nupcias con ella en forma de serpiente. Así fue engendrado Diónisos. Incesto y serpiente —dice
Kerényi— son temas míticos de remotísima antigüedad. Para com-

pletarlos cita este fragmento órfico: "La que otrora fue Rhea se cambió —después de haber dado a luz a Zeus— en Demetría..." Y aquí es donde la tradición empieza a aclararse, y con ella esta entrañísima genealogía. Zeus, el hijo de Rhea, se unía en forma de serpiente con su madre, pero uníase también con la hija de ésta, Demetría, y también con la hija que tuvo de Demetría, Perséfona. Pero las tres son, en su útlima instancia, una: "un solo ser en muchos nombres", como decía Esquilo. Es también Esquilo, quien deja caer una fuerte luz sobre el carácter originario común de Zeus y Diónisos. Zagreus —dice— fue el mismo "Zeus subterráneo" y —a la vez— el hijo avernal de éste. Kerényi comenta que hasta Zagreus es un nombre no para aclarar, sino para esconder; el que así se esconde es el más grande de todos los dioses. Su hija lo parió en una cueva cretense, es decir, el hijo-padre engendró con su madre-hija un hijo, el cual celebrará, nuevamente, nupcias con su madre. "La serpiente es la forma más desnuda de la *zoé* reducida a sí misma": en otras palabras, la vida indestructible. No obstante —y esta objeción es de índole lingüística—, al amo y esposo de Rhea en los tiempos de la Creta primigenia todavía no se le podía llamar *Zeus,* y el nombre de su hijo tampoco podía comenzar con *Dio.* Si esta vez, sin embargo, renunciamos a los vocablos helenos —Zeus, Diónisos— se nos revela, tras éstos, el más grande de los dioses, el poderoso Anónimo serpentiforme, el que celebraba nupcias "en los antros cretenses". ¿Con quién? Con una diosa de naturaleza *lunar,* a quien allí llamaban también Ariadne. "Ariadne es el plasmarse de las almas: la realidad arquetípica de la animación, así como, a su vez, Diónisos es la de la vida indestructible. A raíz de cada concepción nace un alma; este suceso lo llena en su totalidad la imagen de la mujer que concibe: en ella se plasma el alma. En esta imagen se refleja la luna, el paradero mitológico de las almas". El hijo-marido-padre de esta mujer brinda prendas de naturaleza distinta: trae la embriaguez tanto del vino como del éxtasis erótico. Cuando se acerque el término de la época invernal, durante la época festiva de las Antisterias, *patet mundus:* el dios surge del bajo mundo desde su santuario entre pantanos primigenios, el más antiguo que tenía Atenas. La esposa del *archón basileüs,* la "reina", sola, representa a las mujeres atenienses delante del dios. El núcleo mismo del misterio queda envuelto en las nubes de una discreción profunda. Lo que realizaba en él, se materializaba en una atmósfera de fantasmas y erotismo. El *agalma*, monumento del culto arcaico, posiblemente un ídolo itifálico, tal vez podría ser visto por las otras mujeres también. Entrar, empero, al santuario mismo y quedar ahí a solas con el dios ha sido el privilegio único de la "reina". "Un acto bizarro de la *zoé*", comenta Kerényi. Otro ídolo —por el contrario— parecía expresar la reducida existencia del Diónisos latente: encima de una columna se halló colgada una máscara; debajo de ella, hasta el suelo, una larga vestimenta que envolvía y escondía todo el fuste de la columna. "En Atenas, la máscara y la vestimenta larga fueron atributos de un Diónisos separado del niño divino, un dios que se regalaba a sí mismo al pueblo. La larga vestimenta cubrió *su estado*, a consecuencia del cual no fue sino *una sola parte* de su ser originario", el de su rebosante plenitud; ahora es el avernal, el de su largo dormir en el palacio de Perséfona. "Esta máscara le toca solamente a él... vacía está sólo en apariencia: tras ella pulula todo el imperio de fantasmas y espectros, esperando salir para poblar la escena del teatro dionisíaco". Los que lo pueblan son, sin embargo, contra todas las expectativas, las figuras del mito heroico y *no* las dominantes del mito o del culto dionisíaco. Estos, si aparecen ahí, lo hacen casi siempre por excepción; nunca por regla. Aquí se plantea un problema que a un Ortega y Gasset lo llevó en 1914 a la sincera confesión de que él no entendía la tragedia griega (*Medit. del Quijote*, I: 17). Nietzsche, que se esforzó mucho por penetrar en el enigma del género que consideraba el más sublime de todos, pensó que la tragedia griega, en su forma más primitiva, representaba exclusivamente los sufrimientos de Diónisos. Entre los dramas perdidos de Tespis había uno que se titulaba "Pentheus" y, como sabemos, Eurípides volvió —a su manera— al tema en las *Bacantes*. A Kerényi, sin embargo, le parece que el protagonista de la tragedia primitiva se presenta en la figura de un Pentheus primordial. Este Pentheus de los comienzos no era todavía, tal como lo conocemos en la obra del tercer trágico: separado del dios, rebelde a su voluntad, sino un antagonista del que —de modo misterioso— era, también, el mismo dios, como ya tuvimos la oportunidad de señalarlo en su lugar. Esta idea, paradójica a primera vista, fluye directamente del aspecto vida-muerte de Diónisos, como también fluye de su identidad con el niño sacrificado y de la representación de este sacrificado por un segundo ser vivo, en la mayoría de los casos, por un animal, aunque en este caso particular es sustituido por un hombre: el mismo Pentheus. "El héroe teatral más antiguo —dice Kerényi— hubo de morir después de haber tentado a aniquilar al dios, o sea —en tanto lo representó— a sí mismo. Así se aclara el enigma del comienzo, pero no se aclara el mito heroico, como contenido cabal de la tragedia en la preponderante mayoría de los casos, y la tan escasa o nula participación de Diónisos, que incluso a los mismos griegos, al darse cuenta de lo dicho, hacía exclamar sorprendidos: *Oudèn pròs tòn Diónyson:* "¡Pero esto nada tiene que ver con Diónisos!" Un crítico moderno, al hablar de las grandes fiestas dionisíacas, en las cuales representábanse las tragedias, se vio obligado a decir: "La época festiva, el sitio de los actos, el traje de los actores, todo esto aludió al dios, pero el contenido de los dramas conducía... en otra dirección. Licurgo y Penteo: mitos de antagonistas del dios, llegaron a ser de vez en cuando temas de tragedias, pero nunca se presentaron tales temas de modo dominante en primer lugar ...En Diónisos encuéntrase —esto sí— una de las fuerzas vitales que empujaron el juego trágico por el camino de establecerse como obra de arte, su contenido, empero, se originaba del mito heroico". Nadie podrá negar el significado importantísimo que el mito heroico representa —y no sólo entre los griegos— como fuerza religiosa, educativa, patriótica, cultural y política. Los grandes estadistas griegos, en la época en que se establecieron los juegos dionisíacos, se dieron cuenta de este significado y se propusieron —con toda su conciencia y comprensión políticas— explotarlo a favor de sus fines. Conocemos con bastante claridad y suficientes detalles dos casos para podernos imaginar el suceso entero. He aquí el primero: Este nos conduce a la ciudad de Sición y al reinado del notable tirano de esa "polis" Clístenes. Los sicionios veneraban a Adrasto, el instigador de la gran empresa de los "Siete contra Tebas". Hubo versiones que narraron cómo quedó solo después del fracaso y cuál sería el fin trágico que le esperaba. Herodoto dice: "Entre otras honras que tributaban a Adrasto los de Sición, una era la representación de sus desgracias en unos coros o danzas trágicos, de modo que sin tener coros consagrados a Baco festejaban ya con ellos a su Adrasto; manda, pues, Clístenes que se conviertan aquellos coros en cantos de Baco..." (V: 67). La medida del tirano es característica: los coros cantaban la loa de un gran representante de la antigua aristocracia, enemigo natural del nuevo señor, aunque fuera también él una de las fuertes personalidades de ascendencia nobiliaria que —apoyándose sobre el *demos*— tumbó la nobleza y se impuso autócrata sobre el pueblo entero. Es lógica consecuencia de tales antecedentes históricos sociales que los elogios de héroe representando la aristocracia, si quieren sobrevivir todavía, han de subordinarse al culto y rito de Diónisos, "dios del *demos* y la población agrícola". "Pero nada nos dice —añade Lesky, el recién citado escolar moderno— que hubiere cambiado el contenido de estos cantares *en* dionisíaco" y termina: "Esencial es la adjudicación de estos cantares a los coros de Diónisos". El otro caso, más clarilocuente aún que el primero, lo relatamos por medio de una cita de *La historia de los griegos* (1857-1861), de Ernst Curtius: "Un culto —dice— que los tiranos elevaron a un nuevo significado, fue el de Diónisos. Este dios del pueblo aldeano estuvo en todo en oposición a los dioses de las familias nobiliarias. Por esto lo patrocinaba cada regente que quisiera quebrantar el poder de la aristocracia, pero a Pisistrato le relacionaba con él —además— una circunstancia especial, puesto que la región vinícola propiamente dicha de los atenienses se extendía por las alturas de Diacria, principalmente por Icaria, cerca de Maratón y en la vecina Semaquidae. También Braurón era uno de los centros antiguos de fiestas del vino". (Todas estas regiones son aquellas en donde se encontraban los bienes de los Pisistrátidas, grandes terratenientes.) "La patria, pues, de los Pisistrátidas fue también la patria del Diónisos ático: de ahí salieron las diferentes festividades de vendimia y otras fiestas del vino nuevo por toda Atica para alegrar con sus diversiones los meses brumosos del año y *hacer olvidar las diferencias de las clases sociales*. Por estas razones protegieron los tiranos al dios 'democrático', enriquecieron sus cultos por el campo ático, que Pisistrato, según se decía, se habría atrevido a inaugurar una estatua de Diónisos, en que se creía poder reconocer sus propias facciones; *en el dios las del héroe*". (Para poderse *imaginar* una obra de arte tal, piénsese en la estatua del "Platón-Diónisos", en el Museo Nacional de Nápoles.) En la tragedia sucedió algo esencialmente parecido, aunque de modo diametralmente inverso: tras el hado heroico del representado vislumbró cual en visión (*geisterte*) "el revés de la vida propiamente dicha: la ingente presencia del Diónisos avernal", el del mundo de los muertos, "en el fondo del juego trágico". La citada afirmación de Kerényi señala el porqué de la introducción del mito heroico al culto teatral dionisíaco: la justificación religiosa de tal procedimiento, cuestión de gran trascendencia en el ambiente de un pueblo de una religiosidad todavía viva y espontáneamente vivida. Las palabras *Oudèn pròs tòn Diónyson* podrían servirnos como testimonio que no todos los atenienses entendieron la naturaleza profundamente paradójica de las *Dionysias urbanas,* creación —probablemente— de su genial tirano y estadista, el mismo Pisistrato. Es él quien habrá comprendido por una creativa intuición sustancial el cómo lindarse en la esfera de este "Diónisos avernal" la vida con la muerte, que allí lindan y se complementan, sí, pero de ningún modo bajo el signo del "dios loco" de Nietzsche o de W. F. Otto, sino bajo el del sentimiento trágico de la vida, para citar aquí la profundísima expresión de Miguel de Unamuno.

El último capítulo del libro de nuestro autor está dedicado a los diferentes ritos y cultos concernientes a Diónisos en la antigüedad tardía. Llegamos así hasta la época de los Antoninos, lo que significa, entre otras cosas, una expansión territorial de tales cultos —ahora frecuentes y populares en todas partes entre las anchas fronteras del Imperio romano— por Italia, Asia Menor, el Oriente Cercano, la Crimea y otras tierras más invadidas por el pensar, la imaginación y no en último lugar, por la religiosidad griegas. Esto por un lado. Por otro lado, es natural que surgieran fenómenos religiosos por estas tierras no griegas (ya Herodoto se dio cuenta de un culto "dionisíaco" entre los escitas). Conservan un parentesco arquetípico con los correspondientes contenidos y formas religiosas de la dominadora cultura griega y sus adeptos. Así señala nuestro autor la existencia de "una religión dionisíaca de semitas occidentales". Y continúa: "El testigo de una masiva religión báquica no-helena entre el lago de Genezareth y la costa fenicia es el fundador del Cristianismo, caminante de estas regiones hasta Tiro" (Marco 7, 24), que había sacado sus metáforas con preferencia de la vida de los vinicultores, así como antes de él también los poetas y profetas del Viejo Testamento lo habían hecho. Decía de sí mismo: "Yo soy la vid verdadera" (Joh 15, 1). La expresión de Jeremías acerca de la vid Israel (Jerem 1, 2), a la cual la de Jesús es tan afín que tal vez fue formulada por influencia de ésa, queda entre los límites de una mera metáfora. Fue la palabra de Jesús la que la transformó en el sentido de una identidad mística. La parábola que comienza por ella y en la que el viñador simboliza al Padre y los sarmientos representan a los discípulos, se encuentra en el Evangelio de Juan *en vez de* la fórmula sobre el vino en el momento de la institución de la Eucaristía: "que esta es mi sangre" (Mat 26, 28) y, la ayuda a interpretar. En la época en que Juan escribía, la Eucaristía ya se había constituido en el gran misterio de los cristianos. La historia de su institución y su primera ejecución le parecía al evangelista demasiado sagrada para poderla contar en un escrito destinado para un público general. En vez de esto narraba entonces la manera en que Jesús se había identificado con la vid. Consecuencia de tal identificación fue que hablaba del vino como de su propia sangre... El acento descansa en la afirmación de que él, Jesús, es la *verdadera* vid. De tal modo se distanciaba, en el caso dado, del viñedo y de los productos y de los sucesos del mismo, a los que esta identificación lo acercaba demasiado. Le fue necesario subrayar la diferencia entre sí mismo y la vid "falsa", ya que esa conducía las almas hacia caminos erróneos, por haberse referido a un dios y una religión "falaces".

EL CAMINANTE Y SUS ACOMPAÑANTES

Carlos Kerényi, el filósofo e historiador de las religiones, murió en el año 1973. Entonces sus obras completas en 12 tomos, fruto de la dedicación y labor asidua de su mujer, luego viuda, ya empezaron a aparecer. Con el tomo póstumo que vino a publicarse en el otoño de 1985, han visto la luz hasta la fecha ocho tomos, cuyos títulos, repetidos aquí, nos ofrecerán una perspectiva de los temas de este autor. Y son: *Humanistische Seelenforschung* (Investigación humanística de la psique), *Auf Spuren des Mythos* (En huellas del mito), *Tage- und Wanderbücher* (Diarios y relatos de viaje), *Apollon und Niobe, Antike Religion* (La Religión antigua), *Dionysos, Urbild des unzerstörbaren Lebens* (D., imagen arcaica de la vida indestructible) y *Wege und Weggenossen* (Caminos y compañeros de camino).

El último es una colección de ensayos sobre el mito y la literatura.

Trece ensayos sobre Hölderlin, a cuya figura y poesía fuertes lazos unieron a nuestro autor desde su temprana juventud. Nueve ensayos sobre Thomas Mann, un amigo personal en un intercambio de ideas y pensamientos en el curso de varios decenios; con las palabras del mismo Thomas Mann: "Dos autobiografías cruzándose bajo el signo de la comunicación"; y tres sobre la obra del griego Nikos Kazantzakis, accesible para Kerényi, como lo es para po-

---

A propósito del libro póstumo de Karl Kerényi: *Wege und Weggenossen*, München-Wien, 1985. Editado por Magdalena Kerényi.

cos occidentales, mediante su profundo conocimiento no sólo del griego antiguo, sino también del moderno, el *demotiki*.

Introduce y asegura la unidad del tomo un estudio extenso, publicado ya en libro independiente tanto en el 1955 como en el 1961: *Umgang mit Göttlichem*. Parece un título muy sencillo, no obstante no es de fácil traducción. *Umgang* es la galería circular de los claustros de conventos, en cuya mística penumbra el monje meditabundo dirige sus pasos hacia la divinidad. Pero, a la vez, significa también trato. Trato a modo de conversación, de diálogo con lo divino. Lo que se revela aquí es nuestro entrar en contacto inmediato con Dios: nos dirigimos a él —estamos rezando, por ejemplo— y lo que percibimos, es su contestación. Establécese un diálogo real: entre Yo y Tú. O con las palabras de F. C. Oetinger, citadas por Kerényi: "Rezar no significa que uno se desahogue con palabras delante de Dios, sino que su potencia obre junto con El".

Tal potencia o facultad, sin embargo, no obrará en las formas de la unión mística de la religiosidad medieval o las religiones orientales. La experiencia mística existe, seguramente, también en nuestra época, pero nosotros somos gente moderna, entrenada por el pensar racional de la antigüedad. Por consiguiente, nuestro fin no es fundirnos con la divinidad, sino su comprensión —*comprension créative*— hasta el límite humanamente posible. O sea: sin estar "cautivados" nosotros mismos por el objeto anhelado, apenas será realizable. El místico podrá fundirse con su divinidad, como "el loco que se enamoró de Dios". Al pensador, en cambio, lo defiende y conduce su método. Son dos las condiciones *previas,* señaladas por Kerényi para poder llegar a esta "comprensión", a saber: la distancia y la atención prudente. Las explica mediante el vocablo latino: *religiose*. La comunicación, sin embargo, aun así es de una intimidad tal que excluye cada clase de un tercero: un intermediario cualquiera.

Una observación de Lou Salomé del año 1896, nos ayudará a aclarar esta situación: "Si partimos del hombre —dice— y no, como otrora, de Dios,... en tal caso cada fenómeno religioso propiamente dicho se presentará en la *re-acción* de la deidad —surgida de no importa cuál manera— sobre el hombre que cree en ella".

Los que llevan el acento en esta definición son la re-acción y el tiempo del verbo: en futuro (en presente en el original). Quiere decirse, no solamente una tradición se nos revela aquí, sino una realidad manifestándose en el presente o en el futuro. Y se preguntará: ¿Dónde? La respuesta a esta pregunta es la clave de todo el *método*: camino hacia un fin.

Si me recitas un cuento acerca de un dios, en él no solamente se me presentará tu narración, sino mediante su "propio plan de acción", el dios también. Lo mismo pasa —en grado inferior— en la obra literaria. "....Un novelista, un dramaturgo, no pueden hacer en absoluto lo que se les antoje de un personaje que creen... Hasta los llamados entes de ficción tienen su lógica interna" —dice su personaje, Augusto Pérez, a Miguel de Unamuno en la famosa discusión entre autor y personaje en la novela *Niebla*—. Y cuando ya la figura de una novela insiste así en su "propio plan de acción", con cuánta más "autoridad y potencia" lo hará el dios mediante su *radius* incomparablemente mayor de re-acción, para referirnos una vez más a la expresión de Lou Salomé.

Ya hemos tenido oportuniad de mencionar los tres ensayos de este libro que versan sobre Kazantzakis. En realidad, ellos constituyen la base del marco, cuya cima es el *Umgang*, de donde irradia todo. Ese primer estudio fue dedicado, en su totalidad, a la búsqueda y el encuentro teóricos de Dios, mientras que estos tres ensayos tratan de tal búsqueda y encuentro sin una mediación erudita, sino, para decirlo así, *en el acto*, la acción candente.

Palabras de una novela alemana —*La pantalla de tres pañuelos,* de Max Kommerell, publicada en 1940— nos servirán de lema para caracterizar este *acto:* "¿Qué es lo que somos en los sueños? El muñón de un dios sangrante que quiere integrarse de nuevo". Kommerell probablemente no conocía aún a Kazantzakis; no obstante, sus palabras señalan con rara exactitud lo que pasa en la fantasía y la obra del gran griego.

Kerényi explica la dicotomía que se expresa en el ser y la obra de ese escritor. Representa, por un lado, toda la negación apasionada del hombre moderno ante el cristianismo, pero, por el otro, también la "hipercristiandad" de la tradición bizantina. En la opinión de Kerényi, ni una tentativa indica que podría armonizar tales opuestos en su ser. Esa actitud rebelde, violenta, desenfrenada no se origina solamente de su valentía —valentía esa, con la cual confiesa y vive esta dualidad, la dualidad expresada con palabras sencillas, de cuerpo y alma—, sino también, de una visión de único entendimiento cuya más extrema expresión la constituye su libro,

La máxima tentación. Se atreve, después de las palabras terribles y desconcertantes "Eli, Eli, lamma sabaktani" de Cristo agonizando en la cruz, a hacer surgir en el alma del Crucificado una visión que le presenta lo contrario de su vida ascética: todas las no realizadas posibilidades de su existencia terrestre: el amor a Magdalena, el vivir con María y Marta, como antaño vivió Jacob con Lea y Raquel, llegando a ser patriarca de numerosos hijos. Esto ha sido su "máxima tentación", pero solamente en la cruz y antes de la muerte, similar de la del capitán en *Alexis Sorbas,* quien en el momento de un extremo peligro mortal piensa, no en la salvación eterna, sino en su patria, Salamina, y en el abrazo de su mujer. Como el amenazado de una muerte inmediata en el soneto de Antonio Machado, *El amor y la sierra,* tampoco "vio el rostro de Dios: vio el de su amada. —Gritó: ¡Morir en esta sierra fría!"

Como ya este único ejemplo nos podía demostrar, la religiosidad de Kazantzakis es pasión y, entendiéndola mediante una "comprensión creativa", cada vez más nos parecerá evidente que una verdadera religiosidad apenas puede ser otra cosa que apasionada. Lecturas juveniles de los Evangelios nos iniciaron en la felicidad que sintieron probablemente los mismos autores de ellos —Lucas y Juan, en primer lugar—, pero nuestras lecturas en edad madura siempre más y más revelaron ante nosotros una llamativa ingenuidad de estos escritos, máxime de aquellos que fueron redactados en griego (pues para un público no hebreo), mientras que Mateo se separa de los otros en magnitud sombría y áspera. Resultó imposible que uno no se dirigiera a ellos con más y más crítica y censura, y es aquí el punto en que coincidimos con Kazantzakis y su pasión religiosa. El lector de hoy ha de saludar la enmienda hecha por el autor griego, por ejemplo, de la anécdota de las vírgenes prudentes y necias (Mateo , XXV), y con más satisfacción todavía, la eliminación de la tentación realmente poco convincente del Señor por el diablo, por la última tentación del Hijo del Hombre, humanamente válida aunque de escalofriantes consecuencias al pensarla hasta el fin.

El atrevimiento en la búsqueda de la fe del gran griego, sin embargo, llega a esferas más profundas aún. Su lema dice: "Yo no quiero al hombre, yo quiero la llama que lo devora". Esta llama, comenta Kerényi, que "le surge de sus entrañas oscuras", es Dios.

En los años de 1922/23 redactó Kazantzakis un libro, del cual él mismo decía: "Ni arte ni filosofía". Este, *Asketiki,* debiera ser el libro para el asceta, pero su subtítulo —*Salvatores Dei*— dice más y descubre el real sentido de la obra. Es la tentativa de una nueva religión, "una exhortación para realizar un mito"; éste: ¡Salvad a Dios!

Lo que se nos abre, es como un catecismo raro. En el capítulo "Silencio" se halla este punto: "Una lengua de llamas es el alma; y lame y lucha hacia arriba para poner la masa oscura del mundo en fuego". Le sigue: "El fuego es la primera y la última máscara de mi dios. Entre dos grandes hogueras bailamos sollozando". Y en las últimas oraciones de *Asketiki:* "Creo en un Dios... poderosísimo, no todopoderoso..., señor de los poderíos de la luz, visibles e invisibles". "Creo en las máscaras innumerables que van cayendo de día en día, las máscaras que Dios se puso en el curso de los siglos". "Creo en su lucha tremenda y consciente, por la cual ata y fecunda la materia". "¡Socorro!, gritas tú, Señor. ¡Ayudad!, clamas tú, Señor, y te he oído". "Reunidos están en mí los ascendientes y los descendientes, todas las razas del mundo entero: percibimos con temblor y júbilo tu llamada". "Bienaventurados los que te oyen y comprenden que han de libertarte, Señor; los que dicen: Yo y Tú, no hay sino nosotros". "Bienaventurados los que te libertaron, Señor, y dicen: Yo y Tú somos Uno".

Ya desde Hörderlin —véase "Hölderlin y la historia de las religiones" — andan entre nosotros genios religiosos, a quienes no les tocó la mala suerte de que sus enseñanzas —luego— fueran anquilosadas por los rígidos *establishments* de cualquiera de las iglesias. Uno de tales genios fue Kazantzakis.

También lo es por haberse atrevido a pronunciar su veredicto sobre las iglesias. En 1909, al tener 26 años, redactó una más que curiosa obra de teatro: *Comedia —tragedia en un acto.* Con razón la llama Kerényi una pieza "protoexistencialista". "Esta comedia —dice su mismo autor— se desarrolla en el cerebro del hombre en la hora de la agonía". "La hora de espera es, para todos los hombres —añade Kerényi—, la hora suprema, la de morir. Educados en la fe cristiana, esperan que venga Dios y los juzgue después de la muerte, así como lo enseñó la Iglesia. En vano esperan, porque Dios no viene. La Iglesia engaña a los que lo esperan. Lo repugnante de este fraude es que ni siquiera su propia espera (de la Iglesia) es ya una espera *de-veras.* El esperar de la Iglesia es una burla, el del cristiano creyente, una tragedia". "Lo que en este drama se revela es —quizás la primera vez— la dicotomía en el pensar de Kazantzakis. El vano esperar se refiere a un dios que debería venir a juzgar a los muertos; el dios en el *Asketiki*, en cambio, apenas tiene que ver con los muertos: éste, por lo contrario, reina en la vida, en la llama que devora a los hombres". La dicotomía, como Kerényi lo ha señalado, parece conservar su validez: no hay manera de apaciguar los dos extremos: el polo anticristiano y el del "hipercristianismo". ¿De veras que no? Un día, en Jerusalén, se le oía decir a Kazantzakis: "Je tâche d'harmoniser ce que j'aime le plus en ce monde: esprit lucide et la sainte folie".

La "religión" de Kazantzakis fue la evocación de un mito vivo. Subrayemos: *vivo*. El segundo ensayo de Kerényi trata precisamente de eso: "La esencia y la actualidad del mito". El título del original italiano, quizás, nos dice más: "*Dal* mito genuino *al* mito tecnicizzato".

El término, "mito" se emplea, en nuestra época, con una negligencia sorprendente, dice Kerényi. Sirve para señalar contenidos más que variados, sin que la diferencia esencial del mito genuino y el aplicado llegue consciente en la mayoría de los que lo pronuncian. En una minoría —en los que se ocupan de la mitología, las religiones y, en general, del pasado humano— en cambio, surge (¡y con qué ímpetu!) el interrogante de esta dualidad, pero... ¿quién se atreverá a tocarlo? Kerényi lo hizo. Metió la mano en ese nido de avispas y sacó de él *su* resultado —no el únicamente posible, por cierto, pero, sin duda, uno que es "concreto": entendible y utilizable.

"El mito aplicable —dice nuestro autor— impresiona bajo la lupa del experto cual mentira transparente". En cambio, el mito genuino —el auténtico, originario— es todo menos estafa o engaño. Al ser el origen tanto de la religión como también de la filosofía, es la pronunciación de lo cierto. Y lo es por los medios de la expresión poética, las formas del arte y la danza cúltica. ¿Será, entonces, el mito aplicado nada más que "fábula, idea fija, quimera"? De ningún modo. El mito aplicado —aunque no en la situación adecuada del mito auténtico, la que es en el culto o en la expresión artística, pero sí en una situación ajena a su origen, verbigracia, en la política—, corresponde a una finalidad: su propia finalidad, y —mirándolo desde su aplicabilidad técnica— es, también, justo.

Se engaña aquel que espera ahora que Kerényi le hable de los impuros mitos aplicados de un pasado reciente, aunque esos sirvieron, realmente, a los fines de ideologías políticas. El punto de vista de él es, también aquí, una visión desde una altura mayor. A lo que el autor nos llama la atención, es un residuo de la fuerza creativa del mito genuino hasta en el mito aplicado. Tal fuerza puede definir vida e historia, asegurar la cohesión de las comunidades. En esta función toca las comarcas del culto, de las cuales se alejaba, pero a las cuales originariamente perteneció: las zonas fronterizas de las religiones. Tales "instrumentos" entonces no representan meramente máquinas de marcha en vacío, sino —y sean tan poco verídicos como realmente son— sirven a los fines políticos de la comunidad. "Pues tienen que ver con la realidad", y aunque lo que proclaman, no sea sino error, "¿a qué se refieren los errores si no a la realidad?"

Lo que son papel e ímpetu del mito en sus comienzos: la intensificación de su espontaneidad, en numerosos casos, hasta el éxtasis, se cambia luego —en intención y cálculo, llegando a ser aplicable en la política. Y he aquí, dice Kerényi, ejemplo y prueba fehacientes de la presencia del mito hasta en nuestra actualidad.

Lo que le sirve de ejemplo es el caso relativamente reciente del monje budista, quien, en Viet Nam, para dar testimonio de su propia fe, se quemó vivo a sí mismo. Otros dos le siguieron.

Las raíces de tal sacrificio brotan del budismo, hasta del ascetismo hindú prebudista. Los monjes vietnamitas se inspiraron en un mito genuino, conscientemente o no: es indiferente en la perspectiva de su sacrificio. Lo comprueba el Ramayana. No obstante: el anciano que ahí sube a la hoguera, se levanta del fuego cual un Fénix de sus cenizas en la forma de un joven resplandeciente, superior no sólo a los mortales sino a los dioses también. Lo que se representa aquí, es el más profundo sentido de la idea de la resurrección.

La aplicabilidad de los contenidos de mitos genuinos ya la experimentaba la antigüedad. Un brahmán, Kalanos, subió en presencia de Alejandro Magno; otro, Zarmaros, en la de Augusto César a la hoguera para morir entre las llamas. Morir por libre albedrío. El segundo hasta riéndose. Y Luciano, el burlador, comenta: a Kalanos y a un tercero, que se sacrificaba en el fuego, un tal Peregrinus Proteus, coetáneo del propio Luciano, se les instigó el afán de

eternizar su nombre —con tal ímpetu que "se tornaron llama"—.
Y he aquí la diferencia tragicómica entre el mito y su aplicación: la
resurrección del anciano en la epopeya hindú no pasó nunca y está
pasando siempre, a través de toda la eternidad; la aplicación de su
mito se degeneró en el vano deseo de hacerse inmortales —a través
de la muerte— mediante un espectáculo —teatral en el más amplio
sentido del término—, en presencia de príncipes y multitud de espectadores, hambrientos de "sensación".

Pero, fuera como fuese: se han sacrificado. *Murieron de-veras,*
como también los monjes de Viet Nam. Buscando causas e indicios
del hecho, la lectura de "El fin de Peregrinus" del ingenioso
"feuilletonista" Luciano, testigo ocular de la muerte en la hoguera
de aquel, nos ofrece una enseñanza en muchos sentidos.

La obra de Luciano, que versa sobre Peregrinus, es —por cierto que involuntariamente— desde nuestro punto de vista, también
un tanto "autobiográfica".

Los dos son buscadores inquietos del siglo II, tan rico en aspectos controversiales, siglo en que ambos vivieron. De transformación a transformación tambalean los dos durante toda su vida.
Luciano, primero abogado, continúa como *rhetor;* el rhetor se
cambia, luego, en filósofo, en sofista; del sofista sale un autor de
sátiras, a veces tan sólo de burlas superficiales; la estación final será
el cargo de empleado público en la provincia de Egipto. Peregrino
Proteo, de vida similarmente variada e inestable, supera a su autor
por una facultad, la que es posiblemente la dominadora de su ser:
su ambición de obtener fama inmortal. Por eso, primero —si es
verdad lo que nuestra única fuente, Luciano, dice de él—, un crimen horrible en su juventud, el parricidio; luego, el abrazar a la
todavía nueva secta de los cristianos, llegando a ser "su profeta,
conductor de los inspirados, presidente de sus reuniones". De repente es encarcelado, probablemente a consecuencia del papel que
tuvo entre los cristianos. Estos son los que se esfuerzan en sacarlo
de ahí; inundan —mujeres en su mayoría— ya desde la madrugada
los alrededores del presidio, sobornan a los guardias para que per-
mitan pasar con él las noches en su celda. Hasta de la lejana Asia
llegan emisarios de sus feligreses para ayudarle, defenderlo ante la
ley, consolarlo en su prisión. El procónsul de Siria, al ver que su
prisionero, en su afán de obtener fama, está dispuesto a morir...
hasta en la cruz, evita una repetición del ingrato papel de Poncio

Pilato, y lo suelta. En grandes grupos le siguen ahora los cristianos, pero de repente rompe con ellos. Va a Egipto, se acerca a los filósofos cínicos entregándose a extrañísimos ejercicios morales... Pero ni con ellos le es dado quedarse. Va a Italia, gana gran popularidad entre el populacho con su enseñanza filosófica. El prefecto de la ciudad lo expulsa, sin embargo, diciendo que Roma no necesita tales filósofos. Otra vez en Grecia, tienta a persuadir a los griegos a que se rebelen contra los romanos con el sable en la mano. El resultado de varios experimentos es que el pueblo quiere apedrearlo. Así alcanzaría el martirio, pero aún no lo acepta: huye bajo la protección de un santuario de Zeus.

Pasan cuatro años. Ahora concibe la idea de morirse por libre albedrío, no por la mano de otros, sino por la de él mismo, en una hoguera que él levantará, y en la presencia de la innumerable multitud de una Olimpiada. Dice que lo hará para el bien de la humanidad.

Y así fue. Después de haber pronunciado su propio sermón sepulcral, se desnudó e, invocando sus *daimones* maternos y paternos, se lanzó al fuego y desapareció en él.

C'est le ton qui fait la musique. Vida y hechos de este buscador inquieto se pueden narrar, naturalmente, en tono burlón, así como lo hacía Luciano, y también en una forma tal que hará justicia a las labores y al destino de la persona representada.

A primera vista Luciano parece tener una tarea muy fácil para hacerle ridículo y falso profeta a su Proteo. Pero al meternos más en su texto, nos llamará siempre más la atención, cómo se esfuerza el autor, por un lado, en mantener hasta el fin el tono frívolo de su narración, y por el otro, en hacer todo para quitarle peso y seriedad al sacrificio de Proteo. Pero habla demasiado para lograr este fin. Y es allí en donde falla. La muerte no es tema cómico; menos aún un suicidio en forma y con peso tales. Proteo, un hombre que en su siglo inquieto nunca encontró el verdadero camino de lo que buscaba —el autor de su biografía, Luciano, tampoco—, se quitó la vida, sea por desesperación, sea por dar un gran mensaje a la posteridad. De todos modos *murió de veras,* como los monjes vietnamitas.

Al citar Luciano el caso de Kalanos, da testimonio de su sospecha acerca de tales "suicidas" que tan fácilmente podrían ser "locos hambrientos de fama" en la India como en Occidente. Pues: no

cree en la posibilidad de un auténtico sacrificio. Ya en la página
siguiente se descubre y se traiciona. Cita unos versos sibilinos que
ensalzan a Proteo cual "el más grande y más bueno de los cínicos",
pónenlo al lado de Hefestos y Hércules, y celebran en él un Defensor de los mortales: "gran héroe nocturno". A estos versos les siguen los de un cierto Bakis, que se burlan del modo más vulgar,
con el escarnio más vergonzoso de la figura, papel y muerte de
Peregrino. Y Luciano comenta: "¿Qué os parece, mis señores?
¿Será, acaso, Bakis un peor divulgador de oráculos que la Sibila?"

Dos siglos pasaron. En los decenios del ocaso del Imperio romano, surgió desde Antioquía un notable historiador, adalid y defensor de la idea de lo romano, primero con el arma en la mano,
luego con la pluma, considerado a menudo como "el escritor de
más peso en el Occidente hasta Dante": Amiano Marcelino. Aunque griego por nacimiento, redactó su gran obra, *Res gesta*, en la
lengua del Imperio, en latín.

Al describir el horrendo holocausto que acabó con los mejores
ciudadanos en el Oriente romano durante los años finales del reinado del Emperador Valente, habla, entre otros más, del fin trágico de Simónides, un notable filósofo joven. Valente —condenando
a todos los otros a la muerte por la espada— mandó a éste solo,
enfurecido por su perseverancia inquebrantable, a la hoguera. Con
satisfacción escuchó Simónides la sentencia, rióse de la vida, tirana
rabiosa, y del repentino desmoronamiento de los valores, y dejó
que lo quemaran en imitación de Peregrino Proteo, "filósofo pre-
claro", quien al decidirse a abandonar el mundo, subió —igualmente— en presencia de la Grecia entera, a la hoguera y redújose
a cenizas (XXIX: 1, 38).

Por esta doble rehabilitación —por el testimonio de la sublime
seriedad moral de Amiano Marcelino y por la "imitación mítica"
de morir como muriera su antepasado espiritual— se restablece el
buen nombre de Peregrino Proteo, que un Luciano en vano intentó manchar con el lodo de lo ridículo. Este nombre —un seu-
donombre, ciertamente— recobra desde el punto de vista de nuestra tentativa un valor simbólico: el del Desterrado, que —siempre
ajeno en todas estas tierras— busca con ansia su *quietam patriam;*
el de Proteo, un ser de mil rostros, entes, destinos, que forman el
séquito del hombre que camina delante de ellos.

GOETHE Y SUS DIOSES

Álvaro Mutis, poeta y amigo, hablando de Goethe, me escribe: "Siento que había en él un bacilo de Ilustración y de racionalismo que le llevó a canalizar su 'sentir' de lo religioso hacia ciertos terrenos helenísticos con una carga mítica muy grande, desde luego, pero invadidos de un más que sospechoso paganismo". Palabras tan ciertas como agudas, aptas para que sirvan de punto de partida de esta tentativa. Ilustración y racionalismo nunca llegaron a ser eliminados del mundo de Goethe, aunque ya en sus años juveniles consiguió romper sus límites que pronto le resultaron demasiado estrechos y rígidos. Rebelde ya de un pensar prerromántico —el *Sturm und Drang*—, invadía los terrenos de la cultura helena, en la que estaban los contenidos míticos que pronto llegaron a serle los más esenciales. "Griego" y "pagano claro" se confesaba a lo largo de los decenios de su vida, aunque su paganismo bien podía parecer un tanto sospechoso o contradictorio visto desde las tradiciones cristianas, las que heredaba de su propia niñez y primera juventud. Estuvo lejos, hasta los años de su más avanzada vejez, de negar éstas, ni siquiera de dejar pasar la oportunidad de subrayarlas y —lo que es más— de indicarlas como una de las más transcendentales fuentes tanto de su poesía como de su pensar.

Pero, en realidad, sólo a primera vista nos podría parecer sospechosa o contradictoria tal doble actitud en cuanto a lo religioso. Pronto se descubrirá la misma como la natural posición del espíritu europeo-occidental respecto al mundo transcendental.

En los últimos siglos de la Romanidad clásica la cultura europea tornóse cristiana, y no es necesario subrayar que lo fue durante numerosos siglos de veras y hasta sus raíces más hondas. Pero —y he aquí lo específicamente europeo del "sentir" religioso— los contenidos y las tradiciones y las antiguas creencias grecorromanas, aunque se transformaron y más aún, se sumergieron hasta los substratos más profundos, no perecieron jamás. Sería más que fácil aducir ejemplos para demostrar lo dicho empezando por el siglo V — y en él por el testimonio del propio San Agustín— para terminar por el XIX, verbigracia, por el propio Goethe. Psicológicamente hablando: al subconsciente colectivo del hombre europeo, poblado desde insondables edades remotas por las imágenes arcaicas de sus antiquísimas creencias, no le fue posible extirpar su herencia genuina a pesar del fervor y la inspección de los que representaban la confesión cristiana. Como símbolos de lo dicho nos saludan hasta la fecha desde las fachadas románicas —templos cristianos de la época de la más genuina y sincera fe en Cristo y su doctrina, en el Occidente europeo— las bigas y las cuadrigas del sol victorioso y en ellas la figura de Apolo, o las de la luna, y en ellas, la de Diana. Allí, como también en la mayor parte de la poesía de los pueblos cristianos, la invocación de los dioses antiguos es mucho más que mero adorno poético. La existencia del dios pagano no viene a estar negada; en casos extremos se dirá meramente, que no es dios, pues Dios es uno y único.[1] Tal tradición, aunque verídica y auténtica, durante los siglos de las Edades Media y Moderna nunca se manifiesta como enemiga de la cristiana: es inconcebible que llegasen a luchar una con la otra del modo como lucharon entre sí confesiones diferentes de la Cristiandad, o los fieles de la Cruz y la Media Luna.

Vista en esta perspectiva no es de extrañar que el mismo Goethe —aunque seguramente no seguía dos religiones como aquel príncipe de un paganismo crepuscular quien se declaraba "bastante rico" para poder ofrecer su devoción tanto al dios de sus antepasados como al cristiano cuya fe había abrazado recientemente—,[2] se encontrara, consciente y armoniosamente, no en dos religiones a la vez, pero sí en dos actitudes religiosas, sin que una tropezara con la otra, sin que una eclipsara a la otra. Estas dos actitu-

---

1. F. Schneider, *Rom u. Romgedanke im Mittealter,* München, 1926, 27-8.
2. Thietmari Chronicon, *M G H* IX., Berlin, 1955, 496.

des del hombre religioso —por lo menos dentro de los límites de la cultura europeo-occidental— se dejan trazar del modo siguiente: la del cristiano estriba en la búsqueda de Dios: la divinidad está fuera de su ser; ha de estirarse, pues, espiritualmente, para llegar a él. Símbolo de tal actitud es la iglesia del gótico y la del barroco, expresiones del ansia nostálgica del creyente hacia su dios. La otra es la de una *re*-presentación del dios en el propio ser del mortal. Es, en la mayoría de los casos, la del hombre de la antigüedad griega y romana; la divinidad "toma morada en el corazón" de un mortal; la posee y ésta lo posee a él. Escasamente se realiza tal actitud del hombre respecto al dios también en la cultura europea; una vez, sin embargo, la podemos experimentar sin lugar a duda: en el momento histórico de la cúpula, o sea: la céntrica composición arquitectónica es la expresión del creyente que tiene a dios en sí.[3]

Nuestro otro ejemplo es Goethe. Para entender con claridad suficiente qué es de lo que se trata aquí, citaremos el caso de una notabilísima figura de la Antigüedad romana, cuyo destino —descrito por Tito Livio y Plutarco— nos ofrece un ejemplo clarilocuente de la actitud religiosa aquí en cuestión. Se trata de Marco Furio Camilo. El comportamiento, la presencia, la actuación y el logro de resultados y éxitos por parte de Camilo —destructor de Veyos y reconstructor de Roma— presentan características, en el más estricto sentido del término, mercuriales. Pero, pese a lo dicho, este mismo hombre poseía, como pocos, afinidades orgánicas con Apolo; y éstas no son meramente consecuencias de una opción consciente debido a razones político-religiosas, como lo será, siglos más tarde, el "apolinismo" de un Augusto César.

Aquí no se trata —y quede subrayado lo que sigue— de un juego fútil de categorías mitológicas traducibles al lenguaje de la psicología. Se trata de algo esencialmente diferente, a saber: de la caracterización íntima e intrínseca de un hombre, del Hombre, mediante *su* dios. Nuestra pregunta es: ¿Cuál es el dios al que un hombre determinado venera más que a los otros, aunque éstos sean también deidades de su panteón?, o, dicho de otra manera: ¿Cuál de sus dioses es el que "toma morada en su corazón"? A

3. M. de Ferdinandy: *Philipp II*, Wiesbaden, 1977, 152.

veces sucede que el hombre bendecido o condenado por tal privilegio, si es lo bastante consciente o valiente para ello, puede hasta nombrar por su nombre al dios que "ha tomado morada" en él. Esta convivencia, sin embargo, no llegará a su más alto grado, sino solamente en el caso en que el hombre viva, sienta y actúe amoldando su propia actitud a la naturaleza del dios "de su corazón". Esto no es, por supuesto, la pose ridícula de un Calígula deleitándose en el papel de Júpiter, sino la actitud de Julio César viviendo con la conciencia de su papel de conductor del Universo, el de Júpiter. Así, según la forma que Shakespeare dio a la tradición que cuenta los últimos momentos de César, en los que se encontró —con plena conciencia— en el atrio de la muerte; al ser atacado, hombre maduro ya, por las dagas de siete jóvenes, aún pudo agarrar la muñeca del primero para rechazarlo gritanto: ¡Fuera de aquí! ¿Quieres trastornar el Olimpo? Nosotros ni siquiera podemos imaginarnos la tensión y las dimensiones por medio de las cuales un hombre así —elevando su ser a las alturas del dios supremo— vivía y se autorrealizaba. No obstante, aún hoy, si el numen cuya morada somos, no nos niega el ingente privilegio de identificarse con nosotros —ya sea de modo parcial o por unos instantes—, podemos construir y expresar en y por nuestro ser, no la biografía, sino la autobiografía de nuestro dios. Debido a la dialéctica llena de constantes tensiones de sus entrañas, si Camilo hubiera sido escritor, habría podido redactar —a la manera de las vidas paralelas de Plutarco, aunque de un modo incomparablemente más profundo—, la autobiografía no de uno, sino de dos dioses, la de Mercurio y la de Apolo, reflejando la del uno en la del otro, o aun mejor, reflejando en su propio ser a las dos deidades "que tomaban morada en su corazón".[4]

Al volver ahora desde la Antigüedad nuevamente al caso especial de Goethe, lo que nos sorprenderá es que el joven poeta no se contentara con ofrecer "morada" en su ser —como aún veremos— a dioses paganos, sino al mismo Jesucristo también. No en vano nacido protestante, sus frecuentes meditaciones y especulaciones acerca de las doctrinas de su religión, le condujeron —aunque no del modo erudito de un teólogo, pero sí del modo espontáneo de

---

4. Véase mi ensayo, *M. Furio Camilo*, en este mismo volumen.

un hombre religioso— a ver en el humano la "dignidad del hombre"precisamente por su facultad de poder llenarse de lo divino. El mayor representante de esta idea en el siglo XVI, Miguel Servet, decía: "Ceux qui font une séparation tranchée entre l'humanité et la divinité, ne comprennent pas la nature de la humanité, dont c'est justement le caractère que Dieu puisse lui impartir la divinité".[5] Sirva el ejemplo de Servet para señalar, por un lado, que en el alto Renacimiento era posible pensar al modo de los antiguos y, por el otro, que hasta el co-vivir con Cristo, ese extremo del pensar religioso, se hallaba dentro de los límites de la tradición protestante como confirmará lo que sigue. No hay —al juzgar el ambiente religioso de Alemania en los años setenta del siglo XVIII— nada absurdo en el hecho de que el joven Goethe —decenios antes de que pensara en redactar su propia autobiografía—, se pusiera a escribir la de Cristo, —en la forma de una epopeya de la segunda venida del Señor. Con enorme ímpetu, humorismo, sarcasmo e ironía, sin un plan firme, ni una idea tampoco de a dónde ha de conducirlo la empresa atrevida, comienza su narración en versos juguetones para agotarse luego, inesperadamente, sus ganas de seguir, tras unas pocas brillantes páginas, en dos líneas amargas, dos versos que desenmascaran por un lado lo "autobiográfico" de la empresa, pero por el otro también lo vano de tratar de escribir una historia de Jesús por allí por el año tres mil después de Cristo.

> ¡Oh amigo! el hombre no es sino un pobre imbécil:
> Preséntase a Dios como si fuera su igual.

No obstante, aun el anciano poeta confesará en su propia autobiografía: "me formaba un Cristianismo para mi propio uso privado"; y es allí mismo donde, al caracterizar a su amigo, el pastor y fisonomista, Johann Gaspar Lavater, trazará, en realidad, los contornos de su propia "identidad" con Cristo, "buscando amparo, según mi costumbre, detrás de una imagen". "Al considerar a Cristo —dice— en forma concreta, así como lo presentan la Sagrada Escritura o algunos de sus intérpretes, esa imagen le sirvió de *suplemento* a su propio ser, de manera que —logrando integrar tanto tiem-

---

5. *Philipp II.*, 68-9.

po al Dios-Hombre en su propia humanidad individual—, éste, al final, *realmente*, llegaba a ser *su* parte... formando una unidad tal que le parecía ser idéntico a El" (*Dichtung und Wahrheit*, IV: 19).

Menos nos extrañará que todavía el anciano Goethe hable así, mucho más al enterarnos que él mismo, durante los años de sus mocedades, podía provocar la impresión de ser el mismo Jesucristo o más bien su reincarnación, en varios jóvenes de su propia época.

Sabemos cómo lo rodearon, lo adoraron en diferentes partes de Alemania durante sus años de "caminante", o sea, los anteriores a su traslado a Weimar. Pero relativamente pocos llegaron al extremo a que llegó un cierto Werthes en su carta del 18 de octubre de 1774, dirigida al filósofo Jacobi, entonces amigo de Goethe: "...ese Goethe —así reza una parte de este escrito— había superado, por así decir, todos mis ideales concebidos hasta ahora acerca del sentir y contemplar inmediatos de un gran genio. Hasta ahora nunca podía explicarme tan bien y sentir, al mismo tiempo, lo que sintieron los discípulos de Emmaús cuando decían de El: ¡Cómo ardió nuestro corazón en nosotros al habernos hablado! —Descubramos pues en él (en Goethe) a Cristo nuestro Señor; permitid que sea yo el más humilde de sus seguidores".[6]

El propio poeta realiza esta misma experiencia de modo arrogante y bohemio. Se va a Emmaús (Ems) con sus dos "profetas", el mencionado Lavater y el pedagogo de Dessau, Johann Bernhard Basedow, salen del barco que los lleva, para almorzar, y mientras los dos "profetas" propagan cuestiones de su religión, el poeta devora primero un pedazo de salmón, luego, un capón entero. Dos alusiones a los Evangelios y una al Apocalipsis en *este* ambiente intensifican todavía más el clima vibrante entre lo provocador y lo irónico, que culmina en los versos que cierran el pequeño poema:

> *Y seguíase como hacia Emmaús*
> *dando pasos de rayo y de tormenta:*
> *profeta en éste*
> *y profeta en el lado opuesto,*
> *el niño del universo en el centro.*

---

6. E. Staiger, *Goethe*, I., Zürich, 1952, 101.

El papel de los dos profetas en el poema, aún sin la alusión a Emmaús —¿surgiría, por ventura, en la imaginación de Goethe una visión de Elías y de Moisés, en el monte Tabor?— señala la "identidad mítica"[7] del poeta con el *Weltkind*, pronunciada de modo fácil, juguetón, burlón, arrogante en un exceso de temperamento juvenil, sin preocuparse por eventuales consecuencias. No carece de hondo significado el hecho de que las "identificaciones míticas" de Goethe con deidades clásicas —respecto a la seriedad de sus reacciones ante la propia experiencia— manifiesten una fisonomía de caracteres bastante diferentes.

Para acercarnos a ellas nos dirigimos a la primera de las "grandes odas" (1772-1777). Es en ella, "Cantar del caminante en la tormenta", en la que el poeta logra abrirse paso a los substratos de la cultura clásica que quedaron medio escondidos por la Ilustración y el racionalismo de su educación, a saber: los de lo irracional, el mito, los dioses.

Al escribir el poema tiene Goethe unos veintidós años y medio de edad. En una caminata entre su ciudad natal y Darmstadt le sorprende un enorme aguacero de la primavera del Oeste alemán. Pero continúa su ruta luchando contra viento y lluvia. En este esfuerzo y la situación —insólita, por poco "heroica" a los ojos de un muchacho joven— se despierta la inspiración en él. Entonces va y canta "ese medio disparate" (*diesen Halbunsinn, Dichtung und Wahrheit*, III: 12), como juzga el poema el propio poeta en la vejez, —"contra una tormenta terrible" y amolda al ritmo de las ráfagas de viento y los ataques renovados de la lluvia el compás de su ditirambo:

> *Al que no abandones, Genio,*
> *ni la lluvia ni la tormenta*
> *le infundirán temor al corazón.*
> *...Al que no abandones, Genio,*
> *lo alzarás sobre el sendero enlodado*
> *con alas de llamas.*
> *Deambulando irá*
> *como con pies de flores*

---

7. Thomas Mann, *Adel des Geistes,* Stockholm, 1947, 590-5.

por encima del pantano ardiente de Deucalión
y al pitón matará, ligero, magno:
Apolo Pitio.

El "Genio" se quita la careta: sale del anonimato y se revela como el gran dios, Apolo. No basta con esto; claramente nos dice el texto que el poeta se identifica con el dios, hasta desempeña el papel del mismo Apolo: la hazaña juvenil de matar al Pitón. Desde ya queda, pues, el poeta "cubierto por sus protectoras alas".

Al que no abandones, Genio,
de calor lo abrigarás
en plena borrasca.

En este momento cambia el ritmo; se torna tierno y dulce:

Al calor migran las Musas,
al calor van las Carites.
Rodeadme, vosotras, Musas,
y vosotras, Carites..

Parece como si en su presencia se pronunciaran palabras mágicas manteniendo al poeta —también en lo que aún sigue— en su metamorfosis:

El agua aquí, el suelo ahí,
y el hijo del agua y tierra,
encima del cual deambulo
yo, igual a un dios.
Sois puras como del agua el alma,
sois limpias cual de la tierra la médula,
os cernéis en torno mío, y yo me cierno
sobre agua y tierra
igual a dios.

En el éxtasis de la borrasca se dio no solamente la revelación de Apolo Pitio, sino también la identificación del vate arrobado a las alturas del dios, *este* dios. Pero, de repente, como si se tornara borrosa la imagen, inesperadamente se perdería lo que se logró.

Apellidado por uno de sus más raros nombres, es Diónisos que surge en el cantar: "Bromios, padre", el dios del ruido y las correrías báquicas,[8] adecuadamente señalado con este nombre en medio del estruendo de la tempestad y la caminata del joven. De repente se efectúa un cambio: ya es él y (así parece por un instante) Apolo nunca jamás, a quien le pertenecen luz y calor: "tu fuego de clara luz, tu calor protector". El mismo poeta parece confundido ante la nueva aparición: "¿debo acaso regresar desalentado?" Sin embargo, va a encontrar, casi con el mismo aliento de su pregunta temerosa, la nueva fórmula mágica, la invocación de Diónisos:

> *¡Padre Bromio!*
> *eres genio,*
> *del siglo genio;*
> *eres lo que ardor del alma*
> *ha sido para Píndaro,*
> *o que al mundo*
> *es Febo Apolo.*

La segunda fórmula, empero, no disolvió la confusión: estupefactos preguntamos: pues ¿en cuál esfera andamos, en la de Febo o en la de Baco? Serán dos citas antiguas las que nos ayudarán a salir del paso.

Es, tal vez, la mayor dificultad en nuestra comprensión del mito griego su carácter de completarse con y por el opuesto; este, a primera vista más que confundidor, mutuo estar presente de sus figuras; esta carencia de fronteras rígidas entre ellas que tan violentamente contradice nuestro concepto del individuo. La mitología todavía sabía (y sabía representarlo también), cómo *resuena* un ser humano en el otro ser humano, un ser divino en otro ser divino. "¡Profeta tú! —invoca Esquilo a Apolo en uno de sus fragmentos—, *dionisíaco*, laurel-Apolo!", y a modo de eco se percibe en un fragmento la voz de Eurípides: "¡Príncipe! del laurel *el Baco amante*: Payan Apolo; tañidor de la cítara!"[9] Goethe ha sido quizás el más notable conocedor y hasta creador del pensar mítico en toda la

---

8. K. Kerényi, *Die Mythologie der Griechen*, Zürich, 1951, 265-6.
9. K. Kerényi, *Dionysos*, München, 1976.

modernidad; no debe maravillarnos, pues, que acertara también esta vez. Como el Camilo de Mercurio y de Apolo, de modo similar está invadido ahora el joven Goethe por dos presencias: la de Apolo y la de Diónisos. No obstante, es el momento del cambio de rumbo en el poema. La tensión, el éxtasis se han llegado a un extremo; al seguir aún más, tocaríase el borde de lo absurdo; la inspiración —aunque no cesa— toma otro carácter. Y el poeta, atormentado, clama:

> *¡Ay! ¡ay! ardor interno,*
> *ardor del alma:*
> *punto central,*
> *arde al encuentro*
> *de Febo Apolo,*
> *porque si no,*
> *su mirada de rey*
> *fría pasará sobre tí*
> *y quedarás derrotado por su envidia...*

Y el joven, hace unos instantes poseedor aún de la presencia del dios en sí, mira en derredor suyo y busca —muy humanamente— protección:

> *¿Por qué te invoca mi cantar a tí por último,*
> *a tí, del cual proviene,*
> *a tí, en el que tiene su meta,*
> *a tí, del cual se brota,*
> *¡Jupiter Pluvio!*

Y se le ocurren, ante este "dios tormentas exhalando" que ahora lo "eleva y protege", figuras amables y suaves de la poesía helena, "de cuya boca gemía miel", Anacreonte y Teócrito. Una sola vez más, "como de los montes, cuando viene el granizo, bajo el valle", vislumbra, cual en visión, el ardor de Píndaro cantando la loa de los jóvenes de la Olimpiada "que ardían por vencer" ...El no será uno de ellos: en este punto le "abandona" el Genio, se agota la inspiración. Las últimas del poema son palabras de un vencido, uno que huye:

¡Mi pobre corazón!
ahí, a la colina
¡poderes de lo alto!
tanto ardor solamente
—mi cabaña está por ahí—
vadear que pueda a ella.

Pasa un año o poco más. Surge la época en la vida del poeta, de la que el mismo Goethe decía: "La fábula de Prometeo tornóse viva en mí. Transformé el antiguo atavío de los titanes para mi propia estatura". El verano de 1773 verá nacer el poema dramático del joven en que pone en escena la "desavenencia en que Prometeo viene a hallarse respecto a Zeus y a los nuevos dioses, al formar hombres por su propia mano, vivificarlos con la ayuda de Minerva y fundar una tercera dinastía"(*Dichtung und Wahrheit,* III: 15) O sea: uno de los más grandes temas inspiraba a Goethe, y los dos actos que poseemos como fruto de su esfuerzo comprueban que esta vez estaba cerca de "lo más alto". Pero —son un fragmento. Después de las hermosas palabras de Prometeo acerca de la "vivencia" mística de morirse el hombre, muere el poema también mediante una pálida promesa de metempsicosis, de resurrección.

Es —como vemos— ya la tercera vez que Goethe, con el enorme ímpetu de su genialidad juvenil, alcanza las metas más altas que le están dadas al hombre religioso de su segundo sendero: el del "tomar morada en su corazón" el dios, los dioses, esta vez, el titán. Pero las tres veces agota el esfuerzo humano en el suspiro poco menos que tragicómico:

¡Oh amigo! qué gran tonto es, al final, el hombre:
Se figura que dios es su igual.

No obstante, el afán de llegar a estas metas parece ser muchísimo más fuerte —y, a la vez, más innato, más inmediato también— que el joven podría contentarse con estos resultados que, por último, difícilmente pueden considerarse de otro modo que como fracasos.

El año siguiente —1774, Goethe cumpliría entonces 25 años de edad— se abren nuevas perspectivas. La primavera de este año le pertenece a Ganimedes; el verano, al juego gracioso del *Weltkind* con sus dos "profetas" en camino a Emmaús, el otoño, al dios que el "cochero Kronos" lleva en su cuadriga, y el final, otra vez, a Prometeo. El Ganimedes es la visión del éxtasis: el arrobamiento de un "hijo" al seno del "padre amador". Es —desde el "Cantar del caminante" la primera vez— una clara expresión de su afinidad experimentada, su correspondencia íntima y espontánea con el más poderoso de los dioses, el señor del Universo, Zeus. Como lo hizo en el "Cantar", Goethe-Ganimedes buscará aquí la protección de Zeus, sólo que el modo de tal búsqueda es mucho más íntimo, esencial, apasionado que lo fue allí.

Está, mítica y hasta religiosamente, más lleno de sentido y simbólico valor que aquél que se imagina ser el *Weltkind*, el niño del Universo; encuentra su camino al "Padre-amador del cosmos" (*Alliebender Vater*), y con éste se consume en unión mística en el poema, del que con acierto se decía que es una de las más esenciales expresiones de la religiosidad del Hombre moderno.

"Al cochero Kronos" —poema escrito el día 14 de octubre de 1774, realmente en una diligencia— es, en forma de un viaje en coche, toda la suma de la historia de una vida, pero con qué sorprendente desenlace. El que llegaba hasta "el tenebroso portón del infierno", era un mortal, a punto de que le agarren, "decrépito de mí —dice—, las brisas brumosas del cenagal", —pero aquél— y de aquí donde se efectúa la transformación —que luego entra al Bajo Mundo ya no es un mortal: es dios.

> *¡Abajo ahora, más rápido, abajo!*
> *El sol —¡míralo!— se sumerge...*
> *...¡Toca, cochero, tu clarín!*
> *¡Fuerza más aún el trote rechinante!*
> *que se entere el Orco, él que llega, un rey es,*
> *que se levanten de sus tronos*
> *las potestades de abajo.*

Impónese aquí el mito cristiano del *descensus ad Inferos* de *un possente con segno di vittoria coronato* (*Inf.*, III: 53-4). Fue en aquel entonces cuando "un rey" al invadir el Mundo subterráneo rompió la puerta, pisó al vencido Dragón infernal, aterró a los poderosos de las Tinieblas e hízolos temblar de modo tal que hubo quien pensara que el mundo *in caosso converso* (*Inf.* XII: 42-3). Viene a confirmarse la alusión a ese suceso con el recuerdo de que el primer poema digno de este nombre del Goethe de 15 años de edad son sus "Pensamientos poéticos acerca del Descenso del Señor" (1764). Esto por un lado. Y por el otro: solamente cuatro días separan la susodicha visión victoriosa del joven dios-Goethe en su "Al cochero Kronos", de la carta citada de Werthes a Jacobi, en que éste ve en él al nuevo Cristo y se declara su seguidor.

El camino optado por Goethe es, no obstante, diferentísimo. Es en ese mismo otoño cuando nace la más poderosa de sus "grandes odas", sin lugar a duda, una de sus composiciones líricas más sobresalientes en toda su vida. Es en ella, en la que Goethe regresa a la figura del titán Prometeo después de haber descubierto que su propio genio es lo único que le pertenece por entero y no hay poder tal que se lo pueda quitar. Visto que todo el teatro de las revelaciones de este genio se halla en la esfera de las ideas, el joven poeta construirá los cimientos de su existencia sobre este descubrimiento. Al haber apartado y hasta expulsado toda clase de compasión o misericordia humanas o sobrenaturales de los círculos de su sensibilidad religiosa, se dedica al servicio incondicional del genio que "tomó morada" en él. Y entonces, en el clima excitado del *Sturm und Drang* e intensificado por el mismo Goethe hasta los extremos de su "titanismo", niega tanto la obediencia como el reconocimiento a la divinidad. Y es aquí en donde su fantasía, objetivando la realidad entera en imágenes, re-encontrará —casi necesariamente— *su* símbolo de dios rebelde ante los otros dioses.

> *¡Cubre tu cielo, Zeus,*
> *con brumas de nubes,*
> *juega, igual al niño*
> *que descabeza cardos,*
> *entre robles y cimas!*
> *A mi tierra, empero,*
> *la has de dejar,*
> *y a mi choza*
> *que no construíste,*
> *y a mi hogar*
> *por cuya brasa*
> *envídiasme.*
>
> *¡Nada más mísero*
> *bajo el sol que vosotros los dioses!*

Enclenques nutrís
de hecatombes
y de súplicas
vuestra majestad:
quedaríais con hambre
sin esos niños mendigos:
insanables bobos.

Cuando era niño yo
y no sabía a qué atenerme,
levanté la turbia mirada
al sol, como si allá se hallara
un oído para escuchar mi queja,
un corazón, como el mío
para conmiserarme.

¿Quién me ayudó
frente al orgullo de los titanes?
¿Quién me salvó
de la muerte, la esclavitud?
¿Acaso no lograste todo solo
tú, corazón de sagrado ardor?
¿Y, burlado —bueno y mozo—,
ardías agradecido
por ese dormilón en lo alto?

Yo ¿venerarte? ¿Por qué?
¿Aliviabas acaso
del sufridor su dolor?
¿Secabas por ventura
del angustioso sus lágrimas?
¿No me martillaron hombre
la poderosa edad
y el eterno hado,
señores míos y tuyos?

¿Te imaginabas acaso
que odiara la vida,
huyera a desiertos
por desvanecerse del niño
sus sueños aurorales?

Sentado aquí plasmo hombres,
a imagen mía,

> *una raza que me iguale,*
> *a sufrir, a llorar,*
> *a gozar y a alegrarse*
> *y a no respetarte,*
> *¡cual yo!*

Así hablaba Goethe en el momento de su gran revolución contra dios. Sin embargo, ya hace numerosas décadas se llegó a notar — y no sin un hondo conocimiento de la naturaleza del poeta— cuán poco su Prometeo, el rebelde, era un anárquico puro y de qué manera esencial complementa su actitud revolucionaria la del plasmador-creador. Y es por este carácter suyo por lo que la posibilidad de un cambio de rumbo esté dada en su ser desde un principio. Es ésta la dialéctica que requiere la citada "desavenencia en que Prometeo viene a hallarse respecto a Zeus", para que desemboque en paz —como en el antiguo mito del mismo, realmente, se llegaría a tal fin—, y el rebelde de antes —y así sucederá en el poema "Viaje por mar" (*Seefahrt*)— puede terminar con estas palabras de una actitud clara y resuelta de su navegante:

> *Dominador contempla el feroz abismo*
> *y confía, naufragando o tomando puerto,*
> *en sus dioses.*

Y como en su juventud no fueron escasos los testimonios de los que viéndolo descubrían en él la reencarnación del dios Apolo, así verán desde ahora en él —y pasando los lustros de su vida con creciente frecuencia— los que lo observan o que meditan sobre él, a un ser humano que siempre más y más los hace pensar en "el dios de los horizontes más amplios y del fundamento más firme, Zeus". El camino para llegar a este resultado tiene su punto de partida todavía en la primera de las "grandes odas", cuando —desamparado de repente por Apolo— vislumbró ya, por un instante, la solución: aquél "en que tenía su meta". Sucede entonces con suma consecuencia que la última de las "grandes odas" invocará a Zeus. Es éste el tema cabal del "Cantar del caminante en la montaña invernal" (*Harzreise im Winter*), compuesto hacia el final del segundo año de su estancia en Weimar, cuando Goethe tenía unos meses más de 28 años de edad. El diario de su excursión enviado a Frau

v. Stein, señala, el 1º de diciembre de 1777, "en camino montaño-
so, entre rocas", el surgir de la inspiración: *Dem Geyer gleich*...
Quizás había visto desde la ruta misma uno de estos poderosos
reyes de los aires flotando sobre las rocas. El día 10, después de
haber "alcanzado la meta de su propósito", termina el poeta su
cantar. El diario y, luego, un comentario del mismo Goethe
(1820) nos ayudarán a entender el realmente más que enigmático
poema, testimonio de la lucha del joven para hacer surgir de las
profundidades de su ser el símbolo más esencial, adecuado a su
primera madurez, el principio de su edad de varón.

> *Tal como el buitre*
> *que sobre las densas nubes de la mañana*
> *con suaves rémiges descansa*
> *mirando por su botín,*
> *así se cierne mi canción.*

Y continúa trazando la alternativa de su propio destino. Ya pasaron
los meses de su hesitación: "¿me quedo o no me quedo en Weimar?", y no sin una alusión a los poetas, compañeros de su juventud, que sí se lanzaron a la rebeldía del *Sturm und Drang*, sin la
reserva, no obstante, del Prometeo plasmador-creador, bosqueja en
lo que sigue la imagen de él y la de aquéllos:

> *Por haber sido un dios*
> *el que designó a cada cual*
> *su camino:*
> *Rápido corre*
> *el dichoso al suyo*
> *a la meta alegre.*
> *Mas a quien la desdicha*
> *oprime el corazón,*
> *ese lucha en vano*
> *con el límite*
> *del éneo hilo,*
> *al que la tijera fatal*
> *sólo corta una vez.*

Un suceso casual le confirma todavía más su convicción sobre su
fortuna. "Ayer, querida, —escribe a su amiga— el hado nuevamen-

te me brindó un gran piropo". Un "pedazo de montaña" cayó sobre el hombre que iba delante de él. Era un pedazo de cinco o seis quintales. Aquél, sin embargo, se salvó. Pero "un santiamén más tarde hallábame yo en el mismo lugar" y "me hubiera aplastado con su peso entero". "Querida mujer, a mí me trata dios como a sus santos de entonces". Pero a éstas les anteceden palabras más extrañas aún: "Estoy entre estos montes porque había podido cambiar el clima. Y no solamente el clima". Y lo explica: la montaña estaba cubierta de neblinas densas cuando llegó a la casa del guarda forestal. Y éste le dice: "Así está arriba también. Ni a tres pasos se puede ver". "Pedí a los dioses que cambiaran el tiempo. Y esperé". De repente le dice el guarda: "Venga, —ahora puede ver la cumbre". "Claro, como mi propio rostro en el espejo, estaba delante de mí el Brocken..." Y pregunta: "¿no tiene usted a un criado, quien...?" Y el hombre contesta: "Yo mismo le voy a acompañar". "La meta de mi deseo la alcancé", —escribe a la amiga—, usted sabe cuán simbólica es mi existencia... [logré] la completa realización de mis esperanzas". Entonces continúa su cantar de este modo:

> *Es fácil al coche*
> *que Fortuna lleva, seguir,*
> *cual al Príncipe, entrando*
> *cómodo, le sigue su séquito*
> *por rutas allanadas.*

Pero aun ahora le aterra la imagen del *otro*, máxime porque realmente visitó a uno de estos *otros*, allí, en la montaña, y se dio cuenta de toda la miseria en que aquél vivía.

> *Pero —ahí, apartado, ¿quién está?*
> *Su sendero se pierde en el matorral,*
> *de golpe lo tapa el arbusto,*
> *la yerba se pone de pie de nuevo*
> *y lo devora el yermo.*

En unos versos insólitamente complejos se dirige, primero, al dios, en cuya búsqueda anda y a quien ya le pidió que "consuele el corazón" del *otro*, "sediento en el desierto". Luego, piensa en su

Príncipe y su compañía que están de caza de venado en la comarca, no muy lejos de él, y que vengando están, aunque tarde, los daños que causaron las bestias al campesino:

> *Tú, Creador de la dicha,*
> *que la das a todos abundante,*
> *bendice a mis compadres de la caza*
> *en busca de la pista del venado,*
> *bendícelos con un brío juvenil*
> *en sus alegres ganas de matar,*
> *a ellos que se vengarán, aunque tarde, del daño*
> *de que años atrás se defendía en vano,*
> *con conjuros, el labrador.*

Y empieza la subida, dificultosa por cierto, hacia la cumbre más alta del Harz: el propósito de Goethe se realizará ahora, tanto en la esfera del suceso cotidiano como también en la del acontecer simbólico, a la vez:

> *Con antorcha de indecisa luz,*
> *de guía le servirás*
> *por vados nocturnos,*
> *por sendas abismales,*
> *por soledades yermas,—*
> *con el alba mil veces coloreada*
> *le sonreirás en su corazón,*
> *y lo llevarás arriba a lo alto*
> *por las mismas alas de la tormenta corrosiva.*

A donde llegará es un Olimpo, realizado míticamente[10] en pleno invierno del Norte alemán; no es de maravillarse, pues, que a quien encontrará en su cima será al propio Señor del Universo, dueño de los montes, de la atmósfera, de los truenos y de la lluvia, de las grandes aves de rapiña, pero también de la luz del día diáfano.

La subida ya se terminó; el cantar victorioso del poeta saluda la cumbre alcanzada:

---

10. Una reminiscencia de tal "syn-opsis" todavía en la Klassische Walpurgisnacht: Es ist ein altes Buch zu Blättern: Von Harz bis Hellas immer Vettern.

Torrentes invernales se precipitarán de las rocas para
juntarse con su cantar;
le tornará altar de gratitud y amor
la frente cubierta de nieve
de la cumbre temida
que pueblos videntes
coronaron de filas de genios.

Y Goethe, anciano, comenta: "Estuve, *realmente*, el 7 de diciembre, en la hora del mediodía, contemplando desde arriba la nieve sin fin, en la cumbre del Brocken, por entre aquellas rocas de granito llenas de presagios;[11] sobre mí, el más claro cielo, en el cual ardía poderoso el sol, de modo que el conocido olor a chamusquina prodújose en la lana de mi abrigo. A mis pies veía envuelto el paisaje todo por un mar inmóvil de nubes quedando indicados solamente por la situación más alta o más profunda de esas capas de nubes los montes y los valles que yacían bajo ellas".

Los últimos versos se dirigen directamente a la cumbre, o sea: al Señor de las montañas:

Con tu interior por nadie jamás conocido,
misterioso-revelado
te yergues aquí, enfrente del atónito mundo,
y miras por entre las nubes
los imperios y sus glorias,
que de las venas de tus hermanos vecinos
estás nutriendo.

Sin el comentario del anciano sería difícil entender este final. "Aquí se alude, en voz baja, —dice el poeta— a la minería. Las entrañas nunca investigadas del pico principal vienen a estar opuestas a las venas de sus hermanos (los demás picos). Se entiende aquí las venas de metal, de las que se nutren los imperios del mundo y su

---

11. La idea retorna en el ensayo "Über den Granit", redactado unos cinco años más tarde que el "Harzreise im Winter". Comp. "El problema de la Tradición como mito y poesía", M. de Ferdinandy: *En torno al pensar mítico*, Berlin, 1961, 130-132. (Del § 75 de su *Farbenlehre* el mismo Goethe hace mención en el comentario de 1820).

magnificencia". En el monte, el Olimpo septentrional, la meta, buscada por tanto tiempo y por tantos caminos, revelóse por fin de su modo misterioso "frente al atónito mundo". Goethe nunca más se apartó de ella durante la segunda y más larga mitad de su vida. Al principio de su *Viaje a Italia*, la presencia de *su* dios, el "daimon" Zeus,[12] es tan preponderante que se contempla a sí y a su mundo de un modo enteramente cósmico. El efecto de lo contingente de nuestras vidas casi se anula; no se observa ningún rasgo de lo fluctuante y menos aún de lo espectral. Lo arbitrario y lo contradictorio de nuestro ser ya no se manifiestan; espacio y tiempo conservan firmes su carácter original. Desde el *Viaje a Italia* y durante todo el resto de su vida, Goethe se determina esa posición cósmica y la ocupa en cada situación: es el tema preponderantemente zeótico, el del tiempo atmosférico. Las "corrientes del antiquísimo mar" ya le son "comprensibles", en el sentido estricto de la palabra, a la vista de las nubes sobre los Alpes. En la noche del 8 de septiembre de 1787 se encuentra en el Brennero, cerca de la frontera italiana, donde entre grandiosas montañas, se ve "sobre un fundamento que se extiende hasta los más hondos sitios de la Tierra..." "Me siento —dice— *inspirado* para las más altas contemplaciones ...y surge una *metáfora* desde mis entrañas, a cuya grandiosidad no resistiré". "Aquí, sobre este ancianísimo, eterno altar, puesto de inmediato sobre las profundidades de la *Creación*, brindo mi ofrenda al Ser de todos los seres" ("Sobre el Granito", 1784).

"Conquisté mucho para *mi Creación del Mundo*, —escribe del Brennero tres años más tarde a la amiga en Weimar—, pero nada nuevo ni inesperado. Soñaba mucho *con el modelo* de que tanto he hablado y de que tanto me agradaría daros una imagen a vosotros, queridos legos, dándoos forma visible de todo aquello que comparte siempre mis caminos conmigo. Fuése haciendo luego más y más oscuro, borráronse los pormenores, tornáronse más ingentes y magníficas las masas, y a lo último, cuando todo cerníase ante mí, cual una profunda y misteriosa visión, vi iluminarse de pronto nuevamente las nevadas cumbres al fulgor de la luna y brillaron las estrellas desde lo alto".

---

12. Comp. "Lo demoníaco en *Poesía y Verdad*", *En torno al pensar mítico*, 160-162.

LO DEMONÍACO

1

Dice Ludwig Schajowicz en su ensayo "La trinidad fáustica":

> Fausto, que no puede *actuar* sino en compañía de Mefistófeles, porque éste le ofrece la posibilidad de realizarse a sí mismo, es poseído, ciertamente, por un *daimon*... Pero demoníaco es, para Goethe, sólo otra palabra para designar lo... genial.[1]

Veamos, pues, en primer lugar, qué es lo genial, para llegar por el camino que nos señala nuestra cita al concepto goetheano de lo demoníaco.

Se conocía por *genius*, "el personal espíritu vital", aquel ente "relativamente" inmortal que es la característica esencial y el acompañante constante de la familia romana: el que no perece hasta la extinción del último vástago de un linaje. Es la fuerza procreativa, pues;[2] una imagen arcaica no sólo positiva sino también lúcida. W. F. Otto cita una expresión que lo define mejor: "Procul hinc abite, Mortes, haec vitae genialis est origo!" Es un dios, el del nacer, lo diametralmente opuesto a la Ker homérica, ese daimon del morir.[3]

---

1. Ludwig Schajowicz, *De Winckelmann a Heidegger. Ensayos sobre el encuentro griego-alemán. El mundo trágico de los griegos y de Shakespeare*, San Juan: Editorial de la Universidad de Puerto Rico, 1990.
2. W. F. Otto. *Die Manen*, Darmstadt, 1962. 74-6.
3. W. F. Otto, *Die Manen,* 78.

Pero, en pos de trazar una tal polarización ante nuestros ojos, surge la pregunta: ¿Cómo armonizarás lo dicho con una alusión al daimon en el *Viaje a Italia* del mismo Goethe? El pasaje a que aludimos reza así:

> Palermo, el 17 de abril, 1787.
>
> ...Es una verdadera desgracia si uno está perseguido y tentado por varios espíritus. Esta mañana salí hacia el jardín público con el propósito firme y tranquilo de continuar mis sueños poéticos, pero —antes de darme cuenta— se apoderó de mí un fantasma (*Gespenst*) diferente, el que ya hace días que me seguía a hurtadillas... Por entre tantas nuevas y renovadas formaciones (de plantas) se me ocurrió mi viejo capricho nuevamente: "podría descubrir quizás en esta multitud (de flores) la planta primigenia?... Perturbado estaba mi buen propósito poético, el jardín de Alcinoo desapareció, un jardín universal se hizo patente. ¿Por qué estamos nosotros los modernos tan distraídos? ¿por qué provocados por tantos retos, a los que, sin embargo, no podemos ni corresponderles ni satisfacerlos?

Si pensamos ahora en nuestra cita y la noción romana de lo genial, nos perturbará en este contexto un aire de cierta opacidad y en su medio el vocablo fantasma o espectro (*Gespenst*).

Y, no obstante, es propiamente por este ambiente por el que se nos abre la senda en dirección del sentido de lo demoníaco que buscamos.

Goethe empleaba —como nos enseñan, por ejemplo, dos importantes pasajes de *Dichtung und Wahrheit* (*Du W*, "Poesía y Verdad", XIII, 14) —el vocablo *Gespenst* de modo muy peculiar.

Nos hallamos con el joven Goethe en Colonia, entre los extraños pórticos y pilares de la "ruina" de la catedral, pues "una obra que no está terminada, es como si estuviera destruida".— "Me sumergí solo y siempre un tanto malhumorado en ese edificio gigantesco, lejos de su terminación, anquilosado ya durante su creación". Y mientras lo contempla, le surge un "sentimiento" que parece imponerle la sensación de que pasado y presente coinciden, y esto trae consigo "algo espectral" (*Gespenstermäßiges,*) al presente. Se aclara esta vivencia del joven cuando visita la casa de Everard Jabach († 1636). En 1660 un descendiente de éste mandó pintar un gran cuadro de toda su familia. Goethe se encuentra ahora en una enorme sala, amueblada en 1590. No ve en derredor suyo "nada de hoy, solamente a sí mismo". Sobre la chimenea descubre el gran cuadro: padre y madre rodeados por sus hijos e hijas", "todos presentes, frescos y vivos, como de ayer y hasta de hoy y, no obstante, perteneciendo ya todos ellos al pasado (*vorü-bergegangen*)... Sin esta representación pictórica ya ninguna recordación quedaría de ellos".

Es realmente así: sin una u otra representación artística o literaria no nos quedaría recordación alguna de todo aquello que el hombre, durante años y milenios, ha creado y obrado, y que —por un azar benigno— ha llegado a nuestras manos. Aún más: todo lo que hacemos, obramos y creamos nosotros mismos no es otra cosa sino comentario acerca de tales residuos —con una expresión de Goethe— "fragmentos de existencias anteriores".

Tal "fragmento" es también aquel *Gespenst* que le inspiraba en los primeros días de su estadía panormitana: el surgimiento de la imagen de "Ulises en Phia", Odiseo ante Nausikaa en el país de los feacios. Tema éste, en que lo sereno del *actual* Goethe se encontraba y correspondía con el héroe sereno de un pasado muy lejano ya —tanto en el tiempo como en el espacio. En consecuencia de esta vivencia *se le encogía el tiempo y se le ensanchaba el espacio,* para citar así anticipadamente esta expresión del dictado sobre lo demoníaco del anciano Goethe.

No obstante, en el texto del poeta en Sicilia el apelativo de este "Ulises" es todavía fantasma, *Gespenst.* Y surge la pregunta: ¿tenemos el derecho de interpretar la palabra tal como la empleaba Goethe por "daimon"? Pues —desde la perspectiva del concepto goetheano que se escondía detrás del vocablo— seguramente que sí.

Si pensamos en los dos pasajes referidos del *DuW,* la expresión *Gespenstermäßiges,* "similar a lo espectral" —antes que nada— significa la presencia de algo *inseguro.* (Se verá más adelante, qué enorme trascendencia tendrá este adjetivo en la interpretación de la noción de daimon.) El que vive, está en su presente, se halla "abierto" ante una impresión —Goethe habla de *Gefühl*—"de lo que está y no está a la vez: algo que se *ve* y que, no obstante, no está presente..." Se ve (en los casos citados) la situación del Medioevo o la del siglo XVII, pero ésta, a pesar de todo, no prevalece aquí: el que la contempla no vive en ella. (Comp. en alto alemán medieval: *gespanst* = tentación, seducción.)

Y de este "ver" —visión que "traía algo 'espectral' en el presente"— surge "la sensación de que pasado y presente coinciden".

Pero este "estar abierto ante lo inseguro" es, al mismo tiempo, también un enriquecimiento del contemplador, de su propio ser. Se ensanchan la fantasía, la experiencia, la conciencia del que vive y actúa en el presente por esta "alegría de visualizar el pasado" (*korlátó öröm*), palabras por las cuales caracterizamos el sentido de ocuparnos de la historia en los años de nuestra temprana juventud.

No menos claramente se deja rastrear desde la lengua griega la rica matización de sentidos de este vocablo en cuya búsqueda andamos.

En la edición del año 1951 del *Diccionario enciclopédico Menge-Güthling* se encuentran los siguientes significados para interpretar el vocablo *daimon, -os*: deidad, dios, diosa, ser divino (benigno o maligno), y, especialmente: *Dämon*, deidad interior, mediador entre dioses y humanos; *Genius,* deidad protectora, y —en general— deidad que trae la felicidad. Por otra parte: daimon maligno, espíritu funesto, atormentador. Alma de un muerto, sombra, *fantasma*. Luego: voluntad de dios, poder de dios, destino, suerte, el hado del hombre. —Buena suerte, fortuna. Mala suerte, destino destructivo, desgracia, fatalidad, destrucción, muerte. *-en daímoni:* en manos de dios.

2

Goethe ofreció dos veces durante su vida una descripción o interpretación de lo que él consideraba por demoníaco. No obstante, son numerosas sus referencias al daimon, particularmente en la segunda mitad de su camino terrestre.

Estas no forman —de ningún modo— un sistema entre sí; quedan sometidas al azar del antojo, se amoldan a la oportunidad del momento que le inspiró; no carecen, de vez en cuando, de aparente o verdadera contradicción, sin ocultar, sin embargo, que donde brotan es la imaginación de *una* persona, son la propiedad espiritual de Goethe. Lo que es idéntico en todos los casos, es su "estilo". Sorprende, más de una vez, que el sabio de Weimar considere a los daimones como *seres*: existencias actuando benigna o malignamente y —aunque sin un plan aparentemente consciente— de ningún modo sin una reconocible inteligencia.

Citaremos unos ejemplos para ilustrar lo dicho. "En suma —escribe Goethe en una carta de 1815— les pareció bien a los daimones malvados... pegarme con el puño de su mano". Un año más tarde, en otra carta: "Lo que el hombre planea se realiza de modo diferente, a no ser que se le mezclen (en tales planes) los daimones superiores o inferiores". A un sabio tan notable y de tan claro entendimiento como fue Alejandro Humboldt le escribió en 1821: "...por haber sido yo llevado por los daimones a menudo de acá para allá". En el octogésimo año de su edad, 1828, le declara primero a su hijo y luego a un amigo desde Dornburg (castillo en que el anciano se sentía particularmente feliz): "Daimones benevolentes me indicaron este lugar". En otra carta de 1830: "...esto... sea recomendado a los daimones, los que tienen sus patas metidas en todo este juego". Y año y medio antes de morir: "Reconozco también este favor de los daimones y respeto las advertencias de estos seres inexplicables".

La primera de nuestras citas parece contener el dato más violento sobre estos "seres". Goethe queda fatigado por ellos, y aunque se refiera a una enfermedad suya, no deja de ser extraña la fórmula que eligió para anunciarla. Según la segunda cita, el plan del hombre no se realiza sólo cuando los daimones le apoyan en su ejecución. En la tercera, confiesa cómo jugaron y juegan los daimones con él. En la cuarta y la quinta les agradece la elección del lugar de su descanso en Dornburg. En la sexta nos revela la naturaleza juguetona de estos seres y un rasgo teriomorfo de ellos: andan en patas. Y en la última el anciano desiste de explicarlos, aunque percibe todavía sus favores, sus comunicaciones.

Huelga, por supuesto, una pregunta como: ¿existen o o existen tales "seres"?, pero ya de lo poco que aducimos resulta claro que ante los ojos de Goethe representaban existencias,[4] si uno lo prefiere, realidades —seres pues, malvados o benevolentes, superiores o inferiores, juguetones y comunicativos.

---

4. Comp. mis tentativas anteriores de interpretar lo demoníaco: "Nápoles" (1936), en *Cuadernos de Miguel de Ferdinandy*, IV, 1 (1976), 44-48. "Lo demoníaco en Poesía y Verdad de Goethe", en *Goethe, 1749 —28 de agosto— 1949*, Univ. Nac. de Cuyo, Mendoza, 1949, 45-75. (Luego, en Autor, *En torno al pensar mítico*, Berlín, 1961, 135-163). "De lo demoníaco", en *Cuadernos de M. de F.*, IV. 2 (1976): 45-57.

Al pensar científico, no obstante, le sirven de poco o nada los fragmentos citados acerca de las imágenes del daimon y lo demoníaco como parecen haber vivido en la fantasía de nuestro poeta. Hasta él mismo decía a Eckermann (2.3.1831): "Lo demoníaco es aquello que no se deja explicar —"resolver", dice Goethe— por la inteligencia ni por la razón". (*Das Dämonische ist dasjenige, was durch Verstand und Vernunft nicht aufzulösen ist.*) Por consiguiente, en balde esfuérzase la ciencia en definirlo, y carece de sentido que uno u otro de los representantes de ella censure a Goethe por no sistematizarlo o hacerlo accesible a la especulación filosófica.

Mejor sería —en vez de perder el tiempo con semejantes tentativas— tomar en serio la sentencia de Montaigne citada por el anciano al terminar el primer capítulo de su importante comentario sobre la discusión de Cuvier y Geoffroy de St. Hilaire en la Academia francesa *(Principes de philosophie zoologique,* 1830), frase que reza como sigue: "Yo no enseño, yo estoy narrando" (*Ich lehre nicht, ich erzähle.*), o sea, en el lenguaje de Goethe: yo, en vez de disertar, represento.

Basándonos en estas palabras es ahora menester dirigirnos a las dos revelaciones por las cuales el anciano —en vez de definirla— representó e interpretó su visión de lo demoníaco.

3

En octubre de 1817 —al tener Goethe 68 años de edad— salió de su pluma uno de sus más profundos pero también más enigmáticos poemas: *Urworte. Orphisch* (Palabras primigenias, órficas).

El mismo, al publicarlo dos veces en 1820, opinó necesario añadir un comentario a su propia segunda edición.

El poema se compone de cinco estrofas. Cada una lleva un título, a saber: DAIMON, TYCHE, EROS, ANANKE, ELPIS. A primera vista, parece que sólo la primera estrofa está dedicada al daimon; sin embargo, la lectura del poema entero y el comentario del poeta nos convencen de que el *Leitmotiv* de todo —y lo que le asegura su unidad— es o el daimon o lo demoníaco.

DAIMON

Wie an den Tag, der dich der Welt verliehen,
Die Sonne stand zum Gruße der Planeten.

Bist alsobald und dort und fort gediehen
Nach dem Gesetz, wonach du angetreten.
So mußt du sein, dir kannst du nicht entfliehen,
So sagten schon Sibyllen, so Propheten,
Und keine Zeit und keine Macht zerstückelt,
Geprägte Form, die lebend sich entwickelt.

(Como en el día que te prestó al mundo, cuando / el sol estaba en
conjunción con los planetas / empezaste y seguías tu camino / según la ley, por la cual te presentaste. / Es forzoso que seas así, huir
de ti no puedes; / Sibilas y Profetas revelaron: / ningún tiempo ni
poder desmiembra / la forma acuñada, que viviendo se plasma.)

Enseguida se manifiesta aquí que el concepto de la entelequia está
bien cercano al del daimon en el pensar del sexagenario. Y él comenta: "Lo singular, finito como es, puede llegar a ser destruido,
pero —mientras su núcleo no se quebrante— no puede ser aniquilado ni siquiera en el decurso de numerosas generaciones". Como
anticipamos al principio, *esta* configuración del daimon griego es
muy afín a lo que en la cultura romana fue el "genius", aquel núcleo interno de un ser humano que solamente queda destruido tras
la extinción de la última generación de su linaje.

El comentario a la segunda estrofa —Tyche— parece aún más
enigmático que los mismos versos que quiere aclarar. En él, el daimon, fiel, a pesar de la influencia del azar, lo juguetón, a la ley por
la cual se había presentado, se identifica con la Naturaleza misma,
"con el viejo Adán", nuestro ser originario "expulsado tan a menudo, regresado, sin embargo, cada vez más inquebrantable, como
era antes..."

"En consecuencia de este sentido" —esta razón de ser— "de
una *individualidad*— la que no es divisible —necesariamente esta-
blecida, se le atribuirá su daimon a cada ser humano. Es éste el que
oportunamente le susurra al oído cuál es el camino que tiene que
seguir. Así se entiende por qué un Sócrates optara por la copa de
veneno, por qué le convenía morirse". El verbo usado en este lugar
por Goethe es *ziemte*. En latín: "decebat illum", que vaya a morir;
en griego: "thymós esti moi", para que me muera; en castellano:
porque me da la *gana* de morir. "Todo lo sensato (*sinnvoll*) y lo
conveniente de la muerte tiene, de tal manera, su raíz en la gana",

dice Keyserling, y cita, en lo siguiente, un dicho del anciano Goethe, en que éste comenta el fallecimiento de un contemporáneo suyo, a quien no juzgaba aún lo bastante maduro para que muriese: "No comprendo, por qué razón *estaba conforme* con su propia defunción".[5]

La tercera estrofa está dedicada a la llegada de una nueva divinidad. Es Eros. Los primeros versos impresionan como una reminiscencia o un residuo de un antiquísimo mitologema:

> *Er stürzt vom Himmel nieder,*
> *Wohin er sich* aus alter Öde *schwang...*

En los comienzos o *archai* del mito griego, era Nyx, la Noche primigenia, de cuya "antigua soledad" surgía aquel que llenaba todo con vida, su hijo, Eros Protógonos. Pero ni el verso ni el comentario continúan con el tema fugazmente invocado del mito. La "diástole", el horizonte ancho y abierto, cuyo fin infinito ha sido el propio cielo, empieza a achicarse con rumbo a la "sístole", en la estrofa que sigue, hacia la coacción.

"El daimon individual y la tyche seductora se alían (ahora) uno con el otro... —dice Goethe. Solamente a esta altura se manifiesta de qué es capaz el daimon, él, el independiente, el egocéntrico, que (antes) irrumpió en el universo con una voluntad que se burlaba de toda clase de oposición ... al darse cuenta (ahora) en sus entrañas, en qué grado puede disponer sobre sí mismo —que puede no solamente apoderarse de un objeto (en este caso: el de su amor), conducido hacia él por azar, sino también apropiárselo y abrazarlo, a este segundo ser, como si fuera su propio yo, con un cariño eterno e inquebrantable".

"Se renuncia entonces por *libre* albedrío *a la libertad*": la cuarta estrofa se llama Ananke, coacción; sus dominantes son: la condición, que nos ata, y la ley, que nos obliga. De tal manera se alía con la obligación, —"amablemente recíproca" en sus orígenes—, un tercer factor: "todo lo que fue concebido por la inclinación cariñosa, se cambiará ahora en deber". —"Seguimos viviendo en

---

5. Graf H. Keyserling, *Südamerikanische Meditationen*. 2a, Stuttgart-Berlin, 1935, 192.

una seudolibertad y, al cabo de unos años, nos hallamos todavía más coaccionados, como lo éramos en el comienzo".

"Otras observaciones más apenas hacen falta: la experiencia nos ofrece suficientes notas para el resto" —dice el poeta como en una sabia abdicación. Pero inesperadamente "será patente la puerta adversa a tal frontera, tal éneo muro": Elpis, la esperanza se presenta y "nos eleva consigo, alados por ella: un solo aletazo de sus alas —y tras de nosotros queda lo finito":

> *...Erhebt sie uns, mit ihr, durch sie beflügelt:*
> *Ihr kennt sie wohl, sie schwärmt nach allen Zonen —*
> *Ein Flügelschlag — und hinter uns Äonen.*

De este modo se plasma en el pensar del poeta la vida del Hombre, fundamentada en los inicios que le asegura su daimon al nacer. En un todo armonioso y coherente, en que con contornos sólidos y claros se yergue la imagen del daimon entre los polos del vivir y el morir, descansando una punta de su ala sobre el concepto de la entelequia, la otra sobre el de la gana, "thymós".

La entelequia, tan conocida en filosofía, no carece de alguna explicación. Tanto menos el "thymós". Nos apoyamos, también esta vez, en el "Diccionario de Menge-Güthling". Se leerá en él, bajo la palabra *thymós, ho:* alma, fuerza vital, vida, fuerza, voluntad, *gana,* deseo, inclinación, empuje, instinto, anhelo, apetito —decisión, intención, pensamiento— efecto, sentimiento, corazón; valentía, temeridad, coraje, confianza, pasión, excitación, ímpetu, violencia, vehemencia, cólera, erupción de cólera, fastidio, enfado; sentido, carácter, espíritu, el interior (de uno). —*The Homeric Dictionary* de G. Autenrieth (1877) complementa estos datos: *thymós:* strictly, that which is in constant motion (blood as the vehicle of the anima); *thymós,* used as equivalent to one's own self.

4

Su segunda relación continua sobre lo demoníaco la dictó Goethe en 1831, último año de su vida, pocas semanas después de haber terminado su Fausto. (*Du W,* IV: 20)[6]

---

6. Seguimos desde aquí en adelante —con pocas enmiendas— la traducción de Cansinos Assens, Aguilar, Madrid.

La introdujo con una retrospección a sus comienzos.

El joven —decía— "vagando acá y allá en los espacios intermediarios de las regiones (de lo supranatural) buscó, miró en torno suyo, y aunque encontró esto y aquello por entre los fenómenos que le inquietaron, no pudo adherirse a ninguno de ellos. Creyó entonces ver cada vez más claro que lo mejor era apartar el pensamiento de lo ingente e inconcebible. Parecíale, sin embargo, descubrir *algo* en la naturaleza..., algo que no se manifestaba sino en contradicciones y, por consiguiente, no era expresable en una doctrina y mucho menos aún en un concepto. No era aquello divino, puesto que parecía irracional; ni tampoco humano, pues carecía de razón; ni diabólico, puesto que era beneficioso; ni angélico, pues con frecuencia dejaba traslucir una maligna alegría por el mal ajeno. Era similar al azar, pues no exhibía continuidad alguna, pero (a la vez) aludía a la providencia, pues indicaba cierta conexión. Todo cuanto se nos antojaba limitado, era penetrable para aquello; parecía jugar a su capricho con todos los elementos necesarios de nuestra existencia; *encogía el tiempo y estiraba el espacio.* Parecía complacerse sólo en lo imposible y apartar de sí lo posible con desprecio. A este ser, que parecía adentrarse entre todos los demás, separarles y ligarles (a la vez) *siguiendo el ejemplo de los antiguos* y de quienes atisbaron algo semejante, lo nombré lo demoníaco. Pugnaba por salvarme de este ser terrible, buscando mi amparo, *según mi costumbre,* detrás de una imagen".

Esa imagen se remonta al año 1774, en que el joven, entonces de 25 años de edad, concibió la figura de su Egmont; y "la concepción de lo demoníaco" en conexión con esta imagen es de 1813, fecha en que el poeta, entonces de 63 años de edad, —según el testimonio de su diario: el día 4 de abril de ese año— habrá llegado a trazar también de modo teórico —y no solamente, como hasta entonces, poético— la visión de tal "ser terrible". Luego, en el texto del octogenario, se repite su afán de hacernos creer que la *real* imagen de su demoníaco la encontró en la figura histórica de Egmont (1522-1568). Pero enseguida diose cuenta él mismo de que el Egmont histórico apenas sirve a su propósito. Tuvo que cambiarlo, pues. "Pero al remozarlo yo así en mi pensamiento y liberarlo de toda traba, le adjudiqué desmedida ansia de vida, ilimitada fe en sí mismo y el don de atraerse a todos los hombres (attrattiva)". O sea, intentó hacer de él un retrato ideal de su propio

ser, el del joven Goethe. No obstante, a pesar de sus repetidos esfuerzos —el drama *Egmont,* comenzado a los 25, lo terminó el
poeta sólo al cumplir 38 años de edad—, tanto la figura como la
trama quedaron en la forma artificial, artificiosa, pesada y sin brillo,
que conservan hasta la fecha. Es muy difícil comprender cómo y
por qué eligiera Goethe, hasta en 1813, a Egmont por modelo de
su demoníaco; cómo y por qué ha retenido esta idea hasta 1831
en vez de invocar, tanto de su propio pasado como de la tradición
de la Antigüedad, a aquel que —sin necesidad de remozarlo ni
transformarlo— ha representado tal cual, realmente, el gran daimon de la humanidad: Prometeo.

Allí surge —de las mismas páginas anteriores de su autobiografía (*DuW*, III: 15) la ingente figura del titán; ahí están, en
su obra juvenil, tanto el genial fragmento del drama "Prometeo"
como el gran poema sobre él, en que Prometeo habla y desafía a la
divinidad en primera persona: el yo del poeta y el del titán se funden en uno. Y en el *DuW* dice: "La fábula de Prometeo tornóse
viva en mí. Corté el antiguo atavío del titán para mi propia estatura". Y el verano de 1773 vio nacer el poema dramático del joven
en que puso en escena "la desavenencia en que Prometeo viene a
hallarse respecto a Zeus y a los nuevos dioses, al formar hombres
con su propia mano, vivificarlos con la ayuda de Minerva y fundar
una tercera dinastía". —"Los dioses —sigue— llegaron a tener una
causa real para molestarse al verse injustamente encajados, como
seres interpuestos, entre titanes y hombres". Más claro sería difícil
trazar una posición verdaderamente demoníaca de grandes rebeldes
desafiando el poder de las propias divinidades.

"Mis santos" —continúa el poeta— "llegaron a ser hasta entre
los mortales los temerarios, como Tántalo, Ixión, Sísifo". "El destino de éstos fue considerado ya por los antiguos como realmente
trágico; los mostré como miembros de una formidable oposición
en el trasfondo de mi *Ifigenia*".

Con Prometeo, con los nombres recién citados, ya hemos llegado a la parte más trascendente del relato de Goethe sobre su
gran tema: la presencia de lo demoníaco en el orden humano-per-
sonal.

"... lo demoníaco se presenta en toda su terribilidad cuando se
manifiesta en un hombre de una manera preponderante. Durante
mi vida se me concedió contemplar a unos cercanos y otros lejanos

de mí. No son siempre los hombres más eminentes ni por su espíritu ni por sus talentos y sólo rara vez se distinguen por la bondad de su corazón, pero una fuerza desmesurada irradia de ellos, y es un poder increíble que ejercen sobre las demás criaturas e incluso sobre los elementos".

Los elementos... Los que vieron al sabio de Weimar o han pensado en él en la segunda mitad de su vida, han notado en su ser, en su exterior, un rasgo de lo "zeótico", es decir, —usando el lenguaje que empleamos en este ensayo —el estar poseído por el daimon Zeus. El joven decía: "El poeta comprende el mundo por anticipación". Y ese mismo joven, teniendo entonces 28 años de edad, anticipó dicho estado tardío y maduro de su existencia. Cuando en diciembre de 1777 emprende su viaje a la montaña Harz, escribe a su amiga, la señora von Stein: "Estoy entre estos montes por haber podido yo cambiar el clima. Y no solamente el clima. Tendré que contarle mucho cuando regrese. Puesto que podría, luego, narrar". —"Ayer, querida, el hado nuevamente me brindaba un gran piropo"; "a mí me trata dios como a sus santos de otrora". Cubierta estaba la montaña de neblinas densas: "ni a tres pasos se podía ver". —"Pedí a los dioses que cambiaran el tiempo. Y esperé". —Y dentro de poco me dicen: "Venga, ahora puede ver la cumbre". —"Claro, como mi propio rostro en el espejo, estaba delante de mí el Brocken". —"Alcancé la meta de mi deseo: vos sabéis cuán simbólica es mi existencia".

Y diez años más tarde, otra vez los elementos. Es el tiempo atmosférico que le brinda una visión igualmente "zeótica" en el momento de su entrada a Italia. Su diario de viaje —cartas enviadas, también esta vez, a la señora von Stein— conservó este momento de su "creación de mundo" (*Weltschöpfung*): "Fuese haciendo cada vez más oscuro, borráronse los pormenores, tornáronse más ingentes y magníficas las masas, y a lo último, cuando ya todo cerníase ante mí cual una mera, íntima y secreta visión, vi iluminarse nuevamente las nevadas cumbres al fulgor de la luna y ahora aguardo a que la aurora alumbre esta cañada, en la que estoy prensado, en el límite divisorio del Sur y del Norte".

En el texto definitivo del *Viaje a Italia* Goethe seguirá hilando todavía más el tema atmosférico, pero ¡de qué manera curiosa!

"Al observar las montañas en luz, en neblina o azotadas por tempestades —dice—, atribuí todo eso a la atmósfera. Inmóviles, sin embargo, me parecían los montes: los pensaba inactivos por haber yacido en quietud. A mí, empero, ya se me manifiesta más y más claro, que las variaciones observables en la atmósfera en gran parte se originan de los montes. Entonces creo que la masa de la tierra y, por consiguiente, también sus 'ciudadelas', que desde lo bajo (*Grundfeste*) se yerguen a lo alto, no ejercen siempre la misma actividad de magnetismo. La atmósfera es lo bastante delicada y extendida como para que nos brinde estos efectos. Si la gravitación cambia, cambia con ella también 'la elasticidad' de la atmósfera: entonces se presentan las variaciones meteorológicas. De repente juntan los montes ingentes masas sobre sí, cual una segunda cumbre, hasta que el aire elástico no las disuelva". —"Yo vi —añade— cómo se colgaba una nube, alumbrada por el crepúsculo, en la más abrupta cima, hasta que empezaba a disolverse; partes de ella volaron a lo alto, otras deshiciéronse; al final desapareció la masa entera, como si una mano invisible la hubiera deshilado en una rueca".

En esta visión rarísima, invocada y conjurada por el daimon Zeus en la imaginación del poeta, se revelaría un culto a los elementos con su propia "liturgia". Y surge un cosmos autónomo que nada tiene que ver con los resultados de la física y la geografía, ni se ocupa o se preocupa de ellos, sino que se realiza entregándose por completo a su inspiración demoníaca.

Lo manifestado aquí, en esta meteorología y geología mágicas, por la prosa plástica y clara de su edad madura, expresábase sólo tres años antes de su entrada por el paso del Brenero a Italia en fórmulas míticas, casi místicas, del poeta de entonces con 34 años de edad.

"Aquí descansas —se dice a sí mismo sentado en la cima de su "Olimpo" —inmediatamente sobre un fundamento que se extiende hasta los más hondos sitios de la Tierra; ninguna capa nueva, ningún fragmento... se interpone entre tí y el firme suelo del mundo primitivo. En este momento, ya que las fuerzas internas, magníficas e impulsivas de la Tierra actúan inmediatamente sobre mí, ya que los influjos del cielo me rodean flotando más cerca, me siento inspirado para las más altas contemplaciones acerca de la Naturaleza... Esta peña —me digo a mí mismo— estaba del modo más austero, más escarpado y más alto entre las nubes, cuando esta cumbre existía en las antiguas aguas como una isla rodeada por el mar: en derredor de ella flotaba el espíritu".

Pero diez años antes de haber pasado el Brenero, en los días del diario a la amiga en Weimar que hemos citado, la expresión del joven de 28 años es todavía más vedada, más enigmática, como le corresponde también a la forma versificada de su "Harzreise im Winter", ese gran himno al Monte:

> *Por su interior por nadie jamás conocido,*
> *misterioso-revelado*
> *te yergues aquí , enfrente del atónito mundo,*
> *y miras por entre las nubes*
> *los imperios y las glorias*
> *que de las venas de tus hermanos vecinos*
> *estás nutriendo.*

Ahora es menester que volvamos de este "Olimpo" septentrional de un ser humano poseído por el daimon Zeus, de esta excursión de meteorología y geología mágicas, la esfera de los elementos, a la del tema cabal: el hombre demoníaco.

El que nos habla, es, de nuevo, el anciano poeta:

"¿Quién sería capaz de decirse hasta dónde puede expandirse su influencia? Todas las fuerzas morales apenas pueden valer contra ellos; en balde experimenta la parte más sensata de la humanidad con hacerlos sospechosos por engañados o engañadores; atraída les quedará la masa. De talla similar a la suya rara vez o nunca se encuentran contemporáneos. De derrotarlos no será capaz sino el propio universo, con el cual habían entrado en lucha.[7] Y de tales contemplaciones habrá resultado el dicho extraño y formidable a la vez: Nemo contra deum, nisi deus ipse".

Su hado una sola vez en la vida le brindó a Goethe la oportunidad de tomar contacto personal —aunque momentáneo— con el único hombre de su época al cual podía aplicar sin reservas dichas sentencias acerca del hombre demoníaco. Y éste —Napoleón Bonaparte— no solamente le causó una impresión que nunca se borró, sino le ofreció también la solución armoniosa del gran tema que le inquietaba a lo largo de sus días en esta tierra.

---

7. Comp. el texto del *Upanishad* citado por K. Kerényi. "El quien descubre: Yo soy Brahman!, deviene a ser este Universo y ni los propios dioses poseen poder suficiente de impedirle que lo sea" (*Mythologie und Gnosis,* Zürich: Eranos, 1942, 200).

Goethe nunca ocultaba ante Eckermann cuánto le encantaban las opiniones diametralmente opuestas acerca del Emperador. Y es verdad que también las suyas han sido diferentes unas de otras y hasta contradictorias. Seguía, sin embargo, la actitud general de cada posteridad ante un "héroe": nuestra compasión lo rechaza, nuestra estimación intelectual lo admira.

La catástrofe del Gran Ejército en Rusia le sacudió a Goethe también. No es por azar que "concibe" lo demoníaco por entonces, el 4 de abril de 1813, como ya mencionamos. Dos años más tarde (3 de agosto de 1815) observó ante Boisserée: "Estudios orientales, Napoleón, nuestra era ofrecen rico material para esto: Timur, el Gengis-kan, como fuerzas de la Naturaleza presentándose en un solo hombre". Pero a tales fuerzas contesta la Naturaleza, de igual a igual: a Napoleón, por ejemplo, no le venció cualquier estratega superior, sino el invierno de la llanura Sarmática. El "Libro de Timur" (en el "Westöstlicher Diwan"), compuesto por dos poesías solamente, "comprende formidables sucesos del Universo, cual en un espejo, en que nosotros... contemplamos el espejismo de los propios destinos". También a Timur (1333-1405), en su última campaña contra China, lo vence el frío del invierno en el norte asiático y no un ejército enemigo. El poema "El invierno y Timur" no es sino un monólogo de la helada mortífera, dirigido —de igual a igual— al conquistador del mundo: "¡Eres Marte! Yo, Saturno, astros malhechores... ¡Si eres tú uno de los espíritus malditos, pues bien, el otro soy yo!... y si tú estrangulas las almas, haces helar la atmósfera, pues mis aires son aún más fríos de lo que tú pudieras ser!... ¡Anciano! ninguna llama te defiende de mi helada que te matará!"

En la segunda poesía del "Libro de Timur" cambia el tono, el tema mismo, en lo juguetón lindando con lo cínico. El poeta se dirige a su amante: "para complacerte, Suleika, con perfumes, y sea de un solo frasco, delgadito como tus dedos, habían de perecer mil rosas, todo un mundo que anhelaba la vida... Pero ¿tendría que atormentarnos ese tormento ya que multiplica nuestro deleite? ¿No devoró, acaso, el reinado de Timur-Lenk miríadas de vivientes?"

Sin embargo, "audiatur et altera pars". Cuando habla de Napoleón a Eckermann como "el compendio del mundo", cuando describe su vida como "el caminar de un semidiós de... victoria a victoria", y cuando, al final, lo caracteriza como un ser que "se había encontrado en el estado de una iluminación (*Erleuchtung*) perpetua", ya tenemos los elementos de un retrato positivo de este hombre, demoníaco en alto grado, más próximo, entre todos, del postulado del octogenario: "Nemo contra deus nisi deus ipse".

"Napoleón nos dio el ejemplo —dice a Eckermann— de cuán peligroso es elevarse a lo absoluto, sacrificándolo todo *a la realización de una única idea*".

En las *Máximas y Reflexiones* explicó lo que quería significar con estas palabras.

"Vivir en la idea quiere decir que tratemos lo imposible como si fuera posible. Con el carácter está pasando lo mismo. Coincidirán estos dos, surgirán acontecimientos, sobre los cuales el mundo asombrado no volverá en sí ni en millares de años".

"Napoleón, él que vivió enteramente en la idea, conscientemente, sin embargo, no la podía aceptar. Niega, en absoluto, todo lo ideal, y lo priva de su carácter real, mientras que, a la vez, pretende realizarlo con todo su ímpetu. Una tal discrepancia, interna y perpetua, sin embargo, su inteligencia, clara e insobornable, no puede soportarla, y por consiguiente, es de la más alta trascendencia, cuando —casi coaccionado— la revela, de manera propia y serena".

(Napoleón) "considera la idea cual un *ser* espiritual. Este —aunque carece de realidad— cuando *levanta el vuelo*, deja detrás de sí un residuo, un caput mortuum, al que no le podemos negar una cierta efectividad. Y aunque lo dicho pareceríanos rígido y material en demasía, cambia la perspectiva por completo cuando escuchamos cómo se manifiesta con fe y confianza ante los suyos acerca de las consecuencias inevitables de su vida y sus actos. De buena gana confesará entonces que lo que la vida engendra es vital; que una verdadera fecundación traerá fruto para todo el porvenir. Y se complacerá en declarar que le había dado al decurso de la historia universal (*dem Weltgange*) un impulso renovador, un camino nuevo".

¿Qué es —al menos en el caso de Napoleón— ese *ser* espiritual que, luego, *weg-fliegt*, se aleja volando, y deja en pos de sí tan sólo un caput mortuum?[8]

---

8. *Caput mortuum*: bei den alten Chemikern der trockne Rückstand von der Erhitzung namentlich mineralogischer Produkte in Destillationsgefässen. *Meyer's Großes Konversations-Lexikon*, III, 1903.

Goethe se lo explica a Eckermann (11 de marzo de 1828) de la manera siguiente: "En el medio del camino de nuestra vida, a menudo se presenta un cambio de rumbo: la buena suerte abandona a su hombre y a una desgracia le sigue otra". "¿Entiende qué es lo que quiero decir?", le pregunta y continúa: "Es necesario que el hombre quede destruído de nuevo. Cada hombre extraordinario tiene su vocación. Es menester que la realice. Una vez que la ha realizado (el portador de la vocación) ya no es necesario en esta forma. La Providencia lo emplea en otras cosas... y es entonces el deber de los daimones que le pongan obstáculo tras obstáculo hasta que quede definitivamente vencido. Y éste ha sido el caso de Napoleón".

A esto le añade todavía unas palabras el día 2 de marzo de 1831: Napoleón —dice— "ha sido un hombre demoníaco en el más profundo sentido del término, de modo que a casi nadie se podría comparar con él".

Se diría de él entonces que había sido un "entusiasmado", usando así un concepto religioso griego, o, con una expresión más enérgica todavía; un énthios: plenus deo (endiosado). Ambas expresiones revelan cómo la religión helena se imaginaba el estado de un mortal del que la divinidad tomaba posesión para "tener morada en su corazón". Y éste ha sido el caso de Napoleón.

Pero el pensar griego también se dio cuenta del revés de esta situación. Y en tal contexto, es el hombre el que se eleva a la altura del dios —*su* dios. Lo alcanza por ser la natural "morada" del hombre la "órbita" del dios. Es esto lo que quiere señalar el fragmento 119 de Heráclito:

éthos	anthrópó	daimón
morada	del hombre	(es) el dios.

Citemos la traducción explícita de Heidegger: "Der (geheure) Aufenthalt ist dem Menschen das Offene für die Anwesung des Gottes (des Un-geheuren)". Así expresa la fórmula heraclítea esta tensión esencial del mortal: der geheure (*Aufenthalt* = morada) < *das Un-geheure* (dios). La fórmula equivale a una expresión tras-

9. Citado en E. R. Dodds: *The Greeks and the Irrational* (1950), University of California Press, 1973, 39.

cendente del *kosmos*: es tanto cosmovisión como orden cósmico; daimon en ella es el propio dios: "lo patrio" para el hombre; no perdiendo, sin embargo, nada de su"terribilidad".

Pero tal tensión —bien que peligrosísima— siendo "orden", es, a pesar de todo, un equilibrio. El cambio trágico surge en aquel momento en que el daimon —bien haya sido "patria" del mortal, bien haya tomado él, el daimon, "morada en su corazón" —abandona a su elegido. Tanto los antiguos como Goethe emprendieron la tentativa de comentar ese cambio. El retor Licurgo cita una gnómé iámbica que reza como sigue: "When the anger of the daemons is injuring a man, the first thing is that it takes the good understanding out of his mind and turns him to the worse judgement, so that he may not be aware of his own errors".[9] Palabras éstas que parecen explicar lo que más sumariamente el proverbio romano dice: *Quem deus vult perdere, prius dementat* (Comp. *Od.* XIV:176).

Una vez le subraya Goethe a Eckermann cuán fuerte ha sido "la naturaleza demoníaca" en Carlos Augusto, el granduque de Weimar. Pero —añade— "cuando lo abandonaba el 'espíritu' demoníaco y sólo le quedaba el humano, no sabía qué hacer consigo mismo y valía poco (*war übel dran*)". Su más grande ejemplo empero es —también en este contexto— Napoleón. "Al pensar —le comenta Eckermann— acerca del destino que le tocó a un hombre tal que con sus pies pisaba la vida y fortuna de los hombres, dicho destino parece haber sido demasiado benigno con él; fue una Némesis que —al juzgar la magnitud del héroe— no pudo no serle galante de cierto modo". El hombre, en sus últimos años —lo sabemos— no es, de ningún modo, una existencia quebrantada; las *Memorias de Santa Helena* lo revelan en las alturas claras de su espíritu.

El decurso histórico europeo, sin embargo, también conoce un ejemplo —y hay más— de un destino humano en que el daimon no ha sido "galante" con su hombre, sino despiadado —aunque primero le permitió brillar en la plena luz de su genialidad—, luego lo derribó y destruyó por completo.

El español Miguel Servet (1511-1553)[10] fue probablemente el

---

10. Autor, *Philipp II*, Wiesbaden, 1977, 68-76.

renovador religioso más notable entre tantos de su época, mientras los otros como Lutero o Calvino, quedaron en la mitad del camino, o se dejaron arrastrar a absurdos extremos del pensar religioso, como ocurrió con los representantes de numerosas sectas. Servet tuvo la claridad y también la valentía de sacar de su doctrina las últimas consecuencias. Médico, descubridor del "pequeño círculo de la sangre" del cuerpo humano, estaba con todo su pensar del "lado vital del cosmos". Llegó a la convicción de que el hombre, en cuanto humano, solamente merece tal nombre si posee y hace consciente en sí la facultad de poder llenar su humanidad con lo divino. Con ese proceso y progreso continuos de "deificación" no está —de ningún modo— solo en su época. Miguel Angel, por ejemplo, pinta la bóveda de la Sixtina en el sentido de una semejante *deificatio* del Hombre, expresando así la gran esperanza del Renacimiento por un re-nacer de la incorporación de lo divino al propio ser del hombre.[11] O sea, para decirlo con términos más afines al lenguaje de Goethe o los antiguos: dejarse "iluminar" por el daimon que "toma morada en nuestro corazón". Según Servet somos, en consecuencia de esta "iluminación", la presencia de Dios en nosotros, los hijos de El. Esta vida es un des-cubrimiento en el sentido originario del vocablo: el hombre del Renacimiento descubre en sí mismo a su dios, como el artista —según la conocida metáfora de Miguel Angel— descubre: saca de la piedra su estatua, la imagen que desde siempre yacía en sus entrañas.

Un amor y odio ligaba ya desde el comienzo a Servet con Calvino. Lo atacó durante años con un afán de "fraternelle correction", mientras que Calvino, siete años antes del trágico fin del español, declaraba pensarlo matar si se le presentaba una oportunidad para ello. Servet, a sabiendas de que nada bueno podía esperarle en el ambiente dominado por su gran antagonista, un día —sin estar obligado a ello, por pura interna necesidad de su alma— se presentó en Ginebra y empezó, una vez allí, a provocar al todopoderoso y tirano esclesiástico de la ciudad con las expresiones más violentas. Su caso es el de un desgraciado, cuyo daimon no solamente lo abandona, sino también lo conduce a esa destrucción total que, en último análisis, no es sino el propio auto-aniquilamiento.

---

11. C. de Tolnay, *Werk und Weltbild des Michelangelo*, Zürich, 1949, 49.

Su verdugo le dice, en un último diálogo, antes de llevar a su víctima a la hoguera: "Vos, os habéis condenado a vos mismo a la muerte; vos habéis llevado desde un principio el sello de la damnación en vuestro corazón". Quien así habla es el apóstol de la predestinación; para nosotros el destino de Servet es el de un moirégenes, llevado por su daimon a lo más alto y, luego, a la catástrofe final.

7

Tanto la saga romana como la historia antigua conocen a tales "elegidos del hado" que viven en la "iluminación constante" de su daimon, como un Napoleón o un Servet, y asimismo a los que caen y perecen por él, como —también— Napoleón o Servet. Al grupo de los primeros pertenecen en la Antigüedad un Rómulo, un Furio Camilo, un Alejandro Magno, un Julio César. Al de los segundos, el Héctor del Canto XXII de la *Ilíada*, o el emperador Otho tanto en la descripción de Plutarco como en la de Tácito.

Contrastan, sin embargo, con éstos—entregados por completo a su daimon, representantes no tanto de la regla sino de las grandes excepciones— los otros, casos mucho más frecuentes, que —de manera positiva o negativa— no son sino tocados, inspirados, afligidos o hasta fulminados por el aleteo del daimon en un momento o en una cierta época de su vida, pasando el resto de la misma sin aflicción, sin iluminación, pero también sin los extremos peligrosos de los casos anteriores.

Como ejemplo sírvanos la Helena de Homero. Es en el Canto III de la *Ilíada* donde ella es expuesta a un tal aleteo del daimon.

Disgustada por el vergonzoso comportamiento de Paris en su duelo con Menelao, recordando, además, por haberlo visto a éste de cerca en el papel heroico de la batalla, su vida de antes, parece estar dispuesta a apartarse de su indigno segundo marido. Pero, casi al mismo tiempo, por entre las mujeres troyanas, advierte la presencia de Cipria. Esta, al comienzo, le habla en la figura de su vieja sirvienta, la que tenía en Esparta. Así, la visión acompaña sus recuerdos de aquel país. Pero, luego, le llaman la atención el cuello, los pechos, los ojos —todo de un brillo insólito— y comprende quién es, en realidad, su interlocutora. Aunque queda asombrada (*thámbésen*), se atreve a oponerse a ella. Y levanta la voz: "¡Dai-

moníé! (demoníaca), ¿qué es lo que quieres? ¿Abusarme nuevamente para que siga sirviendo a los hombres, como se te antoja a
tí? ¡Vete con Paris, pero despójate primero de tu rango de dios!;
¡vete y mímalo a él y sírvele a él, quizás te hará su mujer o su es-
clava! ¡Yo no! Sería indecene (*nemesséton*); y ¿qué dirían las troyanas? Ya está mi alma (*thymós*) lo bastante abatida".

Encolerizada le contesta la diosa: "¡Mísera!, te odiaré así como
te quería hasta ahora. Horrendo hado te esperará, si hago arder la
venganza en los troyanos como en los dánaos".

Si uno quiere, he aquí un diálogo entre el alma y el daimon de
Helena, caso frecuente en los héroes de Homero. Y, como tantas
veces, es el thymos el que ha de ceder, y es el daimon el que prevalece.

Intimidada, Helena se somete y sigue. Ahora ya es el daimon
Afrodita el que la conduce —sobreponiéndose a la voluntad de la
mortal la de su daimon. Con toda claridad lo expresa el texto de
Homero: *érche de daimón*. (*Il.* III: 420).

Sin embargo, Helena sobrevivirá la horrenda tragedia de Troya,
aunque ella la había causado. Volverá al trono de Esparta y reinará
ahí al lado de Menelao, en paz, majestad y belleza divina (*Od.* IV).

Así, el papel del daimon en el destino de Helena se reduce a
un solo episodio. En la vida de la mayoría de las gentes ni esto
sucede. No llega a sentir aquel "aleteo". Pero sí —y a veces de
manera muy decidida— experimentan una "presencia": impresiona-
dos la están notando, quizá en forma de un pavor que se apodera
de ellos.

En la segunda escena de *Wallensteins Lager* de Schiller se halla
una tropa de soldados discutiendo con fervor la situación militar y
política en el tabor. Encima de todo, flotando, están el poderío y la
autoridad de su gran jefe, enigmático y contradictorio, demoníaco,
éste sí, como ninguno de sus contemporáneos. Entonces un sar-
gento llega a decir:

> *Merkst du wohl: Sie trauen uns nicht:*
> *Fürchten des Friedländers heimlich Gesicht.*

(Te das cuenta, no confían en nosotros: *temen* el rostro latente
del general).

Gesicht, en su primera acepción, quiere decir 'cara, rostro'. Pero, mientras *Gesichter* significa 'caras', *Gesichte* son 'fantasmas, espectros'. "Ein Gesicht zu haben" es 'tener una visión' o —con otro vocablo alemán— 'ver un Gespenst'. Y —así como en la vivencia del joven Goethe en Colonia, o cuando tenía treinta y siete años, en Palermo, en ambos casos pudimos traducir los vocablos *Gespenstermäige, Gesenst* por daimon— nos surgirá, también en este caso, el de Schiller, la pregunta de si por el 'rostro latente, escondido' de Wallenstein nos sería lícito entender su daimon. Las palabras citadas alcanzarían, por consiguiente, un segundo sentido y, mediante éste, su sentido verdadero: los que vinieron a visitar el tabor de Wallenstein, el gran guerrero incalculable y enigmático, quedan confusos, "pierden su confianza" ante ese 'rostro', que les atisba, el *Gesicht,* el *Gespenst*: lo desconcertante de ese hombre, lo que infunde inseguridad y hasta temor en aquellos que han de entrar en el ambiente dominado por su daimon.

Tal temor, asombro (*stupendum*) y más aún, espanto (*tremendum*)[12] es también aquel pavor que se apoderaba de los discípulos según Marcos X 32, cuando les guiaba (*proágón*) su maestro "pleno de dios", un ser demoníaco en el más profundo sentido y en el más alto grado de este término. Dice el Evangelista;

> *Esan de en té hodou anabaínontes eis Ierosólyma, kai én proágón autous ho lésous, kai ethamboúnto, hoi de akolouthoúntes ephoboúnto.*

> (Iban entonces por el camino hacia Jerusalén, y delante de ellos iba Jesús, y se asombraron, y al seguirle, se espantaron).

El demoníaco aquí es El. Los que le siguen solamente experimentan y sufren *su* presencia. Y no será hasta el momento de Pentecostés cuando también los discípulos participarán del espíritu que en forma de lenguas ardientes flotará sobre sus cabezas y los llenará de facultades demoníacas para que propaguen el mensaje de aquel que desde ese momento les posee.

Hay dos extremos: el de estar poseído enteramente por el daimon —al límite, por supuesto, hasta donde el mortal es capaz de

---

12. R. Otto, *Das Heilige...* 35ª, München, 1963, 30.

soportar tal tensión— y el de estar expuesto a un solo aleteo o una sola presencia del daimon. Entre ambos extremos se sitúan los casos más frecuentes: la posesión parcial o temporera del hombre por *su* dios, su daimon. Una iluminación transitoria por la cual "se le encoge el tiempo y se le ensancha el espacio", para citar una vez más a Goethe.

Por tal contracción y por tal dilatación se confirma la doctrina de la "participación", según la cual, un ser humano o hasta un objeto no son solamente ellos mismos, sino también otro: un *más*.

O, para decirlo con las palabras de Agustín, quien, en medio de asociaciones condicionadas por citas sacadas del Viejo y del Nuevo Testamento, tuvo de repente la iluminación "demoníaco-genial"[13] para expresarse así:

> *Quis comprehendet? Quis enarrabit?*
> *Quid est illud, quod interlucet mihi*
> *et percutit cor meum sine laesione?*
> *Et inhorresco et inardesco:*
> *inhorresco, in quantum dissimilis ei sum,*
> *inardesco, in quantum similis ei sum.*

---

13. S. Agustín, *Conf.*, XI: 9, 11; "dämonisch-genial" es expresión de Goethe.

DIOS Y LOS DIOSES

*Der ungewordne Gott
wird mitten in der Zeit,
was er nie ist gewest
in aller Ewigkeit.*

Angelus Silesius

Ante la secta judaica de la cual saldrá luego el cristianismo, la religión antigua perdió en tres frentes internos batallas definitivas.

1. La religión antigua no tenía un mensaje satisfactorio acerca del destino humano después de la muerte. Tanto el "Tartaros" griego como el "Avernus" romano evocan una especie de dolorosa insatisfacción; a pesar de toda su belleza antigua, este mundo de sombras no da solución definitiva al enigma de la inmortalidad.

De los tres frentes éste es el más externo.

2. En la cultura helénica y en otras culturas del Asia Anterior, semíticas, persas —pero, antes de todo, en la religión hebraica— se acentúa al pasar el tiempo cada vez más el tema del dios que deviene hombre. En Jehová se manifiesta una inclinación hacia los humanos, que primero se presentará en los ángeles y luego en Él mismo.

Este hecho es el tema principal del "suceder intradivino", su tensión, su contenido y su meta. Para los dioses griegos es ajeno este concepto de unirse substancialmente con la naturaleza humana (genitum, non factum, consubstancialem Patri). Los dioses helenos sí vienen a unirse con los hijos e hijas de la Tierra, pero eso es puro pasatiempo. De estas aventuras no surgirá el gran dios de la

Tierra, ni siquiera en el caso de Aquiles; pero, lo que es más sorprendente aún, ni aun en el de Diónisos. El único dios antiguo que tiene genuina inclinación hacia lo humano es Prometeo. Pero su grandiosa tragedia, que parece sacudir el cosmos entero, termina inesperadamente en un desenlace banal, sin aplomo, como si desistiera de una lucha sin esperanza. Pero, aparte del destino de Prometeo, la línea divisoria entre mortales e inmortales queda siempre rígida, indisoluble en el mito griego. Ningún dios —y menos aún Apolo, que hubiera sido el más dotado para gobernar la patria de los humanos, la Tierra— ningún dios, decimos, se profesa dispuesto a hacerse cargo de la humanidad, a aceptar su destino. Pero dios es sólo dios si es nuestro: sin Dios no hay ni nombre ni mundo; pero sin nosotros es manco Dios. El dios que nos abandona o no nos toma en serio será abandonado. Y en verdad, nadie está tan desamparado como un dios abandonado. Los dioses de la Hélade, que no nos amaron de verdad, no anhelaron ser "nosotros", quedaron desamparados. No murieron —como inmortales que son— pero quedaron solos; volvieron a ser "pagani", provincianos, escondidos en aldeas. Se apartaron del camino principal. Su lugar fue ocupado por el celoso y vengativo dios hebreo, que —por eso mismo— siempre está dispuesto a luchar por y con nosotros y, después, por su hijo unigénito, el dios que encarnó y murió en forma humana. Porque amaba al mundo, vino a salvarnos.

3. Desde que se manifestó como Elim y Elohim Él, el Señor "Dominus Deus Sabaoth" —Señor de las Huestes Celestiales, nuestro Señor —desde entonces éste es el dios que vive su fatum en nosotros: está "deviniendo" sin fin (wird mitten in der Zeit = sucede en el tiempo). Según el testimonio del libro de Job, y según los antecedentes de la historia de Noé, y como testimonia también el drama de la Creación y la Salvación, somos desesperadamente importantes para este dios.El Antiguo Testamento es esencialmente la historia terrible de una lucha de un dios poderoso por los favores de los hijos de la Tierra; una lucha llena de contradicciones lúgubres, un cortejo conmovedor y sorprendente. En el principio realmente se trata de eso: los dioses, antepasados de los ángeles, venían "para unirse en amor" con nuestras mujeres —de modo diferente a los dioses juguetones helénicos— y entonces Él —el Señor— exasperado, terriblemente celoso, quiso exterminar a todos los habitantes de la Tierra. Así llegó el Diluvio. Pero des-

pués, Él mismo siguió el camino de los ángeles. Después de haber exterminado a los descendientes de los ángeles con las mujeres, —y aquí se oculta la titanomaquia hebrea— hizo la alianza con el hijo de la Tierra. Pero quiso garantías, como el enamorado. Por eso anheló la sangre inocente de Isaac, por eso permitió la miseria de Job. Pero en el caso de Job se delató: Job descubrió a Dios, y Dios, como el enamorado que finalmente puede manifestarse, quedó satisfecho con este "descubrimiento". Así como "acontecía" en Job, seguía buscando su fatum en nosotros. Finalmente envió a su Hijo unigénito.

En este contexto, la diferencia entre Jesús y Prometeo consiste en que el drama de Jesús es un destino heroico único; en su perfección es la gran tragedia paradigmática y arquetípica del Salvador-Héroe llevada hasta su consumación. Los adjetivos no son gratuitos, el destino de Jesús es en todas sus partes grande y arquetípico, es, por consiguiente, una de las mayores imágenes arquetípicas conocidas por los humanos. Y este destino opuesto a otros destinos heroicos no termina. Jesús resucitó, envió al Espíritu Santo y, desde entonces hasta hoy, Dios "acontece" en nosotros. Su lucha por nosotros sigue; en forma cristiana o no, pero con inaudita vivacidad. Los "dii pagani" siguen viviendo también —como toda la poesía europea lo demuestra— pero ¿quién ha oído jamás que hicieran nada por nosotros? Al contrario, ¿no somos nosotros quienes los añoramos? Los dioses antiguos no sólo son juguetones, sino incondicionalmente orgullosos también. Se fueron al destierro sin transformarse en lo más mínimo. No conocen el cambio.

Pero el Dios judeo-cristiano, por lo contrario, es como un camaleón, ¿a qué no estará dispuesto para ganar nuestro amor? Hasta vino aquí para morir una muerte de veras dolorosa, abominable y terrible, como un delincuente abyecto, sólo para que le creamos: amó tanto al mundo que dio por él a su Hijo unigénito.

¡Y cuánta es su paciencia para esperar que le aceptemos y cuánto agradece el más mínimo amor sincero! Se olvida de cien justos si el hijo pródigo regresa. Este dios que se fue y se quedó a la vez, puede ser nuestro hijo y nuestro padre, puede ser nuestro Señor pero también puede servirnos, viene como novio inmaculado y espera como novia sumisa. Y llegará a amoldarse en cada uno de nosotros a aquel dios que cada uno necesita. Sólo tenía problemas de prestigio en la etapa cuando era exclusivamente Padre; desde que estamos dispuestos a aceptar que tomó forma en el útero de mujer mortal, que se crió entre nosotros, que nos enseña, nos cura y nos resucita, que muere por nosotros y que nos salvará, desde entonces está hasta cierto punto satisfecho. Ya no es tan ávido ni tan exigente y no es tan infantil. Pero no deja de luchar por nosotros, de "acontecer" en nosotros. Este es su principal oficio. El destino de Dios es el Hombre, como el del Hombre lo es Dios.

Los bellos dioses griegos no conocen nada de esto, ni siquiera la Polimetis, Palas: *die Immernahe* (la siempre cercana), y mucho menos el poderoso y terrible Apolo, *der Immerferne* (el siempre lejano). ¿Qué es para vosotros —bellos dioses griegos— el hombre, hijo de sangriento terruño? Pasatiempo. Además: vosotros sois también limitados, atados. No tenéis poder contra el hado. Y este fatum está previsto y fatalmente decidido.

En la religión hebreo-judaica dios y hombre están ya desde milenios envueltos en una terrible y dolorosa lucha el uno contra y por el otro. Esta batalla lastimera los enfrenta pero a la vez los enlaza en un amor mortal. Esta relación, este enlace fatal indisoluble, es nuestro destino, el de Dios y el del Hombre. Es una unidad semejante a una segunda Trinidad, no es destino acabado, sino relación que emerge y está emergiendo desde la eternidad hasta la eternidad. Hombre-Dios, Dios-Hijo, coerción de los dos, pero fluye de los dos. Dinamismo invisible, inconcebible, pero nace desde siempre de nuestra relación y nos domina; función-*daimon*, impersonal tercera persona: el Destino.

Este es el mito de Israel.

Pero en la mitología helénica no hay mito semejante. La titanomaquia es la lucha entre dioses. Si se enfrentan dios y hombre —como en el caso de Apolo y Patroclos— no hay duda del desenlace. El mito de Prometeo —el mitologema más afinado a la esfera humana— es también conflicto divino, pero no divino-humano. Existe una frontera insuperable.

La mitología griega es rica en fronteras insuperables. Como el fatum, que es la frontera determinante y determinada frente a los dioses. Su inmortalidad no es ni un fluir ni un cambio —progreso—, sino al contrario, es un estancamiento en un cierto punto culminante de su vida, un atajarse definitivo y completo, la pérdida del futuro. En fin: la muerte.

El que permanece para siempre en la edad de treinta años está esencialmente muerto: murió teniendo treinta años, y su inmortaldiad consiste en esta forma última de su vida, cuya forma tomará eternamente al manifestarse. Los antiguos dioses parecen tener esta naturaleza. Ya en Virgilio tienen cierta opacidad en la transparencia, tienen ya entonces algo espectral. Luego, sin desvanecerse —si hoy mismo están flotando, andando aquí en formas de una indecible amabilidad— se hacen más y más etéreos, más lejanos en el transcurso de los siglos de la historia cristiana. Pero como son inmutables, el gran cambio, el triunfo del Dios cristiano no los tocó. No entraron en la lucha por los humanos. Con un gesto de indiferencia se apartaron. *Dii pagani.* Seguramente despreciaron al dios sectario del oriente quien tanto se esfuerza por conquistar al hombre que hasta muere por él; para ellos todo esto parecerá una actitud vulgar, digna de un plebeyo. Ni siquiera se enfrentaron con Él. Se retiraron. Desde entonces sólo dejan ver su inmortal belleza en uno u otro gran poema, en una escultura noble: "así fuimos". Aristócratas, reyes sin trono, los que no anhelan restitución. Cuando Juliano Apóstata inició la lucha en nombre de ellos y quiso repatriarlos, lo abandonaron con un gesto de rechazo. Evidentemente, les pareció demasiado cristiana esta lucha "póstuma". No podían adaptarse a ninguna "iglesia", a ninguna religión organizada, no se sentirían a gusto.

Pero sí encuentran su hogar en la Naturaleza deshabitada: en el aire fresco del acantilado, en los rayos del sol y de la luna, en el firmamento infinito de las estrellas, en la profundidad cerúlea de las aguas, en la noche, entre taciturnas rocas, en bosquecillos donde apenas se oye andar el viento, entre el crujir de árboles centenarios, en el gran silencio de las estepas. Y se sienten a gusto entre los relámpagos en las cimas rocosas, en las ráfagas y en la tempestad.

Fuera de la historia, sobre la historia.

Pero nosotros aquí en la historia gemimos y luchamos en esta fatídica lucha a muerte con el riguroso y lúgubre Dios que está enamorado del hombre. El desenlace: la realización completa de los dos. Porque esta realización es el destino de Dios y del Hombre, el destino del mundo, que surge y nace de nuestras batallas desde la eternidad al presente y hasta la perpetuidad.

(Traducción del húngaro de
Magdalena Zalán de Ferdinandy)

MARCO FURIO CAMILO

EL HOMBRE ENTRE EL MITO Y LA RAZÓN

A Álvaro Mutis

Vere vir unicus in omni fortuna.
Tito Livio

Hacer la presentación de Marco Furio Camilo al lector moderno no es tarea fácil. A pesar de haber tenido una gran importancia como estadista y aún más como jefe militar, no pertenece a las figuras de la Edad Antigua a las cuales todos conocemos. De Julio y Augusto Césares, de Nerón o de Caracalla, cualquier persona, aunque esté poco versada en historia o en letras, puede saber algo; incluso sobre los Gracos o los Escipiones. A Camilo, en cambio, serán muy pocos los que sabrán ubicarlo. Aunque Tito Livio y Plutarco escriben sobre él con amplitud, y las otras fuentes tampoco son parcas en datos respecto a Camilo, éste nunca conquistará para sí y su memoria la psique colectiva de la gente. En nuestra memoria —excepto para el que como especialista de historia romana se ocupe de él *ex-officio*— carece de *imagen*. Shakespeare escribió tragedias sobre Coriolano, Julio César, Antonio e incluso Tito Andrónico, —Dios le perdone— pero no dirigió a Camilo ni tan siquiera su interés.

Su biografía es, aun estimando como muy valioso lo que Livio y Plutarco nos legaron al respecto, todavía más incompleta que — por ej.— la de Atila. De este rey máximo del mundo bárbaro ape-

113

nas se sabe nada hasta sus 35 ó 40 años de edad. El único dato que se refiere a su juventud (estuvo quizás de rehén en la corte del emperador Honorio), es bastante dudoso. Sin embargo, desde que asumió el poder hasta su fallecimiento, su *bios* es completo, su *grafía* no muestra vacíos. Ni siquiera esto aplica en el caso de Camilo, del que por cierto se conoce también un dato —en esta ocasión fidedigno— respecto a su juventud: participó en una batalla, en la que se distinguió y recibió una herida en el muslo. Pero luego, hasta sus 60 años de edad más o menos, no sabemos nada de verdadera trascendencia sobre su vida personal (excepto unos pocos datos con relación a los oficios que tuvo), sino tan sólo de su carrera militar y civil, tras las cuales queda el hombre como tal en una penumbra casi completa. Incluso con relación a sus últimos 25 ó 28 años de vida no tenemos sino un conocimiento asaz deficiente, ya que los datos que poseemos se contradicen más de una vez. Esto es aún más raro en el caso de un hombre que ha sido —en el sentido profundo y total del término—, un *dux fatalis,* un jefe militar elegido por el destino, un estadista de envergadura no sólo nacional sino universal. *Vere vir unicus in omni fortuna,* así lo caracteriza Livio, no exagerando, como veremos, al hablar sobre él de este modo.

Es muy posible que lo deficiente de nuestros conocimientos sobre Camilo, lo incompleto de los relatos de Livio y Plutarco acerca de él, sean más que puro azar. Las lagunas y los vacíos parecen fluir del ritmo vital del mismo Marco Furio. Es, ya en sí, bastante extraño que se ponga en marcha tan llamativamente tarde, aunque una vez entrado en acción, ocupa rápidamente el primer lugar. Pero todavía es más extraño que, —de tiempo en tiempo— desaparezca por completo o casi por completo. Su carrera se ve marcada por unos eclipses, a veces totales, tras los que despunta de nuevo resplandeciendo aún con más brillo que antes.

La aristocracia romana, si hubiese sido capaz de entender y ponderar la trascendencia de este hombre, habría venerado en su persona al defensor no sólo máximo sino también más tenaz de sus privilegios, pese a que Camilo no es oriundo de ninguna de las grandes dinastías patricias. Según parece, su padre es el primero de la familia en desempeñar cierto papel, y sabemos aún algo, aunque poco, de sus hijos. Luego, desaparecen los Furii de la historia romana. Hasta su nombre —*Furius*—, es sumamente raro. *Fur,* como sabemos, es hurtador, ratero; *Furius* es la adjetivación del sustantivo *fur*, y podría designar a una persona que se ocupa de desfalcos o de encubrimientos. Algunos investigadores encuentran tan característico este nombre gentilicio en el caso de Camilo que, —situados delante de algunas de sus actuaciones, acerca de las cuales se hablará en el curso de este ensayo—, lo adornan sin dudar con el rango y título de un *héros voleur*. A tales sabios les está presente, por supuesto, Hermes, el dios de pícaros y ladrones, el protector de aquéllos cuya esfera es la penumbra engañosa; un *dieu voleur*, el dios pícaro, *der göttliche Schalk*. Les es imposible no pensar en él, máxime si conocen el significado del nombre de familia de nuestro héroe.

Camillus —y no es esto poco sorprendente en el caso de Marco Furio, látigo y destructor de los etruscos— es un vocablo de origen etrusco que quiere decir hermético, mercurial, perteneciente a Turms, el Mercurio etrusco; o bien su acompañante, el que lo representa, el que lo expresa. Se verá más adelante de qué modo esencial y, —hasta cabría aquí la expresión— de qué modo fatal, es este Furio Camilo un hombre "mercurial". No obstante, los que lo llaman "héroe hurtador", (y considerando las cosas desde un cierto punto de vista, no parecen carecer de fundamento), no reparan en el hecho de que *Furius* o *Camillus* no son nombres elegidos por nuestro Marco, ni tampoco epítetos que le adjudicaron en el curso de su vida sus contemporáneos, sino sus apellidos, su herencia ancestral; una herencia familiar de carácter esencialmente mercurial. Hablamos, escribimos, publicamos más de lo necesario acerca de los nombres, de la opción por un nombre y de su etimología pero, ¿cómo podríamos explicarnos el problema que aquí se plantea?

El comportamiento, la presencia, la actuación y el logro de resultados y éxitos por parte de Camilo presentan características (y es así en todos los momentos que tienen en su vida una trascendencia cabal), en el más estricto sentido del término, mercuriales. Pero, pese a lo dicho, este mismo hombre posee, como pocos, afinidades orgánicas con Apolo; y éstas no son solamente consecuencias de una opción consciente debida a razones político-religiosas, como lo será, siglos más tarde, el "apolinismo" de un Augusto César.

Aquí no se trata —y quede subrayado lo que sigue—, de un juego fútil de categorías mitológicas traducibles —si a uno le da la gana— con vergonzosa facilidad, al lenguaje de la psicología. Se trata de algo esencialmente diferente, a saber: de la caracterización íntima e intrínseca de un hombre, del Hombre, mediante *su dios*. Nuestra pregunta es: ¿Cuál es el dios al que un hombre determinado venera más que a los otros, aunque estos sean también deidades de su panteón? o, dicho de otra manera: ¿Cuál de sus dioses es el que "toma morada en su corazón".

A veces sucede que el hombre presiente la presencia del dios que vive en él. Se revela el numen en su alma y, revelándose, se señala y se muestra. El hombre, bendecido o condenado por tal privilegio, si es lo bastante consciente o... valiente para ello, puede hasta nombrar por su nombre al dios que "toma morada" en él. Esta convivencia no llegará a su más alto grado, sin embargo, más que cuando el hombre viva, sienta y actúe amoldando su propia actitud a la naturaleza del dios "de su corazón". Esto no es, por supuesto, la pose ridícula de un Calígula deleitándose en el papel de Júpiter, sino la actitud de un Julio César viviendo con la conciencia de su papel de conductor del Universo, el de Júpiter. Así, según la forma que Shakespeare dio a la tradición que cuenta los últimos momentos de César, en los que se encontró —con plena conciencia— en el atrio de la muerte, al ser atacado, hombre maduro ya, por las dagas de siete jóvenes, aún pudo agarrar la muñeca del primero para rechazarlo gritando: ¡Fuera de aquí! ¿Quieres trastornar el Olimpo? Nosotros, hoy en día, enanitos uniformes de una sociedad estrujada con mezquina igualdad, ni siquiera podemos imaginarnos la tensión y las dimensiones por medio de las cuales un hombre así, —elevando su ser a las alturas del dios supremo— vivía y se autorrealizaba. No obstante, aún hoy, si el numen cuya morada somos, no nos niega el ingente privilegio de identificarse con nosotros, —ya sea de modo parcial o por unos instantes— podemos construir y expresar en y por nuestro ser... no la biografía, sino la autobiografía de nuestro dios.

Debido a la dialéctica llena de constantes tensiones de sus entrañas, si Camilo hubiera sido escritor, habría podido redactar —a la manera de las vidas paralelas de Plutarco, aunque de un modo incomparablemente más profundo— la autobiografía, no de uno, sino de dos dioses: la de Mercurio y la de Apolo, reflejando la del uno en la del otro, o aun mejor, reflejando en su propio ser a las dos deidades "que tomaban morada en su corazón".

Livio —cuyo legado acerca de Camilo, así como sobre Veyos,

la ciudad que éste conquistó, logra más de una vez profundidades sustanciales— caracteriza decididamente como un cambio de rumbo en los acontecimientos, el momento en que Camilo asume el mando. El senado entendía que el cerco de la ciudad etrusca, entrado ya en su décimo año, no progresaba. Ni siquiera la campaña invernal —insólita en esos tiempos—, había logrado quebrantar las fuerzas de los veyenses. Nombró pues *dictator* al estratega que, entrado en años, había ya desempeñado tanto el oficio de tribuno militar como el de *interrex*. Sabían a quién elegían. "Al cambiar al *imperator*, —dice Livio— *todo* cambió". El destino de la ciudad (*Fortuna urbis* dice el original; y Fortuna significa a veces la buena suerte, en otras ocasiones el propio hado) llegó a tener un carácter diferente.

El nuevo jefe militar destruyó, antes que nada, a los aliados de Veyos. Tomó dos ciudades, de las que obtuvo un botín inmenso que no repartió entre sus soldados sino envió a Roma, al *quaestor*. Luego, mandó desmantelar la serie de pequeños fuertes que formaban el círculo defensor de Veyos; puso fin a las escaramuzas de antes y comenzó los asaltos sistemáticos contra los muros de la ciudad sitiada.

No mucho tiempo antes de que Camilo tomara el mando de las tropas romanas frente a Veyos, tuvo ahí lugar un episodio sumamente extraño. En el décimo año del cerco de la ciudad llamó la atención de los centinelas romanos el cantar extasiado de un arúspise (sacerdote y vaticinador en una misma persona), prediciendo desde lo alto de las murallas, en una noche cerrada, la próxima caída de su ciudad:

"Si las aguas del lago Albano, hallándose en una subida repentina y continuo crecer, —decía— son conducidas por los romanos, mediante una prescripción religiosa, a sus tierras, dividiéndolas luego con la ayuda de fosos y canales de modo que el suelo las absorba sin que dejen huella alguna, entonces Roma ocupará y aniquilará a Veyos. Si no ocurre así y las aguas logran abrirse camino hasta el mar, perdiéndose luego en sus olas, será Veyos quien salga victoriosa de la secular contienda entre ambas".

No es extraño que la crecida de las aguas del lago causase fácilmente la impresión de un milagro ante los ojos de los contemporáneos, ya que las causas de estas enigmáticas subidas no han sido aclaradas hasta la fecha.

Los romanos, en su búsqueda de una explicación a tal milagro, pensarían en una causa religiosa, la intervención de los dioses. El *imperator*, jefe militar de la plaza, debió considerar poco probable que el vate, en una ciudad cercada por todos lados, sacase su información de una fuente natural y terrestre. El mismo, por supuesto, estaba bien informado, ya que la distancia entre su tienda de general y el lago Albano no era superior a 40 ó 45 Kms. Sabía entonces, no sólo que las aguas se hallaban en crecida, sino también que habían llegado a una altura considerable, estando a punto de derramarse a través de la cresta del Monte Albano, abriéndose así el camino, por su declive, hacia el mar. Si el general se explicó a sí mismo el fenómeno, lo haría seguramente por los senderos de su religión. Aún Tito Livio, más de tres siglos después del suceso, se apoya en una tradición de carácter religioso. Es solamente en la narración de Plutarco (autor ni tan siquiera cien años más reciente que el romano), paradójicamente un sacerdote, en la que se notará una secularización de este legado. En el "Camilo" de este último no hay ni rastro del fondo sacramental, ni del saber de origen místico del vate, que caracterizaban todavía al relato de Tito Livio:

Un soldado romano entabla conversación con un burgués veyense "conocedor de numerosas profecías" que sabía también de la crecida de las aguas del lago, y se alegró de la noticia, burlándose al hablar del cerco y riéndose de los romanos. El soldado, sin embargo, lo indujo hacia su campamento, lo capturó y llevó ante su general. Delante de éste, y asustado, el hombre de Veyos cesó de burlarse y descubrió ante el enemigo la antiquísima profecía secreta de su pueblo acerca de la subida de las aguas del lago. En esta versión tardía y profanizada de las *Vidas paralelas* no se nos hace ninguna mención acerca del hecho de que el veyense en cuestión hubiera sido un arúspice, lo que quiere decir que la verdadera tradición fue conservada en el texto de Livio.

A él es a quien tenemos que seguir en nuestra tentativa de descubrir la fuente del saber místico de su vate. Y esta fuente, —esto es lo que fluye de todo el ámbito todavía auténticamente religioso, tanto del tenor de su libro V como del mismo tema de su relato—, no podía ser sino un dios; la revelación inspiradora de una divinidad.

Es difícil discernir si el Plutarco tardío era o no todavía, en el sentido profundo y substancial del término, un sacerdote verdade-

ro; pero el vate que se nos presenta en la narración de Livio lo fue
sin lugar a dudas. Por consiguiente, para él, su dios era dios, o sea,
una realidad cósmica, experimentada, vivida aún por él y los que
pertenecían a su culto.

Preocupado por la crecida misteriosa del lago, el senado romano envió, en esas mismas semanas, una embajada al santuario de
Apolo en Delfos para consultarle al dios acerca del milagro. Debido precisamente a esta iniciativa tomada por los senadores, se aclara
el hecho de por qué parece ante los ojos del *imperator,* hombre
religioso, pero guiado a la vez por los intereses de la política real
de su patria, de una cabal importancia lo que el vate inspirado cantara en su arrobo nocturno, desde el muro de la ciudad sitiada.
Recurre pues a un ardid y —para que Plutarco lleve también su
parte— ordena capturar al arúspice y lo manda a Roma, ante el
senado. Allí ha de enterarse con gran estupefacción de que los en-
viados a Delfos traen, de regreso, un mensaje de la Pitonisa cuyo
contenido corresponde en lo fundamental al de su propia información, sacada de las fuentes veyenses.

Los romanos situados frente a una coincidencia así en el espacio irracional de las fuerzas, ven verificado el vaticinio del sacerdote; y lo que es más, desde ahora lo consideran un elegido de dios,
un depositario de sagrados secretos. El, por su parte, se considera
a sí mismo un estigmatizado por los hados, anunciador de la ruina
de los suyos, quien —aun cuando su intención seguramente no
fuera la de dar a conocer el secreto que tuvo en su poder— debía
actuar bajo la presión irresistible de lo sabido, que quiso tornarse
en "dicho", esto es, en *fatum.*

Una vez revelada la profecía, el vate, un sacerdote auténtico,
no estaba dispuesto, o mejor aún, no era capaz de revocarla o
modificarla. Así pues, los romanos lo soltaron y lo hicieron volver
a Veyos, adonde regresa sin dudar. En su ciudad no sufre daño
alguno, aunque allí todos tienen conocimiento, tanto de su cantar
nocturno arrebatado, como de sus confesiones ante el senado romano. Pero no sólo él, sino su pueblo entero, estaban imbuidos
por la convicción consciente de su propio y *necesario* aniquilamiento. *Fatum* —vimos— quiere decir, lo dicho, o revelado; y lo una
vez dicho o revelado llega a ser parte integrante del acontecer humano y cósmico. Las palabras, una vez pronunciadas, se tornan
destino en los dos sentidos de este vocablo. Al revelar el destino lo
elevan a lo inevitable, la fatalidad.

Los arúspices de Etruria guardaron durante siglos, en las profundidades secretas de su archivo, las leyes y profecías de sus Estados y su religión, llamadas la *Disciplina etrusca*. Unos 150 ó 180 años antes de nuestra era, —al menos así lo creemos hoy— compilaron los escritos de éstas acerca de su destino, los *libri fatales*, similares a las celebérrimas profecías sibilinas guardadas en Roma. Así formulados, los *arcana* de otrora se cambiaron en *fata*. *Et verbum caro factum est et habitavit in nobis*, dice, revelando el mismo sentido, el Evangelista. Pero el "verbo" de la *Disciplina etrusca* devenía *fatum* mucho más pronto para los veyenses que para el resto de la comunidad etrusca. No sabemos el porqué ni el cómo. No es imposible que fuese tan sólo a consecuencia del cantar revelador del vate; pero, ¿por qué tuvo que revelar la doctrina secreta acerca del ocaso de su ciudad y su gente? ¿Qué o quién era aquello bajo cuyo poder tiránico tuvo que actuar?

Los dioses debían estar poseídos por la ira contra el pueblo veyense, —así rezan las palabras pronunciadas por el vate ante el senado romano—, en aquel día (*illo die*) en que le pusieron en su mente el anuncio de la fatal extinción de su patria, y añade que lo que entonces cantara fue inspirado por el espíritu divino (*quae tum cecinerit divino spiritu instinctus*). Esta confesión está completada en el texto del historiador romano por las palabras de la Pitonisa, citadas en una prosa rítmica muy afín al verso saturnino, texto, pues, de enorme antigüedad, en el que el dios de Delfos toma su posición en la cuestión de la crecida de las aguas. Verifica, pues, las palabras del vate e incita con su poderoso verbo al enemigo de Veyos: "Romano... insiste audazmente sobre el muro de tu adversario; recuerda cuántos son los años que hace que luchas para ocupar esa ciudad, recuerda que hoy te ha sido dada la victoria por los *fata* que ahora se esclarecen".

Todo parecía juntarse, por uno y otro lado, cual en un foco de luz resplandeciente, en el dios de Delfos revelado a través de las palabras de la pitonisa. Entonces se conoció, tanto en Roma como en Veyos, cuál era el "espíritu divino" que había instigado al vate a hacer patente la voluntad del hado: el propio Apolo.

Camilo —al mando ahora de la empresa contra Veyos— debió considerar de cabal importancia el ganar para sí la eficaz ayuda de este dios. Al mismo tiempo dispuso, mediante una genialidad extraña pero conforme a una época cuya religiosidad "casi intacta" —

como decía Livio— hacía tomar cariz religioso incluso a la política internacional, que se privase a la ciudad cercada de su protectora principal, la diosa Uni, Juno en latín. El historiador romano nos legó las palabras que Marco Furio dirigiera a Apolo, así como las de su *evocatio* referida a Juno:

"Tú me conduces, dios profeta, es tu numen el que me inspira (*tuoque numine instinctus*) para lanzarme a destruir la ciudad de Veyos; a tí te ofrezco la décima parte del botín. Asimismo te suplico a tí, Juno, Reina, que aún tienes tu morada en Veyos, que luego nos sigas a nosotros los victoriosos (*nos victores*) a su futura urbe, en donde te recibirá un templo digno a tu sublime majestad (*te dignum amplitudine tua templum*)".

Camilo, el hombre, llamaba a Juno, la mujer, ofreciéndole nueva casa, una morada digna de una reina encima del Aventino; ahí en donde el nombre de una plaza conserva hasta la fecha de hoy el recuerdo de su templo de antaño. A Apolo no le llamó. Respecto a él lo que hizo fue confesarle el arcano de su religión personal. *Tuo ductu*; puesto que el que conducía a Camilo, el hombre mercurial, era Apolo. Lo que de este modo está sucediendo no es absurdo; desde el nacimiento de Hermes, éste y Apolo no se separaron jamás. El inventor y constructor de la lira de Apolo fue Hermes, y se complementan entre otras cosas más, en el arte del oráculo. Los une un sincero amor fraternal; por consiguiente no resulta difícil que ambos tomen su "morada" en "el corazón" de un mismo mortal. Este es precisamente el caso de Marco Furio: en el Camilo mercurial vivía también el numen de Apolo, y era éste el que lo excitaba, incitaba e inspiraba para que fuese a destruir a Veyos. Pero, ¿por qué se dirigía Apolo contra esa ciudad? Por lo mismo que lo impulsaba cuando, en otro momento, se dirigió contra Patroclo que trataba de subir sobre los muros de Troya. El, dios al fin, *sabía* el hado de Ilión y también el de Patroclo. No soportó que éste se elevara *hyper móron* y le mató. Más tarde, como en los *libri fatales* se hallaban profetizados los *fata* de Veyos, el dios de los vaticinios se prestó a provocar este hado al llegar el día de su cumplimiento. Y optó por Camilo, el *dux fatalis,* para que fuese el ejecutor del hado de la ciudad. *Tuo ductu, Tuo numine instinctus,* decía el elegido; casi las mismas palabras que el vate, su par, —si bien éste en un sentido pasivo—, al conjurar la ruina de su ciudad, de la cual Camilo sería el gestor activo: *Vere vir uni-*

cus in omni fortuna, o en la versión congenial de Maquiavelo: *in ogni fortuna principe, ἄναξ, ductus* e *instinctus* por Apolo. Pero siendo al mismo tiempo un hombre mercurial, sabía cómo debería apoderarse de Veyos, mediante una estratagema verdaderamente mercurial; y sabía también —*héros voleur,* actuando en el sentido del "Himno homérico a Hermes"— cómo debía ser más listo que Apolo, a quien no entregaría el diezmo prometido, salvando sin embargo exactamente al modo del Hermes del Himno, el *honos dei,* el honor y la autoridad del gran dios de Delfos.

Como decíamos, Camilo puso en marcha —¡por fin!— las operaciones del asedio de Veyos. Para andar sobre seguro y acelerar aquello que los *libri fatales* predecían y a lo que ahora también le aguijoneaba el numen del dios, recurrió a una artimaña. Es sorprendente y poco comprensible por qué nadie le acredita la innovación militar que significó tal estratagema; ni siquiera Tito Livio que, cuando relata el hecho, introduce su tema con las palabras: *inseritur huic loco fabula.* Pero, aunque comience de tal modo, será él mismo quien luego —mediante un razonamiento auténticamente romano— nos explicará y hará probable lo sucedido: Camilo, en un lugar bien escondido de su campamento, mandó abrir el suelo y taladrar un pasillo subterráneo —un *cuniculus*— por debajo de los muros veyenses en dirección a la ciudadela —el *arx*— de la ciudad, de modo que su término llegase precisamente bajo el tablado del templo de *Juno Regina* que se erguía encima del alcázar. No debió serle difícil hacer los cálculos para este trabajo con el asesoramiento de sus ingenieros militares, ya que en Roma se cultivaban, desde sus comienzos, las diferentes ramas de la estrategia. Geodetas actuales encontraron apto el suelo de Veyos para labores semejantes, mientras que los arqueólogos descubrieron una especie de túnel, —de una longitud de 75 ms.— el cual no fue, pero podría haber sido parte del *cuniculus* taladrado por los soldados de Camilo. Tito Livio no podía tener conocimiento de ese túnel, pero sí sabía cómo efectuó el *dictator* los trabajos del mismo. Cada seis horas se cambiaban los grupos de soldados encargados del trabajo. Su jefe, para evitar que los ruidos producidos por los golpes de los picos llamasen la atención de los veyenses, al llegar las operaciones bajo los muros, luego a las calles y, por último, bajo el alcázar, mandó asaltar constantemente la circunvalación, no sólo para alejar a las fuerzas defensivas del arce, llevándolas a los muros de la ciudad, sino también para que el ruido de los asaltos resonase más que el del trabajo que se llevaba a cabo en las profundidades. Se puede imaginar aún hoy, cuál debió ser el alboroto infernal causado por un asalto así. Resonaban los clarines, redoblaban los tambores, los centuriones no cesaban de gritar sus órdenes y exhortaciones a las tropas; estas últimas avanzaban también entre clamores y aullidos al asalto; los defensores luchaban de modo similar lanzando gritos y alaridos, a los que se mezclaban en ambos lados los de alborozo cuando se llegaba a un logro o éxito parcial, o los del dolor de los heridos, o los de muerte de los abatidos por las estocadas o arrojados desde los muros. La espada batía a la espada, el dardo golpeaba al dardo, los escudos se encontraban entre crujidos, y si alguien caía herido o perdía el equilibrio en los fosos de la circunvalación, un chirriar estridente acompañaba la caída. Entre un tumulto y algarabía tales, se logró conducir efectivamente, de modo furtivo e inadvertido, el *cuniculus* hasta cerca del tablado del templo de Juno, encima del *arx*.

El único problema respecto a la credibilidad de la llamada "fábula", parece planteársenos aquí. "Un temple était pavé de dalles larges et pesantes, —dice J. Hubaux en su libro *Rome et Véies* (París, 1958), —qu'il ne pouvait être question de casser en frappant de bas en haut; il fallait donc les soulever ou les écarter, et ce ne devait pas être un mince problème".

Esto es, no cabe duda, un grave problema en cuanto al crédito de la "fábula" que tenemos entre manos, pero nos llama, al mismo tiempo, la atención, el hecho de que ningún autor antiguo lo menciona. Y aunque Livio diga —al relatar la invasión romana sobre Veyos— *in aede Junonis*, Plutarco diferirá al decir que: "Llegaron... hasta estar dentro del alcázar, junto al templo de Juno (κατὰτὸτης Ηρας ἱερόυ). Incluso la información de que los soldados romanos en el túnel *oyeron* lo que se decía arriba en el templo, habla a favor de la versión del autor griego. El que está "junto al templo" —aunque sea escondido bajo una capa de tierra— sí puede oír lo que en él se dice, sobre todo en la muy elevada voz de nuestro vate, como Plutarco subraya; aquel en cambio, que está encerrado bajo *les dalles larges et pesantes,* no. ("Las lápidas largas y pesadas" no están ni aludidas en el texto de Plutarco, en el que sí se habla de un rápido rompimiento del suelo —τάχυ διασπασαι τὸ εδαφος—, de una ruidosa irrupción de gente armada que emerge —ἀναδύτας— sin esfuerzo, incluso con el aliento suficiente para gritar y clamar mientras sale, pero no de ningún alzamiento dificultoso de pesadas lápidas). A no ser que se halle algún pasillo bajo el santuario con salida dentro del edificio (de cuya existencia, sin embargo, no hay mención alguna en nuestras fuentes) el que escucha bajo un enlosado de grandes piedras, es casi seguro que no pueda percibir lo que se pronuncie ante el altar situado sobre su cabeza.

Así el problema, planteado con tanto énfasis, se reduce a nada, lo que nos permite dirigirnos a una cuestión de mayor trascendencia en cuanto a nuestro tema. ¿Qué era lo que decía en tan alta y solemne voz el vate minutos antes de la irrupción repentina de los romanos en el templo?: "El que pueda terminar el sacrificio iniciado —clamaba el vaticinador, con pleno conocimiento, según parece, de lo que predijeran al respecto sus *libri fatales*—, o sea, el que pueda llevar en sus manos hasta el altar al animal sacrificado, para quemarlo ahí, a ese corresponderá la victoria. Si tú eres aquel —decía dirigiéndose al rey de Veyos, que iba a ejecutar el acto sagrado en cuestión— a quien eligieron los *fata* para tal fin, nuestra patria vivirá todavía treinta años; si no, su ruina es inminente".

El rey de Veyos, del cual sabemos que era un hombre vanidoso y orgulloso, lleno de *hybris*, contestó altanero y fanfarrón: "La víctima está en mis manos. Yo la maté e hice que se desangrase. Yo la llevo al altar, cuyo fuego ya ha sido encendido por las sacerdotisas de la diosa. ¿Quién sería lo bastante poderoso para sacármela de las manos en el corto camino que conduce desde aquí, en donde estamos parados, hasta el altar de nuestra reina, Uni?"

Este fue el diálogo que lograron escuchar los soldados escondidos en el *cuniculus*. Rompieron entonces la superficie del suelo que los separaba aún de los auras, invadieron el santuario, sacaron de las manos del rey la víctima (*exta rapere*) y la entregaron a Camilo. Y así fue como éste terminó los *exta, quos intermitti nefas est*.

Esta es una de las posibles alternativas. Ahora, ¡a la otra!

En la empresa contra Veyos, Camilo dispuso de un excelente general de caballería, uno de los Escipiones, al que pudo haber confiado el mando de haber estado él ocupado en otra parte. En vista de eso, sí es posible que el mismo Marco Furio acompañara a sus soldados en la caverna, y por consiguiente sería él quien, en el momento de su avance, sorprendiera al rey, arrancase de sus manos la víctima y la llevase —después de haber quebrantado los suyos toda eventual resistencia en el templo— al altar y echándola al fuego, terminase así la ceremonia asegurando la victoria a Roma. Ya antes del asalto estaba seguro de la misma. Desde su tienda de general se dirigió por escrito al senado comunicándole que en breve la ciudad estaría en su poder y pidiendo que se le dieran instrucciones en cuanto al botín y al destino que debería darle.

Lo que ahora sigue parece confirmar esta segunda versión. En el momento y hora en que sus soldados, irrumpiendo de la caverna, inundan primero el templo, luego la ciudadela, para, al final, corriendo del alcázar a la ciudad, abrir sus puertas y dejar que entrasen por ellas miles de los suyos, Camilo está, realmente, arriba, en la ciudadela. Desde los muros de ésta mira hacia abajo, a Veyos, en cuyas calles se desarrolla —casi de casa en casa— una lucha terrible y desesperada, en la que se cumplirán los *fata* amargos —en sangre, matanza y saqueo— de la pobre comunidad, su hado, no sólo profetizado sino directamente invocado por ella misma. Y en este momento pasa algo extraño y hasta sobrecogedor con el victorioso estratega, algo, tan insólito y sorprendente, que no puede ser sino verídico. El historiador tardío no podía inventarlo, como tampoco lo hizo el testigo ocular que nos legó un caso análogo en lo substancial: Cuando, después de la mayor victoria de su vida, Escipión el Africano presenció la destrucción total de Cartago, llevada a cabo por sus soldados, abrazó el cuello de su caballo, en cuya silla estaba sentado, y rompió en sollozos. Cuando Polibio y los demás miembros de su séquito le preguntaron aterrados, contestóles: "Pienso en el destino futuro de Roma". También Camilo se lanzó sollozando sobre el muro del alcázar e hizo lo que solamente hacen los patriotas más nobles, e incluso ellos, apenas en los casos más excepcionales: se encargó de la fatalidad de su pueblo. "Si esta suerte inaudita, esta victoria sin igual —así clamaba— provocase contra nosotros a la gran diosa de la venganza (el original dice νεμεσις, nombre adaptado a la tradición helena de Alpanu; la diosa etrusca de la venganza), y este día trajese tras de sí pena y castigo, que caigan entonces sobre mí y no sobre mi patria, Roma". Al parecer estaba arrodillado mientras pronunciaba estas palabras. Al levantarse, el movimiento era quizás demasiado brusco, su excitación muy grande; sus piernas, sus tendones no le obedecen. Camilo tropieza y cae.

Consideróse su caída simbólica, como fluye de todo aquel

concepto de hombre y mundo en el que se dio. Confesémoslo, ni aún hoy en día dejaría de impresionar profundamente al supersticioso. Es seguro, de todos modos, que por su causa comienza el juego de Camilo con el destino, revelándosenos estratos profundos del hombre y el cosmos apenas sospechados. También Plutarco tuvo conocimiento de lo que pasó, si bien son más claras y logradas las ideas de Tito Livio; los dos conservaron y nos transmitieron, cómo se entendía lo aquí y ahora sucedido. En las tinieblas del pasado, sin embargo, no es la información de ambos la que arroja una luz esclarecedora sobre lo ocurrido, sino los mismos hechos del *dux fatalis.* De lo que aquí se trata es primero, del discernimiento del destino, luego del descubrimiento de su flexibilidad y, por último, —dentro de los límites de la fuerza humana, se entiende— de su sujeción a nuestra voluntad.

Plinio el Mayor, en la parte XVIII de su *Historia Naturalis,* —no pensando, por supuesto, en Camilo y sus hechos— creía poder caracterizar la relación existente entre *prodigia* y *praesagia,* por un lado, y el hombre —el hombre romano—, por el otro, del siguiente modo: "Los ejemplos son lo bastante numerosos como para demostrarnos que los resultados de las revelaciones están en nuestro poder, y su efecto y fuerza de acción modifícanse según nosotros los concebimos y aceptamos".

Este es un dicho extraordinario. En cuanto a su ímpetu, firmeza y conciencia, sería difícil poner a su lado algo semejante. Camilo, siglos antes de que esta máxima fuera pronunciada, vivió ya según ella. Y es su actitud la que comprueba cuán profundamente romano fue este discernimiento de Plinio; tan cabalmente romano como lo fuera también, a su vez, la situación religiosa en Furio Camilo y en derredor suyo; su nueva actitud respecto al destino romano, que se plasmaba y tornaba consciente de repente ante los ojos del víctor tras la trágica caída de Veyos. Desde entonces, la conciencia romana es y quedará fiel a sí misma. "Tipo" y "estilo" de su cosmovisión, una vez establecidos y reconocidos, permanecerán constantes durante el primer siglo de la monarquía (la época de Plinio), así como en los tiempos de Furio Camilo, es decir, a través de medio millar de años.

En el culto romano se puede considerar a Apolo como un dios llegado relativamente tarde. Su veneración se hallaba en ascenso justamente en los lustros que antecedieron al final del conflicto entre Roma y su rival etrusca. Pero a Camilo, como vimos, ya lo conducía e inspiraba en su empresa contra Veyos; obrando así en él, también, el impulso del *varón*. La cultura romana, expansiva y guerrera por naturaleza, es también jovencísima —y Roma está consciente de ello— en un entorno de culturas antiquísimas, dominadas, al menos en parte, por el principio femenino, como Roma lo estaba por el del varón. Serían las más antiguas las que habrían de caer. Tal era la intención del dios cuando, poniéndose en acción contra Veyos, se aliaba, como conductor e inspirador, al jefe romano. Con esto, sin embargo, redujo a Camilo a "instrumento" del hado veyense, exponiéndole así al peligro de invocar contra sí mismo —a raíz de la destrucción del rival etrusco— a todas aquellas fuerzas tenebrosas que se prepararán ahora, tras la caída de Veyos, a vengarse de su más afortunada adversaria. Acerca de esto, Camilo, —hombre de sensibilidad religiosa muy desarrollada— tenía una noción clarísima, como podríamos verificar por lo sucedido encima del bastión del alcázar veyense, en el que el propio víctor se lanzó en el camino de la némesis al pedir que la venganza no cayese sobre su patria sino sobre él.

Al mismo tiempo, sin embargo, y siendo, como sabemos, un hombre mercurial, no le agradaba en absoluto tornarse en víctima sacrificada en el altar de una deidad, (acerca de la cual justamente él, conquistador de Veyos, debía saber mucho más que la mayoría de sus contemporáneos), que no era ya sino un poder en vías del ocaso. Intentó, pues, lo sobrehumano; doblegar ante su voluntad a las fuerzas del destino. Para entender su actitud, piénsese de nuevo en Plinio. Es verdad que los *prodigia* me atacan y golpean, pero aguanto el golpe, y —si puedo— lo devuelvo.

La potencia que se prepara a vengarse por la caída de Veyos es claramente la némesis etrusca; *tam evidens numen,* como la llama Livio, atreviéndose a invocarla por el nombre, si bien no por el suyo propio sino por su equivalente latino, Fortuna, la fatalidad. Su contemporáneo Virgilio optó por un camino diferente. Movido por su conciencia o su subconsciente —lo que, en cuanto a su resultado en este momento, lo mismo da— representó la fuerza vengadora de la tierra ítala por Juno, la Reina, y luego por toda una falange de brujas semi-divinas o humanas (pero siempre por potencias femeninas o mujeres) llevando al final —obligado por la trama de su epopeya y el desenlace de la misma— el conflicto a una solución pacífica pero anémica: la renuncia de Juno a su papel de vengadora. Valga —si a uno así le place— esta clase de desenlace en la poesía; en la realidad histórica, el poder de la mujer defendiendo la tierra ítala contra el varón invasor —y en esta perspectiva Eneas, Rómulo y Camilo se funden en una sola substancia, la del varón— únicamente aquí y ahora entra en la etapa de su caducidad final. Camilo es, como ya dijimos, el primero que lo discierne; desde entonces es *tam evidens* ese *numen*. Por su *evocatio*, mediante la cual trasplanta a Roma a la grande y antiquísima adversaria, logra separar de la falange femenina de la remota Italia a Juno, la más poderosa aliada de la Némesis etrusca. Camilo aparece aquí, en todo el sentido del término, como el *dux fatalis*, ya que es él quien logra que la suprema deidad femenina de Italia llegue a ser patrona y protectora de Roma.

El hombre gana a la mujer conquistándola. Por eso él se muestra ante ella con el disfraz de victorioso y, si consigue hacerla creer que lo es o si lo es de verdad, como Camilo lo fue, entonces la *evocatio* cumplirá con su propósito originario.

Nos victores le decía el héroe a la Reina, entronizada todavía en su templo veyense. Luego, desde ahí, desde su alto sitial en el santuario, asistió la diosa a la interrupción de los *exta*. Vio cómo era el héroe romano —y no el rey veyense— quien terminaba el sacrificio comenzado en su altar. Y cuando se terminó también el otro sacrificio, el mayor, el holocausto de la ciudad en el altar de la fatalidad, y Veyos dejó de existir, entraron en su templo unos jóvenes vestidos con cándida toga y —así reza una de las versiones— la interrogaron sobre si quería irse con ellos a Roma, la ciudad en que la esperaba su nuevo santuario, *amplitudine tua*. ¿Cómo no habría entonces movido afirmativamente la cabeza desde su alto pedestal? ¿Cómo no habría dicho sin dudar; sí, lo quiero?

Ni siquiera este milagro resulta una narración falsa o fútil, en la conexión orgánica de la tradición. Conocemos, entre otros ejemplos similares, el de Marcelo, conquistador de Siracusa: él, que hace a la estatua su prisionera, captura también lo representado por ella y llega a dominarlo por los principios de la magia simpatética. Así es como el mismo Camilo, acercando su mano al simulacro, con el fin de dislocarla de su elevado pedestal —y esta es la segunda versión— para luego dirigirse a Roma llevándolo consigo, se apoderó no solamente de la estatua sino también de la diosa. Hizo suya y romana a la Reina de los dioses, a la mujer divina que la estatua representaba.

Logró quebrantar así un destino válido hasta ese momento, como hace el hombre enamorado cuando pone bajo el yugo de su amor (el del nuevo destino común a ambos) a la mujer elegida, que quizás larga y tenazmente se resistió al cambio —siempre violento en cierto modo— hasta vislumbrar que justamente en eso, en su suerte cambiada, se encuentra la promesa de su futura dignidad y dominación. *Nos victores,* sí; pero *Juno Regina.* Se conoce la tradición que relata de cómo los jóvenes romanos de vestimenta blanca llegaron a experimentar la realidad interna y substancial de este cambio en el rumbo del destino, y con él también su mensaje religioso. Fue como si lo que llevaban ya no fuera el simulacro, sino a ella misma, *ipsam Junonem,* la nueva Reina de Roma, quien descendía, no de su altar, sino del cielo mismo para, poniendo el pie en su hombro, dejarse llevar de este modo a su nueva sede en la cima del Aventino.

El hecho de que aquel que logró *esto* levantase altanero su cabeza canosa y, abarcando de una mirada sus enormes éxitos —causantes incluso del cambio del propio destino según lo quiso su mismo albedrío—, mirase ahora cual un dios a sí mismo, cual uno de los "eternos moradores de lo alto", es más que comprensible y lo es —como toda deificación— precisamente ante la visión y condición de aquel a quien se deifica.

Camilo, como sabemos, se hizo cargo del eventual castigo de Roma si algún peligro amenazase a la ciudad debido a la destrucción de su rival. Pero por el momento no parecía surgir amenaza o peligro por ningún lado. Al contrario, en el ámbito de la nueva paz gloriosa recién lograda, todo parecía indicar y justificar una transfiguración divina del hombre que fue su autor. Pero, a pesar de esto, el día en que entró como triunfador solemne en su ciudad, comenzó la *damnatio Camilli,* para caracterizar con una expresión de Livio el nuevo cambio en la vida de su héroe.

Un *inmensum gaudium* recibió a Camilo en las calles y plazas de la Urbe. Pero al ver su figura y percibirla en todos sus detalles, fue empalideciendo gradualmente en sus caras la sonrisa de saludo, y un mortal silencio sucedió al ensordecedor clamor de alegría anterior.

El triunfador se presentó ante ellos, *non civile modo,* como representante de una comunidad humana, sino como un inmortal, un dios. No le bastó con hacerse pintar de castaño rojizo —el color de la estatua de Júpiter Capitolino— el rostro, los brazos y piernas, sino que apareció sobre un coche conducido por caballos blancos. Presentarse pintado de esta manera le fue lícito al triunfador, al menos en épocas posteriores. En cambio, incluso a Julio César le objetó el vulgo su aparición triunfante sobre una cuadriga llevada por dos pares de caballos blancos. ¿Cómo no haber visto entonces, —en esa época de *haud intacta* religiosidad— en una distinción únicamente apta para un dios como eran los caballos blancos, un sacrilegio de graves consecuencias? El escándalo lo suscitó el coche de los corceles blancos, y no el color de la estatua del Rey de los dioses. Este color solamente aludía al supremo triunfador. En cambio, el coche de los caballos blancos le *aequiparavit*, —este es el verbo que Livio usa— identificaba al triunfador terrestre con el celestial; y no sólo con Júpiter. Livio se expresa con precisión, también en este caso: *Jovis Solisque*, dice; con Júpiter y el Sol; y puesto que es difícil que se trate aquí de Hyperion o de Helios, surge la pregunta: ¿Con quién entonces? ¿con Apolo acaso? ¿también con él?

La respuesta no puede ser sino afirmativa. De las expresiones citadas —*tuo ductu, tuo numine instinctus*— fluye con mucha probabilidad, que él me conduce, me conduce a mí, también en mi triunfo, y lo hace siempre y en todo lugar, pues él es el dios cuyo numen vive en mis entrañas.

Pero aunque esto lo sepa el triunfador, y cabe la posibilidad —bastante natural— de que lo sepan también el senado y el propio numen inspirador, la plebe lo sabe y juzga de manera asaz diferente. Esta no está informada, y aun en el caso excepcional de que lo esté, sus informantes son los tribunos del pueblo, los enemigos más conscientes y encarnizados de Camilo, quienes la excitaron también esta vez contra el triunfador, queriendo así librarse de él, conductor y máximo representante de la nobleza. Reclaman en alta voz la división del pueblo romano en dos; los senadores, y con ellos todos los que respaldan a Marco Furio, quédense, si así les apetece, en Roma, el lugar que fue teatro del reciente sacrilegio. La plebe, en cambio, establézcase en Veyos, ciudad deshabitada a causa de la terrible matanza que se dio en ella, pero ilesa, no destruida aún, esperando a sus nuevos inmigrantes. Lo que así exigen es, en realidad, el aniquilamiento de Roma, pues es evidente que el senado solo no podrá mantener la Urbe. Pero, ¿por qué esta ira furibunda contra la propia patria? Es fácil responder. Porque el plebeyo, la turba, la chusma, el *ochlos,* siempre que se le ofrezca la oportunidad de levantar sin inhibición su voz, exigirá, con todo su ímpetu, la *tabula rasa.* Y desde su propio punto de vista, claro está, tiene toda la razón. Toda tradición es —de un modo u otro— aristocrática; o dicho con otras palabras, mientras exista la tradición, de una u otra manera sobrevivirá con ella también la aristocracia. Veyos, la ciudad vacía, carece por ahora de toda clase de antepasados; por consiguiente, no tiene tradición alguna. Su inmigrante encontrará en ella, realmente, una *tabula rasa,* y la encontrará del modo más fácil posible, y a un precio muchísimo menos caro en sangre vertida, por ejemplo, del que estuvieron dispuestos a pagar en el siglo pasado, unos precursores de la Revolución rusa que querían ejecutar a toda persona mayor de 20 años, para que desapareciese con ellos todo tipo de tradición de este mundo. Plutarco, sin embargo, acierta seguramente al no pensar, por su parte, en fines —aunque terribles— tan elevados. La chusma romana, dice, se enfureció contra Camilo preocupada, no tanto por una usurpación de ceremonias y papel concernientes a los dioses, como por la cuestión del botín de Veyos. De hecho, consiguieron —a pesar de las intenciones del estratega— apoderarse de una parte significativa de este tesoro, planteando a la vez a Camilo, con toda violencia, la pregunta que sigue: ¿Qué pasó con el diezmo ofrecido por él a Apolo? Hablando así quieren justificarse por el evidente enfado de los dioses, que se muestra en los malos agüeros y las plagas insólitas que atribulan al pueblo romano. Claro está, ni siquiera pudieran expresarlo con palabras, que Camilo realmente es el responsable de todo ello, pero de un modo muy distinto a aquel que la acusación de sus enemigos disemina contra él entre el pueblo. Lo que está sucediendo es bastante más complejo. La desierta Veyos no está ni siquiera a más de tres horas y media de camino de Roma; y esta vaciedad escalofriante, hasta amenazadora, encubre la conciencia de los romanos. Es un remordimiento colectivo, sin lugar a dudas, lo que se apodera de sus almas, tanto la de Camilo como la de sus enemigos. Las plagas, los malos agüeros siguen multiplicándose; los dioses exigen sacrificios expiatorios. Y en esta situación, día a día más tensa y confusa, Camilo es no sólo hecho responsable por todo lo sucedido, sino puesto también bajo una acusación oficial, ante la que se defiende —según afirma Plutarco— de haber olvidado el voto hecho a Apolo. No puede creérsele al griego tardío esta ingenua tentativa de excusa por parte del conquistador de Veyos, ni siquiera en el caso de que el historiador romano —aún en plena posesión del legado antiguo— no caracterizase de modo esencialmente distinto la situación que se había producido.

Camilo, según Livio, tal vez a consecuencia de su *saber* acerca de la parcial identificación que lo relacionaba con Apolo, consideraba —correcta o erróneamente, lo mismo da— que la disposición de la presa de Veyos era una prerrogativa enteramente en su poder. Quería entonces asegurar el diezmo a su dios del siguiente modo: en lugar de enviarlo a Delfos —allí mandaría más tarde un precioso cántaro de oro— lo destinó de modo que fuese provechoso al mismo tiempo para el dios y la comunidad romana. Decidió construir, utilizando el tesoro para tal fin, un templo digno del poder del dios, (Apolo, dijimos, era entonces una deidad recién llegada a Roma) y al mismo tiempo del honor del pueblo romano. Este proyecto, por cierto, tiene un cariz muy diferente a la torpe tentativa de excusa a que hacíamos mención arriba. La plebe, sin embargo, estaba muy poco interesada en un templo como digna expresión de su honor; la plebe quiso dinero y, a la vez, buscó un chivo expiatorio apto para sacrificar a las potestates enfadadas de los cielos. Por consiguiente —y aquí nos dirigimos neuvamente al relato de Plutarco— formuló el cargo de estafa contra el conquistador de Veyos, el conquistador de la secular, y más peligrosa adversaria del Estado romano.

Con muchísima razón se llamó la atención al hecho de que la acusación oficialmente formulada sirve de mero antifaz para la verdadera, la inspirada por un temor irresistible ante este hombre "fiel a sí mismo entre todos los cambios de la suerte", el *dux fatalis*, en cuya persona lo *sagrado* está presente y actuando en ambos significados: el de estar consagrado a la divinidad y, a la vez, el de estar maldito en el sentido demoníaco del término. *Civis pestifer*, se dice de él en Roma; y con razón se traducía esta expresión por el vocablo *maudit*. *Camillus nefas est*, he aquí la otra expresión por la cual lo caracterizan. Lo revisten con rasgos que parecen aislarlo como si fuera un tabú potente y peligroso. No se atreven a tocarlo, ni para reivindicarlo, ni menos aún para provocarlo.

Marco Furio no se presenta a la vista pública en su pleito. No distingue a sus acusadores enfrentándose a ellos. Y como, para colmar sus plagas, le fallece uno de sus hijos en estos mismos días, el padre ("por ser de condición dulce y bondadosa, llevó con mucho dolor esta pérdida") se retira con las mujeres de su familia —y esta es la primera de las dos únicas menciones acerca de la existencia de éstas— y tras de sí se cierran herméticamente —en el caso de este varón mercurial tiene sentido el uso de este vocablo— portales y puertas de su casa. Pero antes de recluirse, aún se dirigió a sus amigos —esta es la única mención de que tenía a alguien a quien considerar como tal— para rogarles que se encargaran de su defensa. Estos, sin embargo, tenían miedo. Posiblemente temían, antes que nada, al pueblo irritado contra Camilo. Pero puede ocurrir también que no se atreviesen a tocar el peligroso tabú que —esta vez— se les acercara mostrándoles su lado oscuro, el polo negativo: *Camillus nefas* y *civis pestifer*. La persona caracterizada de tal modo, no podía considerarse a sí misma, maldita, ni siquiera culpable; por consiguiente, no soportó la falta de solidaridad por parte de sus llamados amigos, y tomó la decisión de abandonar la patria que mal le pagaba sus grandes servicios: como Aquiles, añade Plutarco.

Antes de salir por la puerta de la ciudad, pronunció una súplica a los celestiales. Si es inocente —así rezaba— que se arrepientan pronto los romanos por lo que cometieron en su contra; que caiga sobre la ciudad un golpe tal que haga patente ante los ojos de todos que lo necesitan, y que anhelan entonces fuertemente su pronto regreso. Con estas palabras se liberaba de la maldición que él mismo había asumido, y la devolvía sobre Roma. Y no rezó en balde.

Nadie impidió la partida del emigrante, pero la plebe, maliciosa y siempre ávida de plata, lanzó tras él su sentencia; Camilo fue condenado a pagar una multa de 15 mil ases.

Más arriba juzgamos por poco satisfactorio el relato de Plutarco, pero ahora podemos notar con satisfacción que sí encontró las palabras adecuadas para describir lo que se acercaba.

"Entre los romanos no hay nadie —decía— que no esté al tanto de que aquella plegaria de Camilo fue seguida inmediatamente por la pena, y que luego recibió, a cambio de la injusticia que se le hizo, una satisfacción, no dulce ciertamente, sino tan dura como famosa y celebrada. ¡Tal castigo cayó sobre Roma, y tal ocasión se presentó para ella de peligro y vergüenza! Ya sea que lo hiciese así el azar, o bien sea que hay algún dios que no consiente que los hombres sean ingratos contra la virtud".

El héroe apátrida desaparece ahora y durante varios años apenas sabemos nada acerca de él. Este eclipse, tan característico de su ritmo vital, abarcaría un *lustrum* entero. La Historia lo encontrará de nuevo en Ardea, que antaño fuera la ciudad del Turnus de Virgilio, el rey de los rútulos.

Invictus bello, in pace ingratus civibus pulsus sum: "A mí, invicto en las guerras, sin piedad me desterraron en tiempo de paz mis conciudadanos", decía el exilado, según la fórmula conservada por Tito Livio. Para él era el equilibrio ético del mundo lo que parecía desmoronarse. A fin de restablecerlo, la deidad sedienta de venganza por la injusticia ocurrida a Camilo, llamó de las neblinas del septentrión, de más allá de los montes ingentes, cuyo nombre —cual un mal agüero— sonaba invocando la presencia de la Némesis etrusca, a un jefe bárbaro instigándolo a arrojarse, junto con los salvajes guerreros bajo su mando, contra las tierras itálicas que florecían en elevadas formas culturales. El jefe se llama Breno, y su pueblo los senones, una rama de galos del tronco celta. Dícese que la ciudad de Melpum, en el Norte de Etruria, cayó víctima de su asalto el mismo día en que las armas y artimañas romanas acabaron con Veyos en los confines sureños de la misma. No obstante, los que traían tan mal agüero, no venían con planes y proyectos para cambiar la superficie de la tierra y el rumbo de la historia, como lo harían un millar de años más tarde los grandes reyes bárbaros de la época de la Migración de los pueblos. ¡No!, estos vinieron meramente a degustar los buenos vinos de Italia, como nos dice, sin rodeos, el mismo Plutarco. Eran bandoleros borrachos y nada más, pero sabían bien cómo manejar sus largas espadas; penetraron con ellas, casi sin encontrar resistencia alguna, en el blando cuerpo del sur. Habían llegado ya hasta Clusium cuando un patricio, Qu. Ambustus, de la *gens* de los Fabios, enviado desde Roma en calidad de embajador, ofendió a su reyezuelo (*regulus*). Breno sintióse herido en su pundonor, se exasperó y se dirigió a Roma.

El ejército defensivo enviado al río Allia, en contra de Breno, careciendo de un verdadero jefe —éste, se encontraba aún condenado a la inacción, como sabemos, en Ardea— quedó fácilmente vencido. Sus generales, los tribunos, si bien eran capaces de censurar y criticar a Camilo, eran incapaces, en cambio, de aprender y aplicar su superior arte militar. En pos de las tropas romanas, en desbandada, Breno ocupó Roma. La joven ciudad —cumplía entonces el tricentésimo sexagésimo quinto año a partir de su fundación, su primer "gran" año pues, —no estaba defendida por fuertes avanzados, ni siquiera se escondía tras poderosos bastiones y muros, como la anciana Veyos. Acostumbrada a atacar, y no a defenderse, cayó en el primer día. Breno y los suyos paseaban por entre sus fincas, jardines, casas y calles, como les daba la gana. Inundaban también el Foro y el Palatino. Pero en su camino debieron parar, sorprendidos, ante los ancianos patricios que, entronizados unos frente a otros a lo largo del Foro romano, esperaban en atavíos festivos una muerte segura a manos de los invasores. Estaban sentados ahí cual estatuas solemnes, simulacros de sus propios mayores, representantes de una generación anterior, en la festiva rigidez que suponía el ademán significativo de la mano diestra levantando un cetro de marfil. Antes de tomar asiento sobre sus tronos —así lo afirma Plutarco— se dedicaron al *daimon*, τῶ δαιμουι χιζομευουωες) aunque no está especificado a cuál. Podría pensarse en el *daimon* como portador de la muerte en el sentido de las palabras de Héctor a Diomedes: "¡mas antes te mandaré el daimon!" (*Ilíada*, VIII: 166). Pero aunque esto sea inseguro, sí está claro en el texto del narrador griego que los ancianos por su dedicación al *daimon* se elevaban a existencias demoníacas, así como las estatuas son, verbigracia, las imágenes de los mismos dioses. Largo rato estuvieron parados los bárbaros, atónitos y sumergidos en un pavor supersticioso, ante estas "imágenes", hasta que uno de ellos, tras larga vacilación, superó el susto que ataba sus manos. Se acercó a uno de los ancianos, Manio Papirio, y le tocó —Plutarco subraya que lo hizo con mano tierna— su rostro, su barba. Sin embargo, este fue el ademán que quebrantó el encantamiento. La mejilla, la barba, no eran de mármol ni de tierra cocida; ¡las estatuas eran hombres y sabían moverse! Manio Papirio levantó su cetro dando con él al bárbaro que se atrevió a acercársele. El bárbaro contestóle el golpe. En la repentina masacre que se sucedió, perecieron todos los ancianos y luego todos aquellos a los que su mala suerte hizo tropezar con los invasores, que terminaron entonces por conquistar la ciudad entera. Sin embargo, aún ha-

brían de pararse por segunda vez en su camino devastador, pero
esa vez durante nada menos que siete meses. Los romanos no les
entregaban el Capitolio, y los celtas eran incapaces de tomarlo por
asalto. El Capitolio, a pesar de elevarse sobre una colina poco alta,
era un castillo poderoso y con fortificaciones desarrolladas, y al
mismo tiempo un centro de culto; morada, pues, no sólo de los
hombres de Roma, sino de sus dioses. Ahora, todo el porvenir
dependía de su resistencia o su caída. Estos siete meses representan
una crisis en la historia del mundo, similar a aquellos que —un
centenar de años atrás, más o menos— transcurrieron entre los días
de Artemisión y Salamina, de Salamina y Platea. En ambos casos
estaba en juego todo aquello que más tarde se llamaría cultura
occidental. Salamina, como se sabe, llegó a ser —gracias a la genial
estratagema de un general temerario que contaba, con toda seguridad, con la vanidad, pero también con la simplicidad de su adversario— una victoria que cambió el rumbo de la historia, victoria
que fue al mismo tiempo el resultado de la inteligencia, la sabiduría, la valentía y la auto-comprensión humanas, que desde entonces
definieron el futuro. El éxito de la resistencia romana, en cambio,
se origina en la penumbra de tiempos míticos parcialmente válidos
aún en la época de Camilo; se basa en las consecuencias de una
iniciativa religiosa de este *dux fatalis*. Pero el giro decisivo era ya
inminente. El que lo ejecutaría, tornando realidad también en
Roma la nueva era del mundo y la Historia, sería, nuevamente, el
mismo Furio Camilo.

Breno, aunque fuese para todas sus cosas un jefe grosero de
bandidos incultos y nada más, como era en realiad, sospechaba según parece, quién era el desterrado de Ardea. Y allí envió a la élite
de sus tropas para expulsar al viejo general; pero la empresa resultó
a la inversa de lo que Breno esperaba. El héroe —así nos cuenta
Livio— devorado por la inquietud, más por la suerte de su patria
que por sí mismo, querellado en su aislamiento con hombre y
dios, envejecía tristemente (*senesceret*) en el estado empobrecido de
un hombre empujado afuera del discurrir histórico. Fueron justamente los clarines y los tambores de los bandidos de Breno bajo las
murallas del castillo que le servía de asilo, los que constituirían para
Camilo la señal del despertar a la vida. La caracteriza el dicho con
el cual despierta: "Todo lo que ha pasado hasta la fecha —dice—
no ha sido sino un *juego* del destino". Y hubiera podido continuar

con nuestro proverbio: "Ayúdate a tí mismo y Dios te ayudará", ya que eso precisamente será lo que haga a continuación. Ocurrirá ahora que Camilo, —anticipando la sabiduría de Plinio el mayor— agrupará y ordenará los factores dados por el destino de modo que lleguen a sumarse en una resultante, definida por su propio albedrío individual.

Entendió que esta vez, él y solamente él, podría ser el encargado del *imperium*, y también que esto lo sabían los otros. No obstante, este *consensus omnium*, aunque correctamente supuesto, no alcanzaba a satisfacerlo. Justamente él, exiliado y condenado, tuvo que cuidarse más que nadie de que todo lo que hiciese fuese legítimo hasta en su forma. Envió entonces al senado a un joven de nombre Porcio Cominio; éste, mediante una temeridad digna de una novela de aventuras, consiguió pasar por entre las tiendas y los centinelas celtas, trepó por las rocas y los muros del Capitolio asediado, entró donde se encontraban los senadores, recibió de sus manos el nuevo nombramiento de *dictator* para Marco Furio, y luego, por el mismo camino arriesgado por el cual vino, descendió de nuevo al alcázar y, atravesando el anillo amenazador de las tropas galas, entregó la nueva que traía al anciano estratega.

En el interín, éste no dejó pasar tampoco el tiempo inútilmente. Pronto tuvo organizada una tropa de jóvenes ardeatas, con los cuales salió de la ciudad en la noche y dio una paliza aniquiladora a los sorprendidos galos, si bien no los persiguió en dirección a la Urbe. Sabía que, después de la batalla perdida a orillas del Allia, toda una muchedumbre de romanos había huido a Veyos, a la sazón no amenazada por los celtas. Ahora, al saberse encargado del *imperium,* entró en Veyos seguido por sus jóvenes victoriosos, en donde —así lo dice la tradición— encontró a unos veinte mil romanos, armados aún, a los que reorganizó en pocos días. Esto no le fue imposible ya que los romanos estacionados en ese momento en Veyos habían sido soldados hasta poco antes, guerreros acostumbrados a llevar armas y a luchar en filas disciplinadas. *Sed corpore valido caput deerat.* Al tronco fuerte le faltó la cabeza. Ahora la tenía, y ésta lo hizo de nuevo ejército. Pero incluso los pocos días transcurridos en su reorganización y entrenamiento pudieron resultar casi en un desenlace desastroso.

La fatiga de los centinelas, el agotamiento de los demás soldados, la noche cerrada y oscura, agravada probablemente por un fuerte siroco, hicieron caer en un sueño negro y profundo a todo el Capitolio, en un sopor que —como decían los antiguos— lindaba con la muerte. Y con la muerte lindaba el peligro que esa noche merodeaba alrededor del último refugio de la Romanidad. Los galos treparon la cuesta empinada del Capitolio, alcanzando lo alto de los muros. Venían en un silencio tal que ni los perros despertaron. *Lupi seu raptores atra in nebula;* el viento debió haber soplado en una dirección que hacía imposible para los canes el percibir el olor de esos lobos. Pero, con todo y eso, no pudieron introducirse tan silenciosamente que no barruntasen su acercamiento los gansos del Capitolio, los ánsares sagrados de Juno.

Los dioses —a diferencia con Veyos— nunca abandonaron a Roma a pesar de sus grandes faltas y omisiones en el ámbito del culto. Esto se había comprobado aún antes de la invasión celta, cuando una poderosa voz —la de Ayo Locucio, un dios que no fue sino tan sólo una palabra protectora en la noche— clamaba en la oscuridad nocturna advirtiendo a los romanos de la amenaza que se aproximaba. Tampoco los gansos fueron más que unas alarmantes voces nocturnas. El estrépito de sus alas y el cacarear de sus picos despertaron a los durmientes; primero a los centinelas y soldados, luego a la burguesía huida al Capitolio y, por último, al propio senado. El primero que alcanzó los muros con sus armas fue Marco Manlio, antiguo cónsul, *vir bello egregius,* uno de los pocos patricios cuya casa se levantaba sobre el mismo Capitolio. Llegó justo a tiempo para derribar al primero de los galos, que ponía ya su pie encima de la barbacana. El cuerpo de éste, al caer del muro empinado y arrastrar consigo las rocas de la colina capitolina, arrojó a muchos de los que le seguían al abismo. Arriba, entre tanto, se organizó la defensa, consiguiéndose al final rechazar al enemigo causándole grandes pérdidas. Grande fue, por consiguiente, el orgullo, sentido por Manlio, tal vez también sus méritos, aunque para los ojos de esa gente, inmersa todavía dentro de unos conceptos religiosos e incluso míticos, fueron los ánsares de la diosa —es decir, la diosa misma— los que salvaron a Roma. El hombre devoto, ya antes de esta noche había tomado por fidedigna la información según la cual, la diosa asintió con la cabeza cuando Camilo puso la mano sobre su simulacro, preguntándole si quería ser trasladada a Roma; pero desde ahora, la narración alcanzaba una validez universal. Ahora todos se daban cuenta del hecho de

que Juno *realmente* había abandonado la falange de la Némesis ítala, la de los etruscos, y había tomado el partido de Roma, ya que
habiendo ellos estado a la merced de un terrible peligro mortal,
fueron los animales sagrados de su culto los que salvaron el Capitolio.

No obstante, tanto los sitiados como los sitiadores se hallaban
a la sazón por igual en pésimas condiciones. El Capitolio no era
sino como la palma de la mano, y no una circunvalación que com-
prendiese dentro de sus muros tierra labrada y pasto para el animal,
como fuera la de Veyos, ciudad que, por consiguiente, nunca hubiera podido ocuparse haciéndola pasar hambre. En el estrecho
ámbito del arce romano en cambio, la gente apretada allí ya no
tenía qué comer, y esto lo sabía el sitiador, por lo que hubiera
podido esperar, pues, tranquilamente, consciente del hecho de que
cada día que pasase sería "agua para su molino". Pero si bien adentro era el hambre, en el exterior eran las enfermedades las que,
presentándose una después de otra comenzaron a coger sus víctimas entre las filas de Breno. En vano hubiera puesto en acción la
Némesis etrusca a las fiebres, hijas de Saturno, en contra de Eneas
y sus troyanos, pues no hubieran tenido poder sobre ellos, gente
del Sur al igual que los mismos itálicos. Pero el celta venía del
Norte, y el hombre septentrional, como sabemos, ni tan siquiera
mil quinientos años después pudo defenderse ante ellas en el lejano
Sur. Las profundidades del *ager romanus* con sus evaporaciones
pestilentes condujeron asaz fácilmente en los brazos de la *inmatu-
ra mors* a muchos de aquellos que, orgullosos y demasiado segu-
ros de sí, habían venido para reinar sobre sus comarcas.

Este era el peligro que amenazaba también —y cada día más—
a los guerreros del reyezuelo Breno. Habían pasado siete meses
desde que conquistaron a Roma, la ciudad, y les había caído encima el estío de la Campaña. En la canícula maloliente, la tierra lan-
zaba sus miasmas por todas partes, convirtiéndose en su verdugo.

Dentro, en el Capitolio, estaban al tanto de lo que sucedía, lo
que resultó en el encuentro, fuera del alcázar, entre el *regulus* galo
y un senador de nombre Sulpicio para empezar una negociación
sobre las condiciones del retiro de los celtas.

Breno se mostraba dispuesto a ello, pero decidido al mismo
tiempo a vender su consentimiento por oro puro, por mucho oro.
Al fin, se convino en mil libras del precioso metal. Sulpicio mandó

poner en la balanza levantada entre ambos, el tesoro de su ciudad, notando al poco tiempo que los pesos eran falsos, y que incluso el fiel de la balanza estaba dislocado. Exigió entonces el romano un proceder justo, a lo cual Breno, sin negar el fraude, contestó riéndose burlonamente. Desenvainó su espada y la lanzó sobre la balanza. El otro platillo, que contenía el oro de los romanos, salió por los aires. ¡*Vae victis*! dijo el *regulus* con rostro sombrío y malévolo.

Entre tanto, se acercaba a marchas forzadas desde Veyos el nuevo *dictator*, con su numeroso y bien organizado ejército. Los galos no habían construido fortines o baluartes en la zona fronteriza de Roma para asegurar así su conquista; así que Camilo sin encontrar resistencia alguna, se presentó delante de la ciudad. Penetró inmediatamente en ella con su estado mayor y la élite de sus tropas, llegando hasta el teatro de las negociaciones entre Sulpicio y Breno. Los turbados, y más aún, asustados centinelas galos no pudieron —quizás ni siquiera lo intentaron— contenerlo. De un tirón fue hasta el lugar donde se encontraba la balanza. A una señal dada a los líctores que le seguían, éstos sacaron el oro romano de su platillo y lo guardaron. Al mismo tiempo se dirigió a los celtas ordenándoles que se llevasen de allí sus pesos y balanza falsos, y evacuasen de inmediato la ciudad entera.

La sorpresa causada por su repentina aparición hace posible que todo lo dicho fuese factible, es decir, que ocurriese sin apenas resistencia. Solamente cuando hizo saber a ambas partes que "a la patria hay que salvarla con hierro, no con oro", Breno se mostró alterado, pero Camilo lo mandó callar diciendo, tranquilo y firme: "Vuestro convenio es irregular y, por consiguiente, sin validez, el *dictator* soy yo, yo únicamente soy parte para las negociaciones".

Recuperado de su sorpresa, Breno quiso también acudir al hierro; pero sus confundidos guerreros no podían con los soldados romanos, por lo que el asunto terminó con la derrota de los galos, aunque Breno pudo conseguir una retirada en orden y llegar así a su campamento. Al caer la noche, abandonó la ciudad con todos los suyos y, en lo que más tarde sería la vía Gabinia, mandó construir un nuevo campamento. En ese lugar fue donde lo sorprendió Camilo destrozando sus fuerzas definitivamente. El peligro celta, si bien no desaparecía aún por completo, cesó de existir respecto a la Urbe. Tito Livio, al narrarnos el episodio de *exta rapere*, la historia del rapto del animal sacrificado en el templo de Juno en Veyos (y aunque éste no fuera, según su opinión, sino "fábula"), subraya con mucha razón el carácter escénico, la forma teatral de ese evento. *Ad ostentationem scenae*, decía. Hubiera podido decir lo mismo también aquí, vista la actuación de Furio Camilo acabada de relatar y, puesto que nadie quiere hacernos creer que esta segunda escena fuese "fábula", ésta, con su realidad interna, comprueba aquella. Camilo era un hombre de *esta* índole, maestro de las sorpresas hasta el punto de lograr su misión, en los momentos de mayor trascendencia de su vida, de una manera escénica, teatral, aunque, por supuesto, no en el sentido cotidiano sino elevadísimo del término. No hay que gastar muchas palabras para entendernos; la forma sorpresiva allí y aquí, el encanto atrayente de la actuación repentina con la que efectúa el hecho, el modo desenvuelto, casi elegante de apoderarse del éxito, todo esto, visto desde las profundas esferas de su psíque, es altamente característico de este hombre mercurial, o si se quiere, hermético. La sorpresa mercurial culminó allí en el momento del rapto de la víctima, aquí en la reconquista ágil y rápida del oro ya casi entregado. El centro en derredor del cual se desarrolló la acción fue, —allí— un altar; —aquí—, una balanza.

Altar y balanza señalan casi simbólicamente el cambio que se llevaba a cabo. Herméticos son ambos, pero aquel —el altar— indica *hacia atrás,* en la dirección de un *haud intactus* concepto religioso del mundo; mientras ésta, —la balanza— es el instrumento del cálculo, del razonar frío que realmente sirve al modo racional del pensar, y como tal, indica *hacia adelante,* en la dirección del porvenir.

Y aunque nos sorprenda a primera vista, tenemos que asumir el hecho de que hasta el mismo Tito Livio *sabe* qué es lo que acababa de suceder. A quien cita ahora ya no es al Camilo conducido e inspirado por Apolo (*tuo ductu, tuo numine instinctus*), sino al Camilo de sus hechos, sus decisiones, sus resultados. Los romanos han vencido porque los acompañó, condujo y amparó Marco Furio: *ductu auspicioque Camilli.* La defensa y el auxilio de los dioses, claro está, todavía justifican y explican el éxito, —recuérdese que no sólo para la mente de un romano, sino hasta para nuestra moderna mentalidad, sucede igual—, pero el procedimiento cambió. Tornó a ser el resultado de una planificación humana, cuyo éxito depende del esfuerzo de un hombre. La temeridad de un hombre —Manlio— impidió, en el bastión del arce, la entrada del enemigo; la sabiduría ingeniosa de otro hombre —Camilo— hizo posible que Roma se levantara de nuevo. Y ahora —"¡por fin está libre el sendero de la venganza"!—, llegó a pronunciar el víctor. Es posible que sólo tuviese en mente a Breno y la idea de vengarse en el galo por la horrible crisis que por su causa había sufrido Roma; no obstante, lo que dijo rezaba así: *ulcisci fas sit*. La expresión vale, no para un solo caso sino para todos, para el todo. Al considerar que la tierra ítala se encontraba bajo el poder de una Némesis, ajena a la Romanidad, y mientras esa situación continuase así, *ulcisci nefas erat*, cualquier tipo de venganza habría constituido la provocación de un peligro terrible, ya que por medio de ella se hubiese ofendido el mismo orden divino de las cosas. Ya no es así; y esto lo aclaran las palabras del propio Livio al comentar lo arriba expuesto: *iam verterat Fortuna,* —dice—, el rumbo del destino se cambió. Camilo venció. No sólo expulsó a Breno de la Urbe, sino que consiguió superar al mismo destino. La antigua venganza —que antaño hasta habría tratado de discutir a los romanos su derecho a esta tierra, en la que, al fin y al cabo, no eran sino intrusos, advenedizos, perseguidos y refugiados—; la Némesis etrusca, ajena a toda Romanidad, perdió sus fuerzas. Fortuna cambió de rumbo.

¿No tendría acaso esta vez —y ahora a causa de un resultado mayor, una victoria más trascendente que la de la primera vez— el pleno derecho a entrar triunfante a la por él restablecida Roma? El triunfo es —dice un escritor francés— *l'exercise de l'imperium en sa plénitude.* ¿No merecería recibir, una vez más, esta plenitud de manos de su pueblo, él, que sin lugar a dudas lo había salvado de un peligro que hubiera en breve devenido catastrófico y aniquilador?

Camilo fue señalado como Rómulo redivivo, padre de la patria y segundo fundador de la Urbe, *haud vanis laudibus*, dice Livio, con elogios no exagerados. No obstante, la riña que minaba toda su vejez, la pelea que lo enfrentaba a él, el patricio, con un extremismo cada vez más salvaje contra la plebe, no dejaba, ni aun en estos días gloriosos, la plaza libre al héroe.

Recrudecen los anhelos, diseminados por los tribunos del pueblo entre los burgueses, de abandonar Roma, la ciudad en escombros y cenizas, e ir todos a Veyos. Según parece, el último asalto

—aunque no hubo en él esfuerzo para preservar vidas humanas— dejó sin derrumbar la ciudad misma. En Veyos se levantaban todavía calle tras calle, casas y otros edificios, listos para recibir al inmigrante, al nuevo colono. Los veinte mil refugiados de otrora de la batalla del Allia, ahora ejército victorioso de Marco Furio, informaron como es natural en sus hogares en Roma acerca de lo bella que era la nueva tierra conquistada, cuán grande y espaciosa la ciudad vacía; sobre su mejor y más apto suelo para labranza, y otras cosas por el estilo.

En vano reconstruyó el gran caudillo, —rehabilitado al fin en su patria— no sólo su ciudad natal, restituyendo al mismo tiempo en ella "el honor de los inmortales", residentes, hoy como siglos atrás, en el Capitolio (*arx Capitolii sedes deorum*), ya que por ello salvóse el alcázar romano del peligro. En balde mandó construir un *sacellum*, una capilla en la Nova Vía donde venerar a la misteriosa divinidad cuya admonición nocturna llamara por primera vez la atención a los ciudadanos sobre el peligro que se acercaba. Y — para terminar— en vano exploró y desenterró, asesorado por los propios sacerdotes, los escombros y demás residuos de los antiguos santuarios de Roma. En vano pronunció el poderoso dicho, consolador y hasta salvador desde el punto de vista de los conceptos religiosos romanos: "Nosotros le dimos nueva patria a los dioses desterrados y los instituimos de nuevo": *peregrinos deos transtulimus Romam et instituimus novos.*

La turba fue sorda a estos argumentos. Al señalarle los escombros de la ciudad, optó por incendiarlos, y con ellos también lo poco que se había conservado ileso entre las ruinas, para emigrar con todo lo que les quedaba todavía a Veyos, *urbem paratam.*

Entonces levantóse en el Foro Romano, Marco Furio, hombre educado en un ambiente cultural de rétores, como llegarían un día a ser —basadas en el ejemplo romano— la cultura inglesa o la húngara, para oponerse con su ponderada voz a los anhelos alborotados de la plebe: *Ego contra;* "Yo contradigo".

Sigue ahora, en el libro de Tito Livio, el sublime discurso, la confesión del *civis Romanus* respecto a su patria y a sí mismo, hijo suyo; una de las expresiones más profundas del burgués consciente de su deber, que la Historia nos ha legado. ¿Será auténtico?

La última formulación del mismo es, con seguridad, de la mano de Tito Livio, y es posible que incluso se encuentren en algunos pasajes, modismos de su propia época. No obstante, el discurso mismo sobre el que habría de tomarse la decisión que indicaba el rumbo de todo el destino, y en primer lugar el porvenir de Roma, debió ser guardado, con toda probabilidad, en forma de copiosas notas, extractos de análisis contemporáneos al orador, en los archivos del templo de Júpiter Capitolino, que aún en la época del propio Livio estaba a su disposición. La crítica —cabe subrayarlo— no encontró en él ni una sola idea, ni una afirmación, que el estadista del siglo IV no hubiera podido pronunciar.

Discursos así, —y entre ellos muchos que no se basan en fuentes tan firmes como el Marco Furio— son conocidísimos por toda la Historiografía, empezando por Tucídices y Polibio, y terminando con los historiadores de los siglos XVII y XVIII de nuestra era. Si es posible encontrar entre ellos uno solo falso del todo, o apócrifo, desde el punto de vista de lo substancial del suceso a que se refieren, constituye una muy rara excepción.

Ego contra —dice el estadista—, y todo su discurso y argumento son un profundo testimonio de aquel mundo que llevaba dentro de sí el que hablaba, fundamentados casi en su totalidad sobre los cimientos de la religión y amor patrio romanos.

"Yo contradigo, —dice— porque aun en el caso de que toda la población, y hasta el último burgués, emigrara de Roma, no sería posible abandonar la ciudad ni aun sus escombros, entregándola así, sola y desierta a su destino. Ella es la casa de su fundador, nuestro antepasado.

"¿Podríamos acaso trasladar el fuego eterno de Vesta y con él los símbolos que llamamos las prendas del imperio —*pignora imperii*— a una nueva ciudad tan ajena a nosotros como a ellos? No lo olvidéis; el sacerdote principal de Júpiter, el *flamen dialis*, no podría pasar ni una sola noche fuera de las murallas de Roma. Está prohibido; *nefas est*.

Nuestros mayores, pastores e intrusos, en este lugar, en el que apenas nada encontraron aparte de bosques y pantanos, levantaron en muy poco tiempo toda una ciudad. Y ahora que se yergue ileso el arce Capitolino, y en él los templos de nuestros dioses, ¿es ahora cuando una pereza pecaminosa encadena tanto nuestras manos como nuestra mente?

"Esta es la tierra, a la que llamamos la madre que nos parió. ¿Cómo ausentarnos de aquí?, de aquí en donde pasé mi vida entera, de estas colinas, de estos prados, de las orillas del río Tiber, de todo este paisaje, tan familiar a mis ojos,¿cómo queréis que me vaya fuera de aquí? ¿Cómo dejar tras de mí este cielo, bajo el cual he nacido y crecido?

"Este es el único sitio en el que puede estar la ciudad. Ni los inmortales ni los mortales optaron sin justa razón por este lugar para construir en él la Urbe. La Urbe, esta comuna joven: ¡Amigos! la ciudad no tiene más que trescientos sesenta y cinco años de edad, es el único joven entre tantos pueblos agotados y obsoletos...

"¿Acaso pensábais, amigos, que en el caso de ser seducidos por las ganas de emigrar hacia nuevas tierras, la suerte, Fortuna, nuestro hado, no iría con vosotros cual su sombra con el exiliado? No vais a poder escapar a la Fortuna, vuestra fatalidad, nunca; os seguirá donde fuereis. Pero lo que en cambio quedaría aquí, sería Juventas, la deidad de vuestra juventud; Terminus, el centinela fiel de vuestras fronteras; el fuego de Vesta, y con ella en las profundidades de la tierra, los manes, las almas de vuestros mayores, que os favorecían y ayudaban. Encima de esta colina, aquí sobre nosotros, encontróse antaño una cabeza, *caput humanum*. Así, este sitio es el lugar de la cabeza, el lugar capital, Capitolio; el sitio en cuyo destino están escritas las palabras caput *rerum*, el centro del universo, la residencia del poder del hombre...".

Al llegar su discurso a este punto, de atrás de la muchedumbre —que al comenzar su alocución escuchaba al orador con mucho alboroto y gritería, para irse comportando luego, durante el curso de sus palabras, cada vez más tranquila y ensimismada— presentóse de repente, encabezando su tropa, un centurión. Vino de aquel extremo del Foro en el que siglos más tarde se erguiría el arco del emperador Tito, caminando hacia el Capitolio, o sea, en dirección a los *rostra*, encima de uno de los cuales, frente al pueblo, estaba Marco Furio pronunciando su alocución.

El centurión se paró, y dirigiéndose a su alférez, le gritó: *Signifer ¡statue signum: hic manebimus optime!* "Abanderado, iza el estandarte: aquí estaremos muy bien!"

El auditorio entero prorrumpió en un grito de alegría *Hic manebimus optime!* Y ya no pudo encontrarse a nadie que hubiera querido abandonar la Urbe. El gran *magister ludi*, cuyo nombre estaba integrado en los apellidos del orador que les habló, no abandonó tampoco esta vez a su elegido. Al "pie" hizo entrar en

escena al centurión, y con él al *signifer*, "el portador de la señal".
Y el oficial —casi en lugar de Camilo— pronunció la única conclusión posible de su propósito, y así resolvió la cuestión discutida,
para toda la eternidad. ¡*Koinos Hermés*!, podría haber gritado ahora, levantando sus brazos arriba en gesto de orante, el estadista
canoso si, —por casualidad— hubiera sabido griego. Sin embargo,
aunque no lo conociera, sabía muy bien que había sido *su* Mercurio el que le había auxiliado a ganar esta batalla nada fácil y —
como hacían en casos así los héroes de la antigüedad—, "alegróse
en su querido corazón al respecto".

Tras esta victoria pensó probablemente en retirarse definitivamente de los asuntos públicos, pues había pasado ya los setenta años de edad. Sin embargo, su patria lo necesitaba no solamente en los *rostra* de los oradores, sino también en el campo de
batalla. En este momento había disminuido la presión celta pero,
conociendo la debilitadísima situación de Roma, sus vecinos los
ecuos, volscos y latinos, se aliaron contra la Urbe. Los romanos
llamaron a Camilo —¿a quién más podrían llamar?—, en su auxilio,
y le dieron, ahora por cuarta vez, el cargo de tribuno militar. Marco Furio, sin embargo, buscaba excusas. Estaba viejo y enfermo,
decía; y aunque su primera excusa no carecía de bases serias, la segunda resultaba un mero pretexto. La causa real era que temía tanto a los envidiosos como a un cambio de rumbo en su fortuna,
después de tantas glorias y tan notables resultados. Parece que tenía tanto recelo de la malevolencia y mezquina alevosidad humanas, como, por otro lado, de la envidia y celos de las potestades
celestiales.

> *Türni nagyobbat irígy lön a sáralkatú ember,*
> *S türni hasonlót nem bírtak az istenek is.*
>   (Miguel de Vörösmarty)

(Soportar al más grande, no pudo, envidioso, el mezquino mortal,
y de soportarlo como a un igual, tampoco se mostaron capaces los
inmortales).

Sin embargo, el dinamismo del discurrir histórico no sufrió
vacilaciones. Apenas terminó Camilo de conjurar el peligro ecuo-
volsco-latino sobre su patria, que ya se habían puesto también en
movimiento los etruscos. Y si pensamos en la larga agonía de Ve-

yos, a la que no le suministraron ninguna ayuda, diríamos que habían esperado demasiado. Sin embargo, ni siquiera ahora venían a vengarse por la caída de la ciudad hermana; ni pensarlo. Habían simplemente notado la existencia de un *no man's land* político entre ellos y los romanos, y se lanzaron a ver si podían apoderarse de él.

Ante este peligro el senado —a pesar de la ruidosa oposición de la plebe, que seguía irritada contra Camilo a causa de la funesta influencia que sobre ella poseían los tribunos populares que lo odiaban— nombró *dictator,* ahora por cuarta vez, al anciano general. Este, ante el peligro inmediato, no buscó excusas sino que montó a caballo y se puso al frente de sus tropas.

Creyendo que podría confiar en sus jóvenes subordinados, se retiró un rato a su tienda de campo para descansar, después de haber suministrado órdenes y consejos. No lejos de él, la lucha estalló. De improviso le llegó la nueva de que los etruscos habían ganado la contienda y que las tropas romanas se hallaban por todas partes en franca retirada. Se levantó, salió de su carpa, y lanzándose en pos de los fugitivos consiguió hacerlos parar. El *acies,* organizado de nuevo, estuvo pronto en condiciones de lanzarse sobre los perseguidores, y Camilo se puso al frente de los suyos para conducirles como lo había hecho tantas veces. Los soldados, al ver en primera fila al anciano general, se gritaron entre sí, y a él, la promesa de no abandonarlo de ningún modo y de luchar para ayudarle. Y como ocurriera antaño ante los muros de Veyos: *mutatus imperator omnia mutaverunt.* Todo cambió al estar de nuevo al frente de ellos su auténtico jefe. Al poco tiempo, el Romano se había apoderado del discutido campo. El Etrusco, sin orden ni freno, huía en desbandada.

No obstante, y a pesar de todo, ni tan siquiera ahora fue recibido el víctor en la Roma nuevamente salvada por él, de un modo condescendiente y benévolo. El choque tuvo que ser muy violento. Los tribunos del pueblo amenazaron a Camilo con una multa de cincuenta mil denarios, si no cesaba de impedirle a la plebe el ejercicio de sus derechos políticos. En esta acusación podía haber un elemento —de mayor peso tal vez de lo que se pensaría— de verdadero fundamento. Camilo, —como lo harían antes y después de él muchos *grand-seigneurs*— debió juzgar por políticamente inmadura a la plebe. "Conduzca uno solo; el gobierno de muchos es dañino", podría haber dicho si hubiera conocido a Homero... En cambio, lo que esta vez le hizo retroceder fue la desigualdad de condiciones de la lucha. En su vejez, y después de tan notables hechos, no quería tomar sobre los hombros —tan sufridos ya— las miserias de un eventual nuevo exilio. Se encerró en su casa y excusándose de nuevo con el pretexto de su decrepitud, renunció a su dignidad.

Entonces ocurrió que aquel Manlio cuya temeridad —como ya mencionamos— salvó al Capitolio de los galos, aprovechando el hiato político que se formara por la reclusión de Camilo, se puso, aun siendo patricio, al lado de la plebe, o —para ser precisos— trató de amotinar a la plebe contra su propia clase. Su verdadera meta final debió ser la restitución de la monarquía, bajo su cetro, se entiende. Livio lo caracteriza *ingenii vehemens et impotens*. "Con alma inflada (*inflato animo*) —dice—, quería compararse con Marco Furio, y al sentir, al lado de aquél su pobre insignificancia, llegó naturalmente a odiarlo y envidiarlo. El —decía— había defendido solo el Capitolio, el arce sagrada cuyo nombre, igual a Júpiter, —Capitolinus— llevaba entre sus apellidos. Lo que Camilo logró, había sido gracias al auxilio de sus numerosos soldados". Debió irritarle sobremanera el que el gran caudillo no le hiciera ni siquiera caso. El senado le puso, primeramente, en la cárcel; más tarde, empero, ante la presión unánime de la plebe y al notar la simpatía de que gozaba este hombre entre ellos, perdió la cabeza y le restituyó su libertad. Entonces Manlio declaró que la hora del choque decisivo entre la plebe y la nobleza había llegado. Al referirse al mayor número de la primera usaba un lema que —por poco— rezaba como el "¡Proletarios del mundo, uníos!" (porque no hay nada nuevo bajo el sol), y los incitaba contra el senado, los nobles. Al auto-caracterizarse como "el patrono de la plebe" (*ego me patronum profiteor plebis*), se refería a la vez —siendo él al igual que el dios principal, *Capitolinus*— a los inmortales que descendieron de los cielos para complacerle. Consiguió de este modo —por medio de una mezcolanza de muy diferentes categorías y esferas, tan característica de todas las épocas en transición— que los tribunos del pueblo, al comprender que un día, al vencer Manlio, no sólo la nobleza, sino también sus "libertades" serían víctimas de un ocaso tragicómico; uniéronse en una alianza desesperada con el propio senado en contra del Capitolino. Así, el choque predicho no se dio. Para unir todos los frentes ante el peligro, el senado hizo entrar en acción hasta al mismo Camilo, encargándole —por quinta vez— las funciones de tribuno militar investido con la potestad consular. Así sucedió que —pese a lo dicho— fuese él el que por último quebrase la espina dorsal de Manlio: claro está, no como adversario a adversario, sino como juez enjuiciado.

Si el pobre bochinchero buscaba una satisfacción tal, la encontró. Ahora —pues la versatilidad de opiniones de los tribunos populares se mostraba apta para todo— fue en Manlio en quien se vio al *pestiferum civem.* A raíz de esta propaganda, el estado de ánimo general sufrió un cambio repentino y desastroso para Manlio. Se vio aislado. Hasta sus hermanos lo abandonaron. En vano pronunció ante el tribunal su defensa —*etiam magnifica,* lo reconoce hasta Tito Livio— en un lugar desde el cual se divisaban los bastiones y las torres del Capitolio, el monumento de su gloria imperecedera. Fue una artimaña de su supremo juez, ese hombre mercurial que era Camilo, el hecho de que la segunda reunión del tribunal tuviera lugar lejos de la ciudad, en un bosque desde el cual no se veía el Capitolio. En este segundo día se pronunció el *triste iudicium:* El Capitolino fue empujado desde la roca del mismo Capitolio, en una muerte vergonzosa. Pero a su ejecución le siguieron el hambre y una epidemia de la peste, claras señales de los enfadados inmortales. Camilo, que sabía algo de estas fuerzas y se cuidaba mucho de mantener con ellas una buena relación, consideró prudente ausentarse por un tiempo de la escena de los acontecimientos. Lo escondía un nuevo eclipse de su ritmo vital.

No hay ninguna mención de Marco Furio en los dos años siguientes. Sin embargo, al atacar de repente a Roma la ciudad de Praeneste, aliada con los volscos, el senado invocó al viejo guerrero, dándole de nuevo el cargo de tribuno militar. Habían pasado más de doce años desde la conquista de Veyos. El *dux fatalis* de otrora —relata Livio— "llegaba ya a la plenitud de sus años, pero todavía moraba un espíritu vivaz en su cuerpo aguerrido, tenía sanos todos sus sentidos y —aunque apenas conservaba algún interés por la política— las cosas de la guerra todavía le excitaban incluso en esa edad".

Sus actuales enemigos, al igual que Manlio, pusieron su fe en su mayor número. Atacaron, pues, sin perder tiempo, temiendo que de no hacerlo así, estarían perdidos ante las *artes imperatoris unici*. El ejército romano se hallaba en un estado de impaciencia y hasta de irritación, que compartía con ellos el joven general —del mismo apellido de Camilo—, Lucio Furio, nombrado por el senado "colega" de mando al lado del anciano héroe. "Torpe y frío es el consejo del hombre viejo, —gritaba Lucio en la cara de Camilo—. Harto lleno estás ya de tus glorias y también de tus años. Es indigno y poco natural que el Estado eterno se destruya junto con el cuerpo perecedero de un único hombre. ¡Apártate del camino! Ya no puede frenarse el ímpetu de las tropas. Estás solo frente a todos nosotros. Aguanta el hecho de que ahora, por fin, perdiste tú". Camilo le contestó serenamente: Roma —decía— no tuvo que deplorar ni una sola vez el haber seguido sus consejos o su personal fortuna. Estaba acostumbrado a gobernar y no a ser gobernado... ¡Pues bien! El *imperium* de su colega, igual al suyo, no debería impedirlo. Cumpla éste pues su propósito, con la ayuda de los inmortales, si así lo considera favorable para el bien de la república. Sólo ruega para sí, el no ser puesto con su blanca cabeza en la primera línea. Contempló entonces la batalla desde un sitio elevado, y se repitió casi lo mismo que ya vimos en el caso de la guerra etrusca. El *acies* romana se desmoronó con prontitud, pero al llegar los fugitivos hasta la colina, en la que les esperaba Marco Furio, pararon de repente esperando a ver si los conduciría. Camilo los reorganizó y bajando de su caballo y mandándolos bajar también a ellos, se puso —con su cabeza blanca— en la primera fila para encabezar el nuevo ataque. Después de la victoria, el senado le llamó para que señalase un "colega" para las operaciones venideras de esta guerra. Contra toda expectativa, movido por la "moderación de su alma", optó por Lucio Furio...

Y cuando deba también hacer regresar a la ciudad de Tusculum a su antigua fidelidad a Roma, lo que consigue esta vez sin derramar sangre, juzga hecha su obra, y, no queriendo interponerse en el camino de nadie, renuncia de nuevo. Durante un largo tiempo —otra vez doce años— no se sabrá nada acerca de él. Es su último eclipse, de igual duración, por poco, a aquel que lo escondió ante nuestros ojos después de la victoria sobre los galos y el restablecimiento de Roma *en* Roma.

Después de transcurrida esta larga docena de años, sería el recrudecimiento del peligro celta y la *seditio*, que cobraba dimensiones cada vez más amenazadoras, las causas que lo harían salir una vez más —la última— de la bien merecida quietud de su avanzada edad.

La plebe —a la que sus conductores le decían seguramente que era la potestad consular, y sólo ésta, la que representaba "la fortaleza de la libertad, su suprema cumbre",— la plebe, repetimos, exigía impetuosamente que, desde ese momento, uno de los cónsules fuese siempre —sin excepción— un plebeyo. Hasta la fecha, los dos habían sido patricios. Los senadores, apurados por tal situación, se dirigieron a los dos últimos amparos que tenían: *trepidi patres ad duo ultima auxilia, summum imperium summumque ad civem decurrunt,* dieron el poder principal al ciudadano "príncipe". Este, sin ganas esta vez, pese a sus convicciones aristocráticas —*à contre coeur,* se diría en francés—, se prestó para la misión.

El historiador romano comprendió su severidad, su fuerza, su perseverancia, y las caracterizó con un arte superior; pero el narrador griego de su vida descubrió las esferas más profundas de su ser y vio verdaderamente al hombre tras la máscara del estratega y el político. A pesar de su actitud política, Camilo nunca quiso romper definitivamente con la plebe, su pueblo. Nunca quiso prestarse a una pelea sin cuartel, sin perdón, con aquellos que fueran durante tantos años de inmensa gloria sus soldados, obedientes, victoriosos y fieles. "Eran más profundas las vivencias —dice Plutarco— que ligaban a Marco Furio con éstos en el tabor y el campamento, que las que lo ligaban a los patricios en el gobierno". También esta vez —con miras al peligro celta que parecía acercarse de nuevo— intentó conducirlos bajo sus banderas, pero, al ver el irritado ataque de la plebe excitada por sus tribunos, pensó en salirse de modo pacífico de su camino.

No obstante, resultaba imposible una nueva renuncia de Camilo en ese momento. La nobleza lo necesitaba precisamente a él, su mano fuerte para que —apoyándose en su autoridad— se lanzase a la lucha decisiva con el otro lado, cuya meta actual era, de modo consciente, la de alcanzar el poder principal. Camilo se dirige al pueblo, esta vez con palabras que resultan demasiado severas, aunque desde luego dan testimonio de su reconocimiento de la trascendencia del momento en que se encuentra la patria:

"Quirites, —decía— lo que os conduce no es la autoridad de vuestros tribunos, sino su pasión. No obstante, vuestra causa no es solamente un asunto de esta república, sino que posee una trascendencia universal. Por consiguiente, seré yo mismo quien, mediante mi poder absoluto, entraré en acción para defender vuestros intereses. No voy a soportar que un magistrado patricio influya desfavorablemente vuestra asamblea popular; pero tampoco sufriré que los tribunos intenten realizar sus proposiciones como si reinasen en un país ocupado". Sus palabras no consiguieron restablecer el orden y el silencio, por lo que mandó a sus líctores evacuar la plaza de la asamblea. A regañadientes, pero perseguido también "por un miedo ingente", el pueblo se retiró ante los *fasces*. En ese instante —Livio se esfuerza con razón por comprobarnos que éste ha sido un momento de éxito— Camilo renuncia y, como en otras ocasiones, se esconde en su casa, aunque esta vez por un plazo muy corto.

El senado nombra en su lugar a otro *dictator;* sin embargo, éste se pone —junto con su comandante de la caballería— enteramente al lado de la plebe. Conseguiría imponer la nueva ley de las elecciones consulares, y con ella otra más, según la cual, nadie podría poseer en el futuro más de quinientas yugadas de tierra. Pero pronto se descubrió que él mismo se quedaba con los bienes que negaba a los otros, así que, juzgado de acuerdo a su propia ley, toda su empresa quedó sumergida en una carcajada general.

En este momento, el peligro celta devino inminente; su ataque se desarrollaba esta vez desde las regiones costaneras del Adriático. Ante la nueva amenaza, todos los ojos se dirigieron —¡claro está!— hacia Camilo. El senado le encargó —por quinta vez— las funciones de *dictator,* y Camilo, en vista de las noticias alarmantes, no vaciló en aceptarlo. Es ya un octogenario el que se dirige ahora al frente de sus tropas contra el invasor. "Y sabiendo que la fuerza principal de los bárbaros consistía en las espadas, que manejaban bárbaramente y sin ningún arte, dirigiendo los golpes principalmente a los hombros y a la cabeza, hizo para la mayoría cascos de hierro pulido en su exterior para que las espadas resbalasen o se rompiesen; alrededor de los escudos puso una plancha de bronce, ya que la madera no bastaba por sí sola para proteger contra los golpes; y enseñó a manejar bien, a los soldados, las picas largas con las que pudieran oponerse a las espadas enemigas".

Aun en esta última empresa bélica, el innovador militar, el hombre ingenioso queda fiel a sí mismo. Al leer en Plutarco su reforma de yelmos y escudos, daremos aún más crédito a su otra y ciertamente más notable innovación estratégica, el *cuniculus* que conducía al arce veyense, a pesar de los esfuerzos, tanto de Livio como de Plutarco, por comprobar que no había sido sino "fábula".

Igualmente mercurial fue también el modo como consiguió su última victoria militar. Logró esconder la mayor parte de su ejército en lugares sombríos defendidos por las numerosas curvaturas del riachuelo Anio. A la vista del enemigo, sólo se mostraba una tropa reducida, causando la impresión de que su jefe eligió por miedo esos agrios lugares para esconderse. Se deshicieron entonces las líneas celtas, y sucedió lo mismo que antaño ocurriera en la contienda del Allia, si bien allí fue después y, aquí, antes de la batalla. Dispersas por todo el campo las huestes galas, y "siendo ellos oriundos de una raza de vanos tumultos", con cantares salvajes y al son de horrendos clamores intentaron hacer crecer —supuestamente— el terror en sus adversarios, para regresar luego a su campamento a comer y sobre todo a beber. Al darse cuenta el jefe romano que se habían abandonado al poder del vino, envió en su contra, en el silencio de la noche, a la caballería ligera, cuyo deber era obstaculizar todo movimiento de los galos por organizarse nuevamente en órdenes militares, hasta que la infantería romana no se alinease al alba. En ese momento, el ataque concentrado de las legiones, acabó con los celtas.

El definitivo rompimiento del poder galo —veintitrés años después de la expulsión de Breno de la ciudad no fue, con todo, sino la mitad de la misión del *dictator* Furio Camilo. Aunque el senado y la plebe —actuando por una vez, respecto a Marco Furio, con plena armonía— le otorgaron el triunfo, éste, sin embargo, según todo parecer ya no podía llevarse a cabo.

El *dictator,* una vez en Roma, quiso romper, y ahora definitivamente, el poder de los tribunos, y con él la arrogancia de la plebe. Un ataque inmediato contra su propia persona le hizo disipar sus eventuales planes de renunciar de nuevo. Ahora no había sino que perseverar. Los tribunos del pueblo quisieron capturarlo en la misma silla presidencial del senado. Un lictor vino por él e intentó realmente, ponerle la mano en el hombro. La mayoría de la plebe exigía aullando que se alejase a Camilo, entre las armas, de la asamblea. Su séquito inmediato, no obstante, logró expulsar al lictor. Marco Furio se consternó, mas es precisamente en ese momento de angustiada situación personal, en el que encuentra el modo de cómo podría conservar ilesa la dignidad del poder que representaba y salvar al mismo tiempo la paz de la república. Se levanta y marcha acompañado por todos los senadores a la Curia para seguir presidiendo allí la sesión. Pero antes de entrar, volviéndose en el umbral, y con el rostro hacia el Capitolio —en verdad *urbi et orbi*, al igual que harían siglos más tarde los pontífices residentes en Roma, y representantes allí de una nueva religión—, una vez más, en esta ocasión la última, sorprende a sus partidarios y antagonistas, y con ellos a todos los que caían dentro del radio de acción de su órbita, con una decisión y propuesta totalmente inesperadas.

Promete construir un nuevo templo, el de la Concordia, y da, al mismo tiempo, el consejo al senado de que ceda —por el amor a la Paz y la Concordia— y dé su consentimiento a la ley según la cual desde este momento uno de los cónsules fuese elegido siempre entre la plebe. ¿Qué pasó? Tenía entonces casi ochenta y cinco años de edad. ¿Se habría cansado? ¿No le vería ya un sentido a la lucha que había mantenido con tanta perseverancia durante varios decenios? o, ¿lo que buscaba realmente era la paz, la concordia de todos los romanos en los umbrales de su sepultura? ¿Comprendió que no podía detener lo que se manifestaba como el mismo progreso inevitable? No lo sabemos.

Sin embargo, si uno presta atención a las palabras del necrólogo majestuoso, por las cuales, al comenzar el libro VII de su obra, Tito Livio se despide de su *dux fatalis,* el cambio ya no nos parecerá ni tan sorprendente ni tan inesperado. Y si se yuxtaponen a las palabras de Livio las de Plutarco, su iniciativa se aclarará en toda su profundidad y esta misma luz hará que se revelen las fibras internas del ser mercurial de nuestro Camilo. Unico bajo toda fortuna —repite Livio—, príncipe de la paz y de la guerra, ya antes de su exilio, de manera más preclara aún en el mismo destierro; restituido al final en la patria; restitutor, él, de la patria misma (*restitutus in patriam secum patriam ipsam restituit*).

Livio sabía —como ya citamos— que en Camilo se veía al nuevo fundador de Roma; pero Plutarco sabía aún otra cosa, que también mencionamos. Plutarco entendió que Furio Camilo era —en sus entrañas— un hombre susceptible, de complexión grave, complaciente y pacífico por naturaleza. ¿Cómo se armoniza, podríamos preguntar, la imagen del hombre guerrero, el jefe militar fuerte y el político severo e incluso duro, con la caracterización que acabamos de citar?

Será de nuevo el escritor griego quien nos ayudará a solucionar esta aparente contradicción. Plutarco, mediante su facultad de identificarse parcialmente con sus héroes —facultad que el historiador romano no poseía—, al caracterizar a Camilo vislumbró como vimos, la figura de Aquiles.

"Como Aquiles cuando, consternado por el proceder de sus conciudadanos, se exiló..." escribe en el pasaje en que relata el destierro, por libre albedrío, de Camilo. Y realmente es el esplendor de la figura de Aquiles, el héroe "fuerte y tierno", el que arroja también luz a la de Camilo. También las cualidades del joven "similar a dios, genial, todopoderoso y tierno-melancólico, se originan en su rica naturaleza". El gran poeta que nos legó su magnífica figura, sabía muy bien que sólo en grandes escenas le es dado visionarla, hacerla visible, a fin de defenderla de la vulgaridad cotidiana. De modo similar era también Camilo preservado por su destino —mediante las salvadoras interrupciones que llamamos sus eclipses— de no desbaratar sus excepcionales energías en la vil pelea de todos los días. Parece que tanto el poeta como el narrador de las Vidas sabían que aquel que representa un alto ideal humano, no debe entregarse a la ignominia envilecedora del atropello diario. *Sich rar machen*, dicen los alemanes. Por consiguiente, las entradas en escena, tanto del héroe griego como del romano, son días festivos de un esplendor único. Para caracterizarlos, podríamos citar también a Jacobo Burckhardt: *Das Ideal fühlt, dass es zu heilig für diese Welt sei;* "El ideal siente que es demasiado sagrado para este mundo", aunque nuestro lector ciertamente habrá descubierto ya que es el "aforismo" sobre Aquiles, de Friedrich Hölderlin, el que estamos parafraseando con el fin de caracterizar a Furio Camilo. "El hombre que lleva en sí todo lo ilimitado" —dice el poeta alemán, testimoniando con estas palabras su profunda comprensión del hombre de la Antigüedad— al ofenderse, llega también a ofenderse ilimitadamente". Así como Aquiles o Camilo.

Justamente sus ausencias —el único y corto eclipse de Aquiles, los frecuentes y a veces largos de Marco Furio— demuestran, quizás mejor que sus grandes hazañas, su superioridad, su transcendencia imprescindible. *Realmente,* su gente no puede prosperar sin ellos; se ven obligados a suplicar por la vuelta de Aquiles, y lo hacen una vez. En el caso de Camilo lo hacen varias veces durante los últimos cinco lustros de su larga vida, que son —paradójica-

mente— la época de sus auténticas acciones. Y también —al igual
que en el tierno y salvaje Aquiles— se unen en el ser de Camilo
hasta el final, en una armonía imperturbable, los polos opuestos. Y
como Aquiles —quien de vez en cuando impresiona cual un monstruo desencadenado de las guerras, atroz y cruel—, así aparece en
sus batallas Camilo, también como jefe militar terrible y devastador. No podría ser de otra manera en el caso de un soldado y
capitán. Pero —sin perjuicio de las semejanzas— nos llaman también la atención notables diferencias, no en el carácter sino en el
ambiente humano de Camilo y Aquiles. Nuestro anciano "Aquiles"
romano sí estaba rodeado por antagónicas masas anónimas —en
parte de huestes enemigas, en parte la turba patria excitada por
unos tribunos ambiciosos o acusadores intrigantes—, pero no por
ningún adversario de perfil individual y de calidades comparables
con las suyas, como al griego un Héctor o un Agamemnon. Le
falta también un Patroclo. Estuvo siempre solo, aislado, no pocas
veces amenazado y hasta perseguido. Sus enemigos no dejaban ver
su verdadero rostro, ni en el campo de batalla ni tras los muros de
las ciudades sitiadas. Breno es un payaso manchado de sangre, y el
vate o el rey de Veyos, ni siquiera se perfilan por sus nombres. El
sí lo tiene; y nombre y fama lo hacen sobresalir por entre todas
esas masas o sombras anónimas: un hombre de verdad, hombre
divino, similar —otra vez— a Aquileo. Y es ante su nombre —y
con él su fama— ante el que tiemblan los enemigos de su patria,
mientras en la misma le rodea, y más de una vez, el odio medroso
de su propio pueblo. Para sus enemigos sólo tenía hierro (como él
mismo dijera una vez), no obstante, su ser estaba falto, a pesar de
su carácter severo, de todo tipo de agresividad. El hombre de la
Antigüedad —y justamente algunos de sus más notables representantes— es a menudo de tal cepa. Piénsese, al lado de Aquiles, verbigracia, en Odiseo. En un discurso muy curioso que el embajador
de los duques de Borgoña, J. Jouffroy, Decano de Vergy, pro-
nunciará delante del joven rey Alfonso V de Portugal, a fines del
año 1449, se encuentran expresiones que complementan, respecto
a Odiseo, las de Hölderlin respecto a Aquiles. *Sapientem et bello-
rum finitorem;* sabio y finalizador de las guerras, llama el prelado
borgoñón a su Ulises, a quien sigue elogiando por su *affabilitas,
dulcedo, comitas atque prudencia.* Pero Odiseo no es solamente
esto: Era un gran guerrero que, también sabía engañar y lo que es

más: sabía matar horriblemente, como lo atestiguan, por un lado, el caso de Dolon, por otro, el de las esclavas ahorcadas en su propia casa, entre otros sucesos similares. Pero no somos —como decía un gran poeta suizo del siglo pasado— libros artificiosos; somos hombres con nuestra contradicción. Así, será el noble Brutus quien asesine a César, y es Escipión, una cumbre de la Humanidad romana en todos los sentidos del término, quien destruyó Cartago de modo que apenas nada sobreviviese de ella.

No obstante —como nos cuenta Polibio—, su susceptibilidad dominante en su ser al igual que sus aptitudes heroicas, no soportó la tensión del momento y ante los escombros de la ciudad conquistada, Escipión —como ya dijimos— rompió en sollozos. Y también Camilo. He aquí de nuevo uno de los rasgos del hombre antiguo: sabía llorar. Basta pensar, junto a Camilo y Escipión, en Odiseo o en Aquileo. Y del mismo modo en que actúa Aquiles frente a Príamo —el padre de su más notable adversario, cuya vida fue apagada por sus manos—, se comportará Camilo, también a fines de su vida, frente a su pueblo rebelde, renuente, a veces incluso mezquino y repugnante, pero, a pesar de todo, amado profunda y apasionadamente por él. En un último análisis, ambos terminan como héroes de la Concordia; y es *entonces* cuando Apolo cumple con el destino de éste como hiciera con el de aquel; les mata, fiel a sí mismo, desde lejos; alevosa y desapasionadamente.

Después de la declaración de Camilo frente al arce del Capitolio, es su sorprendido pueblo, conquistado y conmovido, el que lo acompaña entre gritos de alegría y salvas de aplausos hasta las puertas de su hogar. Y sería él mismo, quien conduciría las elecciones que en breve se realizaron. El, también, quien proclamaría su resultado; la elección del primer cónsul plebeyo, Lucio Sextio.

Y es aquí donde termina la historia de Marco Furio. En su despedida logró algo que lo hizo sobrepasar a los mismos inmortales del cielo. Llegó a ser más grande que ellos. Del mismo modo que hizo Aquiles al entregar el cadáver de Héctor al anciano Príamo, también Camilo se superó a sí mismo mediante su abnegación. Los inmortales no eran, ni hubieran podido ser, capaces de realizar algo similar; ni siquiera Mercurio, y menos aún Apolo. Nunca, *bajo* ninguna Fortuna, ya que el hado residía *sobre* ellos.

La envidia de los dioses —de la cual, como mortal sabiamente conocedor de sus límites y limitaciones, tantas veces y con tanta inteligencia y circunspección lograba mantenerse alejado— en el final de sus días, y a pesar de todo, lo encontró para destrozarlo. Desde el paisaje interior de sus propias profundidades levantábase entonces "el dios que moraba en su corazón". Pero el que se apoderó de él ahora no fue Phoibos, el Resplandeciente, ni tampoco "el profeta" Loxias, sino el Apolo Esminteo, el amo de la peste y los ratones, para aniquilar, ya no al protegido, sino a su rival. Un gran escritor de la nueva religión que varios siglos más tarde vino a ocupar el lugar de la romana, le llamaría el Angel del Abismo, el Exterminador. Parece que preservó consigo parte de un antiguo saber de trascendencia capital, mientras que, tanto en la Antigüedad clásica como en la hebrea, sabían por igual que los portadores de los miasmas de la peste son las ratas y los ratones. Camilo murió de la terrible enfermedad cuyo autor fue Apolo, "más oscuro que la misma noche", el Esminteo, amo de los ratones, que mata de lejos, así como surge en el comienzo de la Ilíada: el dios de la "muerte negra".

RELACIÓN SOBRE LA ÚLTIMA TRAVESÍA DEL EMPERADOR CARLOS EL POBRE, EN CUYO IMPERIO NO SE PONÍA EL SOL

Para los queridos amigos Chelo y Antonio Tovar.

En alta mar. En la galera Espíritu Santo. *Una tarde muy clara, fresca. El soplo de los vientos ha barrido una tormenta en retirada. Las tablas de cubierta gotean y relucen todavía húmedas. El pesado barco, grande y con fantástico velamen navega hacia el sur con el fuerte pero tranquilo viento, a vela regularmente desplegada, pero a una velocidad que evoca la sensación de que flota en el aire. El cordaje tenso zumba y canta con el viento. En medio del puente un mástil enhiesto y esbelto. A uno y otro lado descienden estrechas escalas hacia el interior del barco y otras ascienden hacia las construcciones de madera que están encima de la proa, a modo de torres de muchos colores y adornadas con profusión de tallas. Todo hace al barco semejante a un fabuloso castillo que ante el resplandeciente y transparente cielo de la tarde vuela llevado por el viento hacia la desconocida lontananza.*

El emperador Carlos V, arropado en abrigadas mantas, reposa en su pesada y complicada silla de gotoso sobre el puente; las piernas extendidas, la cabeza apoyada en un cojín, de tal forma que cuando se halle despierto pueda observar, echado, el mar y disfrutar de la vista de la fluctuación de las aguas gris acero, cuyo movimiento va tornándose por momentos más y más tranquilo. Por esta razón ha venido: a contemplar el mar abierto y a estar atento a la aparición de la costa de España, que todavía hoy ha de ser avistada. Sólo que él se adormece pronto.

Habla entonces en sueños, en voz queda:

¡Oh, Tú, no nos dejes en vano perecer en medio de la tormenta y el viento... nos has dado una muestra de Tu poder... nos has dado un aviso, ya es tiempo. No es todavía demasiado tarde. Podemos desembarcar. En Tu país... en mi España, en el reino de mi madre, en el reino de tu desgraciada hija Juana... *(se interrumpe)* Déjame besar la tierra donde ella nació, la que me dio a luz... *Dieu vous garde, Dieu vous protège, ma mère.* ¿Qué es de mí? ¿Vuelo a recaer en mi niñez? Mis pensamientos se forman en francés otra vez, como antiguamente, cuando mi *maman* estaba todavía entre nosotros... Yo intentaba sólo hablar con Dios... ¿Era yo el que a menudo y tal vez algo orgulloso decía: Dios habla español? ¿Se debe hablar con Él en español? ¿cómo era eso? *Salí del vientre de mi madre*, y ahora tan desnudo y desvalido como un gusano de la tierra vuelvo a ti... segunda madre, España, a agradecerte de *tant de bienfaits que je reçu de toi...* ¿Cómo es esto, navego, vuelvo a mi niñez, a mi madre, *et je me la présente: ce pauvre corps infirme et ces pauvres os secs et fatigués, fatigués mortellement, fatalement... L'enfant de Gand... Ma pauvre petite maman... (hay una pausa. Ahora se deslizan, en voz baja, apenas perceptibles, de la boca del durmiente, algunos retazos del preámbulo de su discurso de abdicación).*

Rey Felipe de Inglaterra y Nápoles, ¡mi hijo y heredero! Reina María de Hungría, regente de los Países Bajos, ¡Querida hermana! ¡Grandes, nobles, notables y ciudadanos de mi querido Flandes! Caballeros de la Orden del Toisón de Oro... *(después de una nueva pausa)* Después de numerosas meditaciones, tras la comprobación de todas las circunstancias y después de consultar a todos los consejeros de mis reinos, decido, yo, Carlos de Occidente... Pero... eso no lo he dicho yo en absoluto. Allí no he hablado yo en español.. He hablado francés. Francés también en el momento de abdicar, del fin, igual que en los días de mi infancia, del comienzo... *¡L'enfant de Gand!* Ese soy yo. *Bonjour l'enfant de Gand. Bonjour mon cher Chièvre.* ¿*Où est ma mère, la reine? (se interrumpe como esperando una respuesta) Je ne veux pas*, no quiero, no lo permito, no lo soporto... *¡Que se la encierre en la lejana España!...* Pero, vuelvo a decirlo en español, no es posible: entonces no sabía yo nada de español. Hablábamos siempre francés, *nous, mamam et moi.* Lo hablaba bien ella, *mais avec un accent,* con acento español, que yo tuve luego que oír con mucha frecuencia... de bocas que eran menos agradables que sus finos labios. Besaba ella suavemente. Venía por la noche a nosotros, los mayores, a Leonor y a mí, para besarnos. *Bonne nuit, notre chère mamam ¿vous n'allez plus à l'Espagne, n'es ce pas? Ce n'est pas pour vous ce long voyage...* y nos dejáis aquí solos, *tout à faut seuls,* exactamente igual que entonces, como cuando vuestro barco os llevó a Inglaterra, y no os volvimos a ver en varios meses... *Je suis été seul, vous savez, tout à fait seul, maman, moi, l'enfant de Gant,* y tenía que llorar, y Leonor venía y quería consolarme, y lloraba conmigo... Y tenía entonces malos sueños y gritaba, gritaba soñando: *Je veux voir ma mère... ma mère! Je ne veux pas* que la encierren! *Elle est à moi... à moi...*

Junto al esbelto palo mayor se hace visible una figura: una reina en su trono. Es bella y multicolor en su elegante vestidura gótica tardía de principio de siglo, en la cabeza una diadema de oro ricamente adornada y un fino cetro en la mano. Su rostro no es hermoso, pero sí atractivo en su lograda juvenil maternidad. Su voz es suave y cálida; al empezar a hablar hay en ella una nota de tranquila melancolía.

LA FIGURA. ¿Por qué lloráis Charlot? Estoy cerca de vos.

CARLOS. No estáis aquí, *maman,* estoy soñando. Estáis en tierra española, allí os han encerrado...

JUANA. No, Carlos, estoy completamente libre.

CARLOS. Os han atado a un palo, *maman...*

JUANA. Pero, mi Charlot, ¡No se os ocurra tal cosa! Estoy sentada en el trono de mis antepasados.

CARLOS. Os han atormentado, azotado, *maman...*

JUANA. ¿A mí, Charlot, a mí? ¿Quién hubiera osado? ¿A mí, la hija de la gran Isabel? No hice nada malo a nadie, a pesar de ser tan poderosa...

CARLOS. ¿De veras lo erais tanto?

JUANA. ¿Cómo se os ocurre dudarlo?

CARLOS. Si fuerais tan poderosa como decís no os hubieran maltratado nunca.

JUANA. Pero Charlot ¡Vos veis visiones!

CARLOS. ¡Sí las veo! Veo el blanco del velamen, las volutas arabes-

cas de la jarcia, aparecer a través de tus brazos, pecho y regazo
¿Estáis muerta?

JUANA. No, a mi entender.

CARLOS. Entonces estáis atada al palo, y lo que yo veo son nudos...
o estáis muerta. O lo uno, o lo otro... (*enmudece*).

(*Hay una pausa*)

JUANA. ¿Navegáis hacia España? ¿Os espera allí una corona, hijo?

CARLOS. La de Castilla.

JUANA. Esa la llevo yo. La heredé de mi madre, la gran Isabel, desde luego después de su muerte. Después de mi muerte, así lo
exige la antigua ley, deberéis heredarla vos. Pero yo ocupo aún
el trono de mis antepasados. Por tanto podríais haberos ahorra-
do el largo y peligroso viaje a España.

CARLOS. Deseo volver a veros.

JUANA. (*Con cariñoso reproche*). Charlot, no mintáis. Deseáis sencillamente verme en el féretro, para convenceros de que ya no
vivo y entonces seréis por derecho el heredero de mi país. Conozco semejantes ceremonias de aperturas de ataúdes.

CARLOS. Pero aún vivís. Me lo habéis dicho ahora mismo, que no
estáis muerta.

JUANA. Yo no he dicho eso. Reflexionad cuidadosamente sobre lo
que yo os digo. Mi situación es muy especial, pues si bien no
he dicho lo que pretendéis haberme oído, en cierto modo es
verdad que estoy como enterrada.

CARLOS. ¿No habéis dicho, sin embargo, que estáis ocupando el
trono de vuestros... nuestros antepasados?

JUANA. Pero todo esto es muy fácil de juntar, hijo. Ocupo la silla
de la torre en la torre de las sillas.

CARLOS. (*entiende de pronto*) Torre de sillas ¡Tordesillas! ¡El castillo! ¡Os han encerrado! ¡Ya lo dije!

JUANA. Pero no, sólo que no me han dejado salir.

CARLOS. ¿Es que hay diferencia? ¡Habláis con total confusión, lo
revolvéis todo!

JUANA. En obsequio vuestro, Charlot. Os tengo que demostrar que
estoy loca.

CARLOS. ¿Lo estáis?

JUANA. .¡Vamos, Charlot, no seas tan niño!

CARLOS. ¿Me tuteáis? Nunca lo habíais hecho antes. Luego no sois vos en absoluto.

JUANA. Sí, Carlitos, soy yo. Siempre te tuteaba en mis monólogos de joven madre. También conmigo misma, hasta en Bruselas, y no lo debes tomar a mal, he hablado español... y también contigo. No emplear el tú no resulta en español. En francés suena muy bien: *Vous, Charlot, mon petit!* ¡Pero en español! *Vuestra merced, Carlitos, mi cariño...* ¡Resulta cómico! ¡Un niño tan pequeño como tú y decirle... *vuestra merced!* (*ríe*).

CARLOS. ¡Oh, te ríes! ¡Qué dulce es tu risa! Apenas me puedo acordar de cuándo y cómo te oía reír... Mira. Yo también te estaba llamando de tú! ¿Cómo hablamos entre nosotros?

JUANA. Como corresponde a dos reyes de Castilla.

CARLOS. ¿Así? ¿Español entonces?... ¿Por qué no lo hemos hecho entonces, en aquellos tiempos del niño de Gante?

JUANA. ¡Tonto! ¡No sabías entonces nada de español!

CARLOS. ¿Cómo hablabas tú con mi padre?

JUANA. Preguntas tontamente, Carlos. Francés; era su lengua nativa.

CARLOS. Sí, su madre era francesa. Pero la mía eres tú. ¿Por qué tú no me has familiarizado con tu... mi, quiero decir con nuestra lengua nativa?

JUANA. No podía. En nuestra corte, en la lejana Bruselas, a mí, la princesa extranjera, tal cosa se me hubiera tomado a mal.

CARLOS. ¿Era así también mi padre?

JUANA. Aprendió español más tarde, que no todas las bellas españolas sabían francés.

CARLOS. Sí, te lanzaste con las tijeras a la cara de tus azafatas españolas, de tus damas de la corte castellana.

JUANA. Tu padre dijo, cuando se lo comunicaron, que yo estaba loca. Y tenía razón.

CARLOS. ¿Tenía razón?

JUANA. Locamente le he amado yo.

CARLOS. ¿Era malo contigo?

JUANA. No. Sólo que él era mucho más guapo como hombre que yo como mujer. Y le daba lástima regalarme todo su amor, todo su tiempo, toda su vida. Yo era demasiado joven y no podía ni entender ni perdonar su conducta. Por eso decía él que yo estaba loca. Y escribió una larga carta a mi padre. En ella me daba por loca. El rey Fernando, mi padre, lo creyó a pies juntillas. A uno le estorbaban mis faldas, al otro mi corona.

CARLOS. ¿Y a mí?

JUANA. Carlos, tú no tienes culpa.

CARLOS. ¿Ninguna culpa?... ¿Te he sacado quizá yo de la prisión en la que tu padre te encerró?

JUANA. No era una prisión propiamente, Carlos, y no me has dejado tú en ella, era yo, Juana, la que no quería salir.

CARLOS. (*muy asombrado*). ¿No querías salir?

JUANA. Se me hizo agradable.

CARLOS. ¿Tordesillas?

JUANA. La alta silla en la torre.

CARLOS. ¡Eso no es verdad!

JUANA. ¿Habría yo de mentirte sólo porque tú quieres sentirte culpable? No hago eso, hijo mío.

CARLOS. No quiero sentirme culpable... yo... ¡Es el único, el postrer deseo que aún alienta mi corazón! ¡No sentirme culpable! pero... ¡necesito pruebas!

JUANA. ¡Ah!, ¿necesitas pruebas? Está bien, Carlos, no puedes creer lo que te dice una pobre loca aunque sea en tu propio interés... Llama a Catalina.

CARLOS. ¿A Catalina?... Murió hace tiempo.

JUANA. No, que yo sepa. La confundes con Isabel, mi otra hija. Esa murió hace treinta y un años. (*Con un cambio repentino en la voz y en el tono*) ¿Ves tú como yo estoy enterada? Lo sé todo, aunque vosotros me hayáis ocultado cuidadosamente todos los fallecimientos... Me resguardábais... queríais que escribiera cartas a mi padre Fernando, y a mi suegro Maximiliano mucho después de su muerte. Las cartas se hubieran podido enseñar a todo el mundo: "¡Mirad la loca que escribe a los muertos!" ¡Así, así me habéis protegido todos, a mí, la demente!

CARLOS. (*de mal humor*) Pero tú no les has escrito.

JUANA. La demencia es astuta. Presentí la trampa y retrocedí.

CARLOS. ¿Retrocediste? ¿Y no por testarudez...?, ¿por saberlo? ¿Eras tan lista?

JUANA. No te enredes en palabras, una demente no es que sea lista. Yo tampoco lo era. Sólo que así es mi carácter. Así somos nosotros, Carlos, los tres: yo, tú, tu hijo; testarudos, tenaces, pacientes, al final presentimos una trampa allí, Carlos, donde no está preparada... Al cabo tú también te has retirado.

CARLOS. ¿Yo? Nunca.

JUANA. Al cabo he dicho. Pero ahora definitivamente.

CARLOS. ¿De quién?

JUANA. De mí.

CARLOS. ¿De tí?... ¡Por eso estoy yo de viaje precisamente hacia España!

JUANA. Por eso. Tú quieres pruebas.

CARLOS. Eres muy cruel conmigo.

JUANA. No lo soy, Carlos, tú quieres pruebas. Te las daré. Quiero absolverte, categóricamente absolverte. Llama a la pequeña.

CARLOS. ¿A Catalina? Está, lo he dicho, está muerta.

JUANA. Si lo está le será más fácil poder venir. Estamos en alta mar.

CARLOS. ¿Lo sabes tú?

JUANA. ¿Piensas tú que yo no estoy encerrada? Eso pienso yo también.

CARLOS. Si tú sabes eso y no estás ya encerrada, es que estás efectivamente muerta.

JUANA. Pero no, Carlos. El muerto está, a pesar de todo, encerrado. En el ataúd. Tal cosa he visto yo también; Felipe, tu progenitor, era un ave libre mientras vivió... sí, mientras vivió; después reposaba tranquilo en un cofre de metal bastante estrecho y no se propasaba ya con mis camareras...

CARLOS. ¿Le amaste alguna vez?

JUANA. Ya ves cómo le odio.

CARLOS. ¿Me odias a mí también?

JUANA. No, Carlos, entonces no hubiera venido...

CARLOS. Y has venido...

JUANA. Para proporcionarte todas las pruebas. ¡Llama de una vez a Catalina!

CARLOS. ¡Debes llamarla tú!

JUANA. ¿Te da miedo? ¿Antaño no te daba miedo, cuando ordenaste que debía ser alejada de mí?

CARLOS. ¿Podía yo, debía yo dejar allí a mi hermana, un ser tan joven, en el solitario castillo castellano, allí, en Tordesillas?

JUANA. Ella jugaba allí a gusto, era alegre y tierna. Y era lo único que me ataba todavía a la vida... lo que me sostenía sobre el mar de la desesperación. He tenido, Carlos, seis hijos, y he muerto sola como una leprosa.

CARLOS. ¡Así que estás muerta! ¡Lo has dicho tú misma!

JUANA. No, muerta no, sólo demente. Tú mismo lo dices, que digo locuras... Quieres pruebas. Aquí tienes una: dice incongruencias: está loca. No necesitas en absoluto llamar a Catalinita.

CARLOS. (*grita*). ¡María! ¡Por el amor de Dios! ¡Me voy a volver loco! ¡No puedo más! ¡María, ven, ven, no me dejes solo!

María de Hungría aparece entre las velas y fluctúa lenta escaleras abajo. Finalmente queda de pie bastante apartada de la reina, en el mismo lado del puente, en el que también está la silla de gotoso del Emperador. Parece muy joven, muy animada y elegante, vestida de equitación, con una bonita y corta fusta en la mano fuerte y delgada. En su arrogante, gentil cabeza, algo aniñada, aquel pequeño birrete adornado de perlas, con el que frecuentemente está retratada en su juventud.

MARÍA. ¿Deseábais, hermano? ¡Pero de prisa, os lo ruego! Nos vamos a caballo; el rey Luis, mi marido, recibe hoy de su tío, el rey de Polonia, un halcón de caza. Y cuenta con probarlo.

CARLOS. Madre quería que yo llamase a Catalina. ¿Puedo hacerlo? Catalina está muerta.

MARÍA. ¡Bah! ¡Despropósito, señor y hermano! Catalina está con ella abajo en Tordesillas.

JUANA. Te equivocas, hija, no está ya allí. Me la quitaron despiadadamente para convertirla en reina de Portugal.

MARÍA. ¿Quien es aquella señora atada al palo?

CARLOS. No está atada al palo. Es nuestra madre y señora, la Reina. Está sentada en la alta silla sobre la torre...

MARÍA . ¿Y cómo es que se ven en sus brazos, en el pecho y el regazo, por todas partes ataduras? Os equivocáis, noble hermano, está atada al palo.

CARLOS. ¡Ve, desátala!

MARÍA. ¿Para eso me has llamado? No he nacido para esta clase de trabajos. (*Mira hacia el mar*) ¡Ah, mira, se ha ido Luis!

JUANA. Seguro con alguna de tus damas, María.

MARÍA. No, eso él no lo hace. Él me ama.

JUANA. ¿Y tú, María?

MARÍA. ¡Ah! Es muy gentil. Hemos bailado durante toda la noche y ahora queríamos cabalgar a la caza con halcón.

CARLOS. Y se ha hecho muy tarde. Se ha ido a caballo. Él solo.

MARÍA. ¿Sabéis adónde?

CARLOS. Ha partido contra los turcos.

MARÍA. ¿Creéis que volverá pronto?

CARLOS. No volverá nunca más.

MARÍA. ¿Por qué lo sabéis?

JUANA. Lo sabe todo. Tiene 57 años.

MARÍA. (*muy irritada*) *Oh madame,* lo que estáis hablando es un disparate. No servís de consuelo en absoluto.

JUANA. ¿Verdad? ¿Verdad? ¿Oyes, Carlos? También ella tiene pruebas. Ya no necesitas conjurar a Catalinita.

MARÍA. ¿Conjurar? ¡Qué cómica palabra! Así hablan sólo los poetas.

JUANA. O los conjuradores de muertos... que es lo mismo. ¿Por qué no haces tú que uno de ellos te conjure a tu Ludovicus?

MARÍA. Hermano, Emperador mío, ¿cómo es que se le ocurre tutearme?

CARLOS. Nos hemos puesto de acuerdo sobre el tuteo.

MARÍA. ¡Lo encuentro inaudito! Estoy harta de esta conversación. ¿Me es permitido irme con mi Ludovicus?

JUANA. Todavía falta mucho.

MARÍA. (*al Emperador*) ¿Qué quiere decir?

CARLOS. Has de venir dentro de treinta años conmigo a España; por lo tanto aún no puedes ir allá, abajo, con tu Ludovicus.

MARÍA. ¿Qué quiere decir, allá, abajo? (a*clarándoselo ella misma*) Está en realidad en el sur de Hungría en campaña contra los turcos, y el sur es abajo.

CARLOS. También España está abajo. Es también el sur. También es la muerte.

MARÍA. ¿Qué habláis siempre de España? ¡Quiero irme con mi Ludovicus!

JUANA y CARLOS. (*al mismo tiempo*) ¡A través de España!

MARÍA. ¿A través de España? ¿Os estáis riendo de mí? ¡A través de España! No necesita más que saltar sobre un arroyuelo y ya está de nuevo conmigo.

CARLOS. Pero a causa de ese estrecho arroyuelo no puede pasar a este lado.

MARÍA. ¿Qué le ha sucedido?

CARLOS. Le hemos dejado en la estacada. Pues con todo queremos su corona. No hemos enviado ninguna tropa en su ayuda. También le ha abandonado el más poderoso de su reino, el voivoda de Transilvania. Espera con sus tropas a orillas del Tissa, hasta que tu Luis caiga. Él también quiere su corona... quizás también quiere tu mano.

María. ¿Mi mano? ¿Quiere matar a Ludovicus?

Carlos. ¿Matar? Nosotros tampoco queremos eso. Todos esperamos hasta que mate el turco.

María. ¿Y el turco?

Carlos. No lo ha conseguido. Sin duda tu Ludovicus ha perdido la batalla, pero ha podido escapar del tumulto y cabalgar hacia el norte...

María. ¡Bendito sea Dios! ¡Cabalga entonces hacia arriba!

Carlos. Pero sólo hasta el pequeño arroyo. Se ha hecho grande como un río, pues ha llovido muy copiosamente. Tu Ludovicus llega hasta la orilla, espolea a su caballo que salta, pero resbala hacia atrás en el escurridizo barro y sepulta con él a su jinete en una sucia y cenagosa muerte.

María. (*palidece: sus cabellos se tornan grises, su semblante se desmorona y pierde su plenitud y frescura. Sus vestidos se han vuelto repentinamente negros. También ha desaparecido su arrogante y bonito birrete; no lleva más que la blanca cofia de las viudas. Después de una pausa habla seria y reposada, como con apagada voz*). Augusto hermano, cabeza de nuestra estirpe, yo, como fiel Habsburgo, os traigo los tesoros de Hungría y los deposito a vuestros pies. Os traigo la pretensión de los Habsburgo al trono de Hungría, fundada en mi mano de viuda. Ludovicus ha desaparecido sin herederos, yo soy la reina, la corona me pertenecería, os la traspaso: debe perteneceros a vos o a Fernando.

Carlos. Yo regalo la corona húngara a mi hermano Fernando. Sólo... que... ¿Dónde está el país?

María. Entre tanto el turco ha ocupado el país, y Suleiman el Magnífico está ante Viena. Pero, la corona húngara ¡pensadlo! ¡significa once nuevos reinos para los títulos de Habsburgo!

Juana. ¿Dónde están tus hijos, María? ¿Tus hijos, los que has concebido de tu Ludovicus? Si estuvieran ahí, podrían ahora heredar los once títulos reales de tu desaparecido esposo y mi hijo no necesitaría en competencia con el turco destrozar Hungría, y sumir en la miseria a sus once, sus mil cien, sus once mil hijos... María, ¿dónde están tus hijos?

MARÍA. No los tengo.

JUANA. ¿Y tu cuñada, la mujer de mi hijo Fernando, la hermana de tu Ludovicus, tampoco los tiene?

MARÍA. Tiene quince.

JUANA. Y ¿tú no tienes ninguno? ¿Cuánto tiempo llevas casada con tu Ludovicus?

MARÍA. Diez años... pero de verdad sólo cuentan los últimos cuatro. Antes no éramos todavía marido y mujer, nada más que niños enamorados.

JUANA. Yo también fui una vez una niña enamorada. Sin embargo... o justamente por eso fui enseguida, enseguida madre. Y mientras vivió vuestro progenitor, nunca le negué mi cuerpo. Vosotros sois mis frutos. Seis en total. Si tú no eres madre, no has conocido la dicha de la mujer. Te pregunto yo ahora, ¿amaste tú a tu Ludovicus?

MARÍA. Dios es testigo de que nos amábamos. Pero no me ha hecho fecunda.

JUANA. Dios quería que se extinguieran los Jaguelones. Los Habsburgo han de heredar sus coronas. Dios ha querido que las casas de Castilla y Aragón se extinguieran. Sus coronas deben recaer, a través de mis pobres manos, en los Habsburgo. Dios ha querido que los Borgoñones se extinguieran y que perteneciera a los Habsburgo el gran Ducado del Occidente. Dios dejó a los miembros de la casa real portuguesa languidecer rama por rama. Un último retoño está aún ahí y su vetusto tío abuelo, el Cardenal. Porque Dios quiere también que la enorme herencia de Portugal recaiga sobre los Habsburgo. Dios es extraño.

CARLOS y MARÍA. (*asustados, irritados*) ¿Extraño?

JUANA. Sí extraño o... malo.

CARLOS. ¿Malo?

JUANA. Sí, tiene mala intención.

CARLOS. ¡Blasfema! ¡Yo sé que vives sin sacramentos!... ¡No quiero volver a oír tu palabrería!

JUANA. Los médicos hacen a las parturientas, después de un laborioso parto, sangrías, de nuevo sangrías, de nuevo sangrías, hasta que se desangran y mueren. Te considero dichosa, hija sin hijos ¡estás viva!

MARÍA. (*al Emperador*) ¿La entendéis?

JUANA. ¡No disimuléis! ¡Vosotros sois los malos médicos! A vuestros pueblos, después de sus miserables partos, sangrantes aún, les hacéis nuevas sangrías... hasta que se desangran.

MARÍA. (*fría*) *Madame,* no podéis, desde Tordesillas, juzgar con rectitud los muy enredados hilos de la alta política.

JUANA. (*igualmente*) Yo no quería afirmar otra cosa *madame la fille,* sino que la palabra "conjurar" en el caso de vuestro esposo desaparecido tras atroz lucha a muerte, era la expresión adecuada.

MARÍA. (*evita cortésmente una discusión con una demente*) Sin ninguna duda, *madame la mère.*

JUANA. (*al Emperador*) Esta no me ha gustado nunca, Carlos. Que María se vaya, y llama de una vez a Catalinita. Tan lista como ésta no ha sido ella sin duda ¿sabes? pero, sabía reírse tan encantadoramente... los sombríos pasillos del castillo hacían eco a su amada voz... Cuando ella se fue, nadie, nadie más ha reído de nuevo en Tordesillas.

La figura de María se ha vuelto completamente pálida, transparente: al fin desaparece. En vez de ella viene Otra *como movida por el viento, entre las velas y el bosque de mástiles. Es un ser joven, encantador, algo gordita, con una adornada diadema de oro en sus cabellos castaño claro, con un sencillo y pesado collar de oro sobre deslumbradora túnica blanca. Permanece desconcertada de pie y se refiere al Emperador:* ¿Quien es ese anciano?

JUANA. Es Carlos, tu hermano.

LA OTRA. Mi hermano se llamaba *João Manuel.* Si este es Carlos, es entonces mi suegro. No me ha gustado nunca.

JUANA. No digas tonterías, tú no eres una loca. Eso no es para tí. Es un privilegio mío. ¿Qué quieres decir con ello, que tú no le quieres? ¡Él te ha sacado de la sombría Tordesillas! Mira, a mí él me gusta aunque me dejó allí dentro.

LA OTRA. Él no me liberó de Tordesillas. Estuve allí una sola vez. Yo y Felipe te visitamos allí.

JUANA. ¿Quién eres tú entonces? ¿No eres mi Catalinita?

LA OTRA. (*con una corta y alegre risa infantil*) ¿Dices Catalinita? ¡Si tú la vieras! ¡Una olla alemana no es tan gorda como ella!

JUANA. Bueno, ¡tú tampoco eres delgada!

LA OTRA. Algo se hereda de mamá.

JUANA. ¿Quién es mamá?

LA OTRA. Pues, tu hija, doña Catalina.

JUANA. ¿Y... tú?

LA OTRA. Pues tu nieta, *avò*. No es tan difícil. La hija de tu hija, la esposa de tu nieto... ¿No me conoces entonces?

JUANA. Eres María, la esposa del príncipe Felipe, sólo que tan parecida a mi Catalinita... Dí: ¿por qué has venido tú?

MARÍA DE PORTUGAL. Porque ella vive... Y como es tan corpulenta, le hubiera costado mucho el rápido viaje a través del fino aire.

CARLOS. Tú eres la hija de mi hermana, esposa de mi hijo y madre de mi nieto don Carlos, heredero de todas las coronas de la tierra.

MARÍA. Todo eso soy yo. Bastante complicado era también para mí al principio, no obstante, se aprende.

CARLOS. ¡Para un tiempo dolorosamente corto tuviste que aprenderlo! ¡Pobrecita! Apenas tenías 17 años cuando moriste.

MARÍA. Ahora soy un ángel puro en el cielo. Así que no necesitas tenerme lástima. Tú eres más digno de conmiseración, padre Carlos.

CARLOS. Tienes razón pequeña. Sólo que nos volvemos locos nosotros locos peregrinos del mundo, pensando en vosotros. Perdona, yo te recuerdo en otra forma...

MARÍA. ¿En aquella, padre, en el lecho de muerte?

CARLOS. En la cuna, que se convirtió en lecho de muerte. Felipe me informó de todo, paso a paso...

JUANA. ¿Lo hizo él?

CARLOS. ¿Lo dudas?

JUANA. Al pequeño portugués, al médico, que en Augusta se atrevió a acercarse a tí, deberías haberle dado más crédito...

CARLOS. (*perplejo*) ¡Madre! ¿Entonces lo sabes todo?

JUANA. (*suave*) De ninguna manera. Sólo que nosotros, como locos, desacreditados por vosotros, discernimos ¿sabéis?

CARLOS. ¿Qué significa eso?

JUANA. (*tranquila, explicando*) Tú trataste al portuguesito como iluso charlatán y le echaste fuera. Él estaba en lo cierto.

CARLOS. (*acordándose*) ¡Espantoso gnomo! Enano raquítico con enorme cabeza, mal dibujada cara y ojos bizcos...

MARÍA. (*sin resentimiento, tranquila y en voz queda*) Felipe pensó que tal criatura, tan odiosamente marcada en su fealdad por Dios, sólo podía ser un esclavo del diablo en la tierra, y no le dejó que se me acercara..., yo morí entonces...

CARLOS. ¡No fue así, lo que Felipe me comunicó, no fue así! Hubiera yo imaginado...

MARÍA. (*amable y conciliadora*) Padre Carlos, llegas demasiado tarde...

CARLOS. (*casi gritando*) ¡Como siempre!

MARÍA. (*suave y tranquila*) Eso no lo sé. Pero esta vez, en efecto. Estaba yo ya muerta, cuando el Pequeño habló contigo en Augusta. Inútil que tú entonces hubieras hecho matar a los otros dos médicos que me mataron; yo estaba ya muerta y don Carlos, mi hijito, ese quedó vivo.

JUANA. (*con áspera ironía*) ¡Tu nieto, mi biznieto, Carlos, Carlos el heredero de todas las coronas de la tierra, Carlos!

CARLOS. (*con gran miedo y pesadumbre*) ¿No va él a heredarlas?

MARÍA. Padre Carlos, así fuiste siempre. Sólo que eso va contigo. Está así bien, ya sé, mi muerte no supuso para vosotros, tú y Felipe, ninguna pérdida. Yo sólo era un instrumento para más altos designios. Yo di el heredero. Con ello estaba cumplido mi deber. Tampoco hubiera venido a ti...

CARLOS. (*rehaciéndose, amargo y seco*) Sin embargo has venido. Tú no fuiste solicitada.

MARÍA. (*con una sonrisa, como si se disculpara*) En vez de mi madre he venido, ya que ella es aún demasiado pesada para el viento. He seguido la llamada del *avò*, pues como todo muerto sé también yo lo más hundido y remoto, yo, la hija de Catalina, la nieta de Juana, mujer de tu Felipe, madre de don Carlos...

CARLOS. ¡Así que me mostráis el futuro!

JUANA. Sólo anunciamos el pasado. Te protegemos del futuro...

CARLOS. ¿Me protegéis? ¿Lo conocéis vosotras? (*Mira a su madre y luego a su nuera*). No me contestáis. (*Hay una pausa; las dos muertas se miran con una ligera sonrisa*). Vosotras lo conocéis. Sí (*levanta suplicante las manos doloridas por la gota*) ¡Oh, decídmelo! (*vuelto hacia la madre*) ¡Dímelo tú, qué va a ser de mi sangre!

JUANA. No te lo decimos. Te dejamos, Carlos, penar en tu Tordesillas igual que tú nos has dejado penar en nuestro Tordesillas hasta el fin.

CARLOS. (*tanteando para comprender una conexión muy lejana*) ¿Estás todavía allí?

MARÍA. (*observando de pronto a la abuela con rara extrañeza*) Si es que estás allí, *avò*, ¿cómo es posible entonces que estés aquí, aquí, libre en el barco? Tampoco te he visto nunca *arriba*. Cuando he llegado aquí tú no me has reconocido. ¿Eres una visión de ese anciano, o estás realmente muerta?

JUANA. Tú haces la pregunta de la cual él querría saber la respuesta. Tú le ayudas. Entonces tú le quieres. Quiérele, pequeña, quiérele, que él te necesita. Necesita pruebas.

MARÍA. ¿Contra quién?

JUANA. ¡Ah! contra mí, ¡tonta! Todo el mundo necesita continuamente pruebas contra mí a favor de mi enfermedad.

MARÍA. Cuando estuvimos contigo en Tordesillas, te mostraste como la más amable, la más cuerda, la más discreta y más buena mujer que nunca ha habido. Tú fuiste nuestra *avò* y nosotros éramos tus queridos niños y fue imponderablemente bueno estar contigo, porque eras tierna.

CARLOS. (*se revuelve en su sillón como un animal herido*)

JUANA. ¡Ah! Mariíta, eso lo has hecho mal. No es ésa la prueba que él deseaba.

MARÍA. ¿Quiere él que yo diga que eras mala y desagradable? Eso sería mentira, y él mismo sabría que eso era mentira.

JUANA. No, no es lo que él quiere. En ese caso sería cruel y malo. Y a pesar de que ha causado muchas desgracias, como todo el que manda a los demás, mira, cruel, malo y perverso nunca fue. Mírale, ahora tiene casi los sesenta.

MARÍA. Yo pensaba que tenía setenta o algo más.

JUANA. Son las preocupaciones las que le han avejentado. Un mundo pesaba sobre sus débiles hombros. Tiene detrás de sí semejante vida, María... no nos lo podemos ni imaginar... difícilmente tú en tu pequeño país, niña, y yo entre mis murallas naturalmente tampoco. Pero debes conocerle y saber todo sobre él, porque era un gran hombre y un gran monarca.

MARÍA. ¿Quieres hacerme ver que está muerto?

JUANA. No, realmente no ¿Por qué había de estar muerto?

MARÍA. Tú dijiste que lo estaba.

JUANA. El ha abdicado.

MARÍA. ¿Ha comprendido que ha deseado demasiado?

JUANA.   ¡Ah! Está enfermo y viejo.

MARÍA.   ¿Se ha dado cuenta al fin de que ha fracasado?

CARLOS.   Sí, eso es...

MARÍA.   ¿Has oído eso? Lo dice él mismo. Nunca le he visto tan quieto y destrozado. Me parecía orgulloso e inaccesible, *avò*. Por eso quizá nunca pude sufrirle, pero ahora, ahora él me agrada con su barba blanca. Parece como Dios Padre en el cielo.

CARLOS.   El Dios Padre ¿es tan frágil, tan enfermo, tan maltratado por todas las plagas del mundo como yo?... Vamos ¡no le ofendas!

JUANA.   Cierto que Él no lo toma así.

MARÍA.   Yo le conozco. Es muy amable, pero ya bastante viejo. Y es bastante extraño, dado que es tan viejo. Como tú también, padre Carlos. También Él dejó correr al mundo igual que tú; dado que se convenció de que no se puede mejorar... vano es preocuparse demasiado. Entonces se ha dado por vencido.

JUANA.   Lo mismo que éste.

CARLOS.   Mi pobre nombre no lo debéis... ni a mí, que sólo soy un perro apaleado, que procedo del lodo de la tierra y que volveré a ser lodo, no debéis pronunciar mi nombre junto con el suyo.

JUANA.   Perdona: ella es una niña, yo una loca.

CARLOS.   Tú no eres loca. Tú te burlas de mí, juegas, ironizas, me instruyes con superioridad... No eres ninguna loca.

JUANA.   Tú lo has dicho. No lo soy, pues. No lo soy. No lo soy. ¿Qué has hecho tú entonces conmigo? ¿Qué habéis hecho conmigo, vosotros tres, los tres hombres, los más cercanos a mí? ¡El padre, el marido, el hijo mayor! El marido, al que yo amaba sobrehumanamente, lo hizo saber por escrito, que yo era loca e imbécil. Acto seguido me persiguió el padre, como se persigue a una pobre liebre, entre los castillos de Castilla la Vieja. Yo imaginaba, imaginaba lo que me esperaba y busqué asilo entre los grandes, los cuales no pudieron osar ayudarme contra el rey, que era mi padre; busqué asilo entre mi querido pueblo, que impotente, con lágrimas en los ojos, tuvo que ver lo que a mí me sucedía. Aún me escapé de esta persecución de mi padre y me escondí en casa de una molinera... Allí me apresó al fin y en medio de la noche y en absoluto secreto para que no se enterara mi pueblo, en una jaula... así me llevó a Tordesillas. Yo le conocía. Sabía quién era. Yo sabía que él no me mostraría ninguna compasión. Considerando cómo era él, me rendí del todo. Pero en el fondo, como una Bella Durmiente espera al príncipe del cuento, en lo más profundo de mi castillo yo te esperaba a tí, hijo. Yo contaba y contaba: ya tiene nueve, ya tiene diez, doce, ya catorce, al fin dieciséis. Entonces murió mi padre. ¡Ahora, ahora vendrá él! Y él vino. Y tomó la corona, la que era mía, y tomó el país, el que era mío. Y vino entonces a visitarme. No a liberarme, sólo a visitarme.

CARLOS. ¡Por el amor de Dios! ¿Por qué no me dijiste entonces ni una palabra, una única palabra? Yo creía a todos aquellos médicos, grandes, prelados y sabios que te conocían y te habían reconocido, yo les creí. No intenté en absoluto pensar sobre tí, madre, de otra forma que dándote por una loca a quien se cuida... No obstante, inspeccioné Tordesillas y lo encontré bien... Decoré el castillo con bastantes comodidades y asigné a tu disposición una pequeña corte... Si tú hubieras dicho una sola palabra, hubieras aclarado que sabías cual era la intriga que a los dos nos dominaba, hubiera podido enterarme por tí misma de que estabas sana de espíritu, lo mismo que también estabas saludable de cuerpo. ¡Hubiera hecho todo por sacarte de allí!... No, ¡yo no he robado tu país ni tu corona!

JUANA. Quizá te hubiera dado mi país, quizá también mi corona... yo no estaba dispuesta a gobernar un reino. Sólo que tú, hijo mío, no me lo preguntaste siquiera. Y cuando yo esperaba, y lo hice en vano, y tú viniste y no fuiste mi liberador, sino sencillamente mi nuevo carcelero... entonces en lo más profundo de mi ser algo se desgarró... sí, fue algo como si se hubiera desgarrado. Esa fue la herida que nunca más se curó. De mi padre no había esperado nada, era un pillo frío del más gran estilo; al marido aprendí a odiarle por amor, después a odiarle por odio y al fin... le he olvidado; pero a ti nunca he podido tenerte por mala persona, mi Carlos,... y de odio. ...¡es ridículo! Eras mi primer hijo varón, a ti dirigí todo mi amor, acepté con amor de tu mano cuanta humillación y tormento quisiste darme. Tampoco me quejé ante ti, y mucho menos a los demás de ti... pero me quedé indeciblemente sola con mi Catalinita y luego... sin ella.

(larga pausa)

¿Ahora entiendes tú, Carlos, la prueba? Había de serte útil ante todo el mundo, que yo fuera realmente la loca incurable de Tordesillas. Esto tiene también su leyenda ¿no es cierto? (*se vuelve hacia María*) ¿Cómo fue..., Catalina?

MARÍA. No soy ella. Pero lo sé muy bien. Yo, la madre de don Carlos, llevo en mí todo el ciclo legendario de nuestra estirpe. (*Al Emperador*) Ahora óyeme: soy tu hermana más joven y te hablo a tí... Tú te pusiste su corona y fuiste además a conquistar otras coronas. Sólo dejaste extranjeros en el país de nuestra madre. Por todas partes gobernaban tus flamencos, hermano. La amargura aumentó y de repente, un día estalló la gran sedición.

CARLOS. (*apenas perceptiblemente*). Los Comuneros.

MARÍA. Sí, los Comuneros. La pequeña nobleza y las grandes ciudades. Vencieron, hermano. Abrieron las puertas de nuestro castillo y proclamaron su reina, nuestra madre. Durante semanas estuvo el castillo sin vigilar, es decir: vigilado por nuestra propia gente. Ella era entonces de verdad la reina. ¿Qué crees tú que hubiera quedado de tu señorío sobre España si ella se hubiera puesto a la cabeza de los Comuneros?

CARLOS. (*en voz baja*) Pero ella no lo hizo.

MARÍA. Y no haciéndolo, salvó, para tí, hermano, la corona, que era la suya. Se calló e hizo como si no hubiera entendido nada. Estaba allí, sentada, como bajo un fanal... y ellos, ellos que querían llevarla al trono de sus antepasados, pensaron que lo que la rodeaba era el fanal de su demencia y se retiraron extrañados y desengañados. Aquello era, sin embargo, la silenciosa y fiel campana de su amor, su amor por ti..., su silencio y sólo su silencio, hermano, ha salvado entonces su reino para ti. Después volviste. La sedición había pasado. Te gloriaste de haber vencido *avec la chaleur de ta présence*, sólo que eso eran sencillamente vanidosas palabras. Venciste gracias a la osada perseverancia de la presencia de ella, a su frío silencio, alimentado de enorme y ardiente amor, Carlos, hacia ti.

JUANA. (*con una tierna sonrisa*) Exagera un poco. No era simplemente amor, era también cansancio, era desaliento, era la renuncia de un corazón cansado, desengañado y desalentado que, por cobardía, enorme cobardía, nada arriesga, nada quiere y nada desea para no tener que de nuevo ser desengañado.

MARÍA. No has fracasado a causa de la madre; a ella has de agradecerle casi lo contrario.

JUANA. ¿Estás realmente fracasado?

CARLOS. Sí, lo estoy. Mi lema era: honor y ley; y hasta en mi interior, en contra tuya, he obrado, al fin y al cabo, quebrantando el honor y contra la ley.

JUANA. También exageras.

CARLOS. Después de lo que tú has dicho, no exagero (*prepara una larga respuesta*). El día que yo subí al trono, estaba acabada la paz en el mundo...

JUANA. (*le interrumpe con suave ironía*). ¿A cuál de tus tronos, hijo mío? porque el de tu España, después del levantamiento de los Comuneros, se volvió tan tranquilo como nunca lo había sido antes de tu subida al trono...

CARLOS. (*irritado*) ¡Es igual! Eso es asunto que queda al margen. El centro es y era siempre... Alemania: allí estaba, desde el principio, Lutero en el interior, en el exterior el turco, y por todas partes los muchos reyes conduciéndose como emperador en su propio país. Apoyados por ellos me traicionaron los míos. Y ¡yo tuve que huir como un prófugo de mis traidores súbditos, yo, el emperador de la cristiandad!

JUANA. (*continuando con su suave ironía*) Tal ha sucedido también a otros emperadores de la cristiandad. Proscritos, huyeron...

CARLOS. Pero delante del Papa.

JUANA. En cambio tus soldados han saqueado Roma y tratado al Vicario del Salvador casi como mi padre a mí.

CARLOS. (*con furiosa irritación*) ¡Eso fueron mis soldados amotinados, fue mi enloquecida soldadesca... no yo!

JUANA. Está bien. En mi caso tampoco fuiste tú; fue mi padre... que por el poder y la ambición se volvió salvaje y furioso como tus soldados ante los tesoros del Papa... mientras tú, mi primogénito, luchaste por la reconciliación...

CARLOS. (*la interrumpe*) ¿Luchar por la reconciliación? ¿no es una locura?

JUANA. (*fría*) Pues por loco pasaste tú, hijo. Eso es hereditario.

CARLOS. ¡Pero tú no lo eras!

JUANA. Entonces ¡te tengo lástima!

CARLOS. ¡Sí, ay de mí! ¿Sabéis vosotros cómo me ha ido? Me nacieron, de la emperatriz mi mujer, ¡hijos muertos!

JUANA. Pero Felipe vive, y tus dos hijas viven, y tus nietos van creciendo.

CARLOS. ¡Es igual! El último hijo muerto me arrebató también con él mismo a mi mujer.

JUANA. Porque ella no quiso enseñar al médico, un hombre extraño, su cuerpo... Oye ¿estaba entonces tu mujer también loca?

MARÍA. ¡Se agita a tu alrededor, te alza... la alta marea de la demencia! ¡Ten cuidado!

CARLOS. ¡Es muy tarde para tener cuidado! He sobrevivido no sólo a mis amores, sino también a mis enemigos, Lutero, Francisco el francés, Mauricio el alemán, Enrique el inglés... a pesar de que los vencedores son ellos. Pero de mis planes, de los planes de reconciliación del mundo, nació sólo odio, del odio, la guerra y de las guerras, de nuevo sólo muerte. ¡Muerte resucitada!

MARÍA. Así es ahora. Los muertos son los fuertes.

CARLOS. Son los únicos fuertes.

MARÍA. Por eso, Carlos, para ser fuerte, apresúrate a venir con nosotros.

CARLOS. ¿Qué dejo detrás de mí cuando parta? Un mundo destrozado y herederos enfermos. (*De repente nota que la reina enmudece. Alza la mirada hacia ella. Está sentada muy erguida, con los saltones ojos vidriados, desgreñados los cabellos, sin corona, sin cetro, con desgarrada túnica tiesa de suciedad, de repente se ha vuelto decrépita*). ¿Por qué enmudeces? (*nervioso*) ¿Cómo estás ahí sentada? ¿Quién eres? No eres...

MARÍA. (*pálida, se ha vuelto descarnada y grande como un fantasma, con una túnica convertida en gris ceniza y sin corona, con alterada voz de un frío cortante*) Sí, es ella, la reina de Castilla, tu señora, tu madre, Juana.

CARLOS. ¿Por qué está ahí sentada? ¿como una... que... estuviera sentada bajo un fanal?

MARÍA. (*fría*) Así es ella. Pudiste oírlo.

CARLOS. ¡No la aguanto cuando enmudece así!

MARÍA. Los Comuneros tampoco pudieron aguantar.

CARLOS. ¿Qué ha sucedido?

MARÍA. Le ha sucedido a ella.

CARLOS. Tengo miedo.

MARÍA. Tienes motivo para ello.
CARLOS. ¿En espantarme?
MARÍA. En desesperarte.
CARLOS. ¿Cómo concuerda eso?
MARÍA. No concuerda. Es demencia.
CARLOS. ¡Calla! ¡Calla! a mí mismo me vuelves loco.
MARÍA. Me callo. No tengo más que decir. Tú querías la prueba.
Ya la tienes, Carlos.

> *Palidece aún más, flota oblicuamente hacia lo alto, se hace*
> *completamente transparente y se deshace paulatinamente en*
> *el crepúsculo.*

CARLOS. ¡Ten piedad! ¡No me dejes solo con ella! ¡No puedo más!

> *La figura sujeta al palo atrae su mirada, como contra su*
> *voluntad levanta hacia ella sus ojos.*

¿Qué me miras tan fijamente? ¿Por qué te estremeces así? ¿Qué
te hacen?... ¡Dios, yo nunca he mandado eso, nunca lo he permitido! ¡Hay que acabar, hay que acabar! ¡maldito verdugo!
¡Es mi madre!

> *Con temblorosas manos se quita de encima del cuerpo las*
> *mantas bajo las cuales estaba envuelto, se yergue lo poco de-*
> *prisa que puede y vacilante tantea hacia el mástil. Pero ya*
> *no encuentra allí a nadie, el lugar donde Juana estaba sen-*
> *tada en su trono está vacío. Entonces agarra las cuerdas*
> *como si quisiera romperlas, sólo que se enreda de pies y ma-*
> *nos en el cordaje. Casi queda allí colgado, la cara vuelta a*
> *la proa y grita desesperado con voz enronquecida y tembloO*
> *rosa:*

¡Leonor! ¡María! ¿Dónde estáis, hermanas? ¡No me dejéis solo!

> *El primero que acude es un muchacho, su bastardo, don*
> *Juan de Austria, entonces llamado todavía Jeromín. Corre*
> *escaleras abajo y llama:*

JEROMÍN. ¡Adrián, ven! ¡Se ha despertado! (*se calla cuando le ve venir. Se apresura hacia el Emperador. Con voz muy temerosa*) ¡Oh, amado señor!... (*se queda desvalido de pie ante él*).

ADRIÁN. (*el más antiguo camarero del emperador, se apresura bajando las escaleras*) ¡Mi señor!... ¡por el amor de Dios, *Sire* ¿por qué no me permitisteis quedarme junto a vos?... (*ayuda al emperador a descolgarse de las cuerdas y le lleva de nuevo a la silla de gotoso*).

CARLOS. (*a Jeromín, que sirve de ayuda al viejo criado*) Ven, ven conmigo. Dame tu manita caliente.

JEROMÍN. ¡Vuestra mano está helada! ¿Tenéis frío?

CARLOS. Tengo fiebre.

LEONOR DE FRANCIA. (*bajando las escaleras con la ayuda de María todo lo deprisa que puede*) El mar estaba tan sereno y el cielo tan despejado y vos, señor y hermano, os habíais dormido tan dulcemente. Pensábamos nosotras que podíamos... aquí, a vos un rato...

CARLOS. (*que de nuevo ha llegado a la silla y ahora, cansado y sentado allí, la interrumpe*) Tan suavemente dormido...

MARÍA DE HUNGRÍA. Queríamos precisamente venir hacia vos, porque de repente empezó a hacer más fresco. El sol desciende. ¿Deseáis ir adentro a vuestro camarote?

CARLOS. No, nada de dormir. No, venid hacia mí.

LEONOR. ¡Vuestra mano, señor,... como el hielo!

CARLOS. ¡Venid, sentaos!

MARÍA. Estamos todos aquí. Tranquilizaos. Mirad qué hermosa y tranquila va cayendo la noche. Ya brillan las estrellas.

LEONOR. Ya no estamos muy lejos...

JEROMÍN. Estamos ya muy cerca. El capitán espera en cualquier momento la aparición de la costa.

CARLOS. ¿Todavía hoy?

JEROMÍN. Sí, hoy...

LEONOR. Lo espera hoy puesto que, desde que ha cesado la tormenta, navegamos derechos hacia el sur.

CARLOS. ¿Hacia abajo, claro?

LEONOR. (*extrañada*) ¿Qué queréis decir?

CARLOS. Hacia abajo. El sur está en dirección... (*se interrumpe*) Está abajo.

MARÍA. Sí, si la tierra es realmente redonda.

JEROMÍN. Es redonda. Se ha navegado todo alrededor de ella. Se ha conseguido.

MARÍA. Asombroso. Una bola. Aun ahora no lo puedo comprender.

LEONOR. Pero vos sí lo comprendéis, gran hermano, vos en cuyo imperio no se pone nunca el sol...

JEROMÍN. ¡Mirad! Eso no es verdad. ¡El sol se pone! Ya está abajo. La noche irrumpe. Tan de repente...

CARLOS. En el sur es así.

MARÍA. (*a Jeromín*) No se interrumpe a la reina de Francia. No se dice, ¡eso no es verdad!

CARLOS. No se la interrumpe; eso está bien. Sólo que el muchacho ha tenido razón: el imperio en el que el sol no se pone, eso son tres estrechas habitaciones, adosadas a las paredes de un pequeño monasterio. Eso es Yuste, mi imperio entero. Y todavía uno se pregunta si vamos a llegar.

MARÍA. Hemos aguantado la tormenta. Está ya lejos. Dios nos ha concedido una buena travesía.

CARLOS. La hemos logrado... sí... sí,... concedida por Dios.

JEROMÍN. Veremos enseguida la costa...

CARLOS. La costa tú, la orilla yo. La meta final.

JEROMÍN. ¡Oh, no, amado señor! Laredo no es meta final. Vamos a seguir adelante... hacia Valladolid. Y desde Valladolid vamos a caballo a la Vera. Hacia el castillo de Jarandilla. Allí esperaremos hasta que Yuste esté preparado para vos y para nosotros. Desde Yuste después...

CARLOS. ¿Y después, niño, desde Yuste...?

JEROMÍN. Desde allí de nuevo al ancho mundo.

MARÍA. ¿De nuevo? ¿Adónde?

JEROMÍN. Hacia nuevas victorias, Alteza.

María. ¿Hacia nuevas victorias? ¿Qué quieres decir, Jeromín?

JEROMÍN. ¿Creéis vos, Alteza, que una tan gran majestad puede vivir sin victorias? Descansa y vuelve de nuevo.

CARLOS. ¿Vuelve? ¿Adónde pues?

JEROMÍN. Amado señor... hacia Francia. París no se ha tomado todavía. ¿Podré yo entonces acompañaros a caballo?

CARLOS. Me temo que lleguemos muy tarde. Suponiendo que Felipe ataca un día ostensiblemente a los franceses... suponiendo que él un día se encuentra en marcha a las puertas de París...

JEROMÍN. (*tajante*) Pero él no puede tomarlo sin nosotros.

CARLOS. ¿Sin nosotros? ¿Quieres decir nosotros dos, tú y yo?

JEROMÍN. Las reinas no pueden cabalgar con nosotros.

CARLOS. La reina María es una excelente amazona.

JEROMÍN. ¡Entonces viene ella también! ¿No es cierto, querida Alteza, vendréis también?

MARÍA. ¿Adónde nos quieres llevar, querido pájaro de reclamo?

LEONOR. Os quiere llevar hacia el futuro.

CARLOS. ¡El futuro!... ¿Hacia el futuro?... Jeromín, niño querido, ¿sabes tú lo que significa futuro?

Jeromín. ¡Sí, amado señor, significa nuevas victorias!

(*Hay un silencio*)

LEONOR. ¿Os llega, *Sire*, aquí sobre el puente, el aire cortante y fresco?

CARLOS. ¿Queréis volver al interior del barco? Allí está oscuro y estrecho como en una tumba. Aquí hay aire y una noche despejada. Ya presiento la luz de la tierra de mis antepasados. La tierra de nuestra madre nos envía al encuentro sus mensajeros. Es importante recibirlos, descifrar el significado de sus noticias... No me gustaría ahora alejarme del puente... a pesar de... (*enmudece*).

LEONOR. Entonces tiene Adrián que traer todavía mantas, (*A una señal de la reina el viejo camarero se aleja deprisa*) Porque aquí hace fresco. ¡No debéis exponer vuestra salud, ahora fortalecida por el verano y el descanso, a nuevos peligros!...

CARLOS. Os prometo evitarlos... (*el Emperador y Jeromín cambian una mirada*). Tu piensas, pícaro, que he hablado bien, pues yo amo... amaba el peligro. Lo amaba (*reflexiona*). Era yo como... no, mayor que tú ahora, Jeromín, cuando hice la primera vez este viaje. Buscaba entonces mi reino en la tierra de los antepasados de mi madre... en el fabuloso país de los relatos de mi madre... resultó diferente. Encontré el reino, el país fabuloso... (*se interrumpe y prosigue en distinto tono*) Ahora, después de tantos años, viajo, voy volando a esta tierra, su tierra. ¿Es esto por lo que hemos emprendido ahora un viaje? Es una huida. Huyo... definitivamente, para siempre, renunciando y abdicando, persiguiendo la muerte que se me escapa, me huye, no me libera, pero me atemoriza y aprisiona y convierte para mí cada hora en una agonía, sin embargo sin matarme. *¡Oh, me muero porque no puedo morir!...* Tengo yo la culpa de que vuestras vidas fueran desquiciadas. He usado y abusado de todos vosotros... he destrozado la dicha de tu vida, Leonor, os separé de vuestro querido país de Flandes, María, y ¿qué os he dado por ello? ¡Nada! ¡Este viaje, la fuga hacia la muerte!

LEONOR. El niño no debe oír, señor, cómo vos os culpáis, sin miramiento y sin fundamento, ante nosotros. Es vuestro estilo, vuestro auténtico y gran estilo, hermano mío, humillaros. Dios os tiene en cuenta vuestras humillaciones, Él las realza y apunta para bien...

CARLOS. (*observa a Adrián que vuelve con abrigadas mantas*) Así sea. Sólo quiero estar callado. Quiero decir, aquí en la noche fresca, quiero hablar con Dios. Mostrarle todas las llagas y heridas de mi pobre alma con toda humildad. (*Adrián y las hermanas le envuelven en las nuevas mantas*) Quiero rezar, dejadme solo.

MARÍA. Volvemos dentro de un rato.

CARLOS. Está bien.

LEONOR. (*muy bajo al emperador*) No debéis mortificaros con arrepentimiento y melancolía.

CARLOS. Lo prometo.

MARÍA. Entonces nos vamos.

CARLOS. (*a Jeromín*) ¿Estás llorando... ¡hijo!

JEROMÍN. (*muy abochornado*) No lloro... el viento me ha soplado en los ojos.

CARLOS. ¡Está bien! dame la mano.

JEROMÍN. (*le besa la mano*) Sois el mejor hombre y el más grande Emperador que ha existido... (*se interrumpe avergonzado y tímido*).

CARLOS. (*le atrae hacia sí*) ¿Qué dices tú? ¿Cómo se te ocurre semejante disparate, Jeromín?

JEROMÍN. (*se separa bruscamente de él*) ¡Dejadme, dejadme ahora ir. (*Hace intención de marcharse*)

UNA VOZ. (*desde lo alto del mástil*) ¡Tierra!

JEROMÍN. (*se queda parado y de nuevo corre hacia el emperador*) ¡La costa! ¡Escuchad, la costa!

LAS REINAS. ¡Gracias sean dadas a Dios! ¡La costa! ¡Al fin!

JEROMÍN. ¡Mirad ahora! Tal vez la divisemos también nosotros enseguida (*se arrodilla al lado del emperador, que como los demás, se ha vuelto hacia el mar*).

(*Una pequeña pausa*)

CARLOS. Mis débiles ojos me hacen ver a lo lejos borrosas figuras...
MARÍA. *Sire*, son sólo las aguas embravecidas.

(*Nueva pausa*)

CARLOS. ¿Veis ya algo?
LEONOR. Todavía no.
JEROMÍN. ¡Allí!
CARLOS. Sólo una sombra. Desaparece cuando se mira muy fijo.
JEROMÍN. No, amado señor, allí, allí ya no desaparece.
MARÍA. El niño tiene razón. Aparecen a la luz de las estrellas, puntiagudas rocas. Una raya negra se distingue poco a poco..., crece..., ya toma forma...
CARLOS (*con un profundo suspiro en el que luchan agotamiento, alivio, pero también, aún, esperanza*) ¡España!

(Traducción del alemán por Consuelo Larrucea de Tovar).

FELIPE II EN PERSPECTIVA ANCESTRAL

1.

Una familia no es mera y exclusivamente una unidad biológica y sociográfica. Se caracteriza, también, por un elemento espiritual. Una tradición, un mito familiar; una idea de justificación moral de la propia existencia, —tales son las características que definen una unidad familiar en caso de tratarse de una dinastía. Mientras ellas conservan su validez, vive y obra la familia, como ente vital y unidad espiritual. Con su desmoronamiento, en cambio, empieza la descomposición de tal unidad. El causante de ésta es, naturalmente, un cambio de dominantes. Este puede conducir a una decadencia final, pero también a una crisis. De ésta, en la mayoría de los casos, surge un nuevo tipo de hombre, con él una nueva unidad vital adentro de la misma parentela.

Así cambió, por ejemplo, el tipo de rey-caballero de la alta Edad Media durante el Medioevo tardío —y cada vez más— en el del monarca profesional. Tras el brazo de Dios, el alcalde de Dios. La transformación, por supuesto, fue lenta y gradual. Aún el padre de Felipe II —a pesar de su profundo sentido de deber, su perseverancia en la labor y su gobernación responsable: características, sin lugar a duda, que ya iban anunciando el cambio de la actitud en la del reinante profesional—, aún Carlos V es todavía un rey-caballero, uno de los grandes "últimos caballeros" de la época.

En el porte de su hijo, en cambio, empalidecen, visiblemente, los rasgos caballerescos. La labor planificada —el trabajo en su escritorio— predomina; la iniciativa guerrera-varonil disminuye. Con razón se le llamaba "el primer regente moderno".

Es su caso el que nos permite estudiar el cambio de dominantes en la actitud del monarca oeste-europeo. Entre los fines del siglo XI y los del XV domina en Europa el tipo de rey-caballero, guerrero y jefe militar, caballero también en el sentido originario del vocablo: príncipe jinete, cuya residencia es —como ingeniosamente se decía— su silla de montar.

En cada país de este tiempo encuéntranse reyes que son —antes que nada— espadones indómitos, voluntariosos, arbitrarios. La gobernación propiamente dicha es para ellos a menudo un asunto secundario. Lo que les importa, es ejercer y representar al poder. En el espacio ibérico, por ejemplo, se hallan reinantes en esta época, que a veces no carecen de talento, quieren empero reinar y actuar sin freno y disciplina. El bienestar de sus súbditos les importa poco. Curiosamente, les interesa igualmente poco su propio bienestar: se exponen al peligro, y hasta hallan, y no pocas veces, su catástrofe personal en él.

Desde los principios del siglo XIII, sin embargo, se inicia —primero, esporádicamente, luego en manifestaciones frecuentes, un tipo diferente del príncipe europeo. Mientras en los siglos XIV y XV el desarrollo se realiza en una especie de movimiento de péndulo entre los polos de los representantes del tipo viejo y el nuevo, hacia fines del siglo XVI se torna dominante el nuevo tipo, y llega a ser en el XVII y más aún en la época del absolutismo ilustrado casi exclusivo. Y es el del monarca profesional, el alcalde de Dios. Residente de una sola capital, disciplinado por un ceremonial de corte cuidadosamente observado, visto por su pueblo solamente en casos excepcionales, casi nunca presente en las batallas y menos aún gran-capitán conductor de ellas, —transformóse el nuevo tipo de reinante en el más alto funcionario de su país,— en vez de caudillo, en alcalde.

2.

Para podernos formar una idea de tal cambio de dominantes, vamos a ejemplificar nuestro tema por la crisis portuguesa de los años de 1383/85.

Fernando de Portugal, el último regente de su Casa, no fue, y de ningún modo, el último miembro de su dinastía. Al morirse él, vivían aún cinco herederos de su sangre. Considerábase sucesora del trono a la hija de Fernando, Beatriz, la mujer de Juan I de Castilla. Ella, sin embargo, alejábase por su matrimonio tanto de la unidad de su prole como de la de su pueblo. Y éste último la rechazó decididamente. El padre de Fernando, Pedro el Cruel, se casó secretamente con su amante, Inés de Castro; no consiguió sin embargo nunca un pleno reconocimiento de su matrimonio ante la curia romana y ante su pueblo tampoco. Los dos hijos de Inés, débiles e indecisos, pronto perdieron la jugada; abandonaron el país para no volver nunca más.

El rey Pedro, con todo, tenía otros dos hijos aún, ambos de nombre Juan. Al primero, el hijo legítimo, lo excluyó de la sucesión el hecho de que había matado a su propia mujer. El otro Juan, el ilegítimo, nació de un amor de su padre con una burguesa, Teresa Laurenço, y tuvo, en su niñez, una educación de tipo burgués. Su padre, luego, lo nombró gran-mestre de Aviz, una orden de caballería. En los disturbios que siguieron a la muerte del rey Fernando, Juan se mostró hábil y fuerte. Lo hicieron rey — pero de ningún modo por haber esperado que gracias a su reinado renacieran tradición, mito familiar y pretensiones de la Casa de Borgoña, sino por haber representado Juan al pueblo y los anhelos de éste. Juan de Aviz subió al trono como fundador de una nueva dinastía y por ser gestor y actor de un movimiento popular y revolucionario. La tradición de la Casa de Borgoña estaba muerta: con Juan despuntó una nueva época. Fernâo Lopes, historiador de esta épcoa, descubrió esta novedad. Con el nuevo rey, dice, surgió por todo el reino un nuevo tipo de hombre. Con éstos estamos en el umbral del Renacimiento. Como Italia por los senderos de una renovación artística, literaria, filosófica y —no en último lugar— económica, así se rompe camino Portugal por los de una auto-afirmación político-económica —de características llamativamente "modernistas" y hasta "democráticas",— hacia una nueva visión del hombre y sus valores.

3.

Un siglo antes de la subida al trono de Juan de Aviz, es el imperio alemán el que se halla ante una transformación y una renovación que —en algunos de sus matices importantes— se dejan comparar con el proceso portugués.

Por la muerte de Federico II, Conrado IV, Manfredo y Conradino, la Casa imperial de Suabia no se extingue aún. Sus miembros, sin embargo, —los que sobrevivieron a la catástrofe de su familia— renuncian a la tradición, al mito familiar y a la idea de vocación de los Hohenstaufen. Después de resignarse la dinastía a su antiguo papel y de fracasar las tentativas de diferentes reyezuelos de apoderarse del poder en Alemania, elígese allí por rey a un hombre que no se origina de sangre real ni es uno de los grandes príncipes del país: Rodolfo de Habsburgo.

Como cien años más tarde Juan de Aviz, Rodolfo no sube al trono por una revolución de burguesía y campesinato; tampoco es, como aquel, hijo de una burguesa, ni lo educan en la casa de un burgués como a Juan. A pesar de esto, los puntos de contacto entre los dos fundadores son de trascendencia y de número elevado.

Como a Juan, también a Rodolfo le conduce su camino desde condiciones limitadas hacia horizontes amplios. También él es sobrio, circunspecto, comedido y perseverante, como aquel, y lo matizan sus múltiples conexiones con los burgueses: mercaderes e industriales. No en vano le llaman sus contemporáneos el "rey tendero": el *Krämerkönig*. De tal orientación resultan "su espíritu emprendedor" y "su condición de gran-mercader". Todo esto lo hizo aparecer ante los ojos de sus contemporáneos y de la posteridad burgueses como el ideal de un *pater familias* correcto. Parece poco menos que simbólico que sea precisamente él, representante de una "sobriedad suabia", de una prudente "limitación a lo posible", de una "conservación cuerda y bien pensada del propio interés", quien logre no sólo derrotar, sino también liquidar al penúltimo Przemyslida que aún hacía historia.

Éste, Otocario II, era un caballero brillante, uno de los más notables que jamás vivió. Y era muchísimo más que un simple espadachín real, como tantos de su género. Lo que proyectó, era un imperio de Europa central. Y Otocario era un regente hábil, destacado como político, administrador y jefe militar, que poseía a la vez la energía necesaria tanto en la iniciativa y la empresa, como también en la ejecución de lo planeado. Pese de todo, había de fracasar.

De envergadura histórico-mundial es la escena que lo contrasta con Rodolfo.

El rey alemán venció ya en una guerra a ese vasallo que se le impuso de rival. El vencido tuvo que comparecer ahora ante él, su soberano, para rendirle homenaje. Otocario, representante interior como exteriormente de la actitud de rey-caballero, llega al encuentro en atavío regio: resplandece —literalmente— en su vestimenta pomposa y magnífica. El otro, el primer príncipe de Europa, lo recibe sentado en un banquillo ápode vestido de un simple jubón gris. No lleva ni la corona ni el cetro; acepta la rendición del otro entre formas casi burguesas.

El bohemio, descendiente de una antiquísima Casa real, tiene todavía las raíces todas en la tradición de la caballería europea, la época de los Hohenstaufen. El Habsburgo, en cambio, no es príncipe natural. Por consiguiente, se esforzará —y será precisamente la caída de Otocario la que le va a abrir el camino hacia este porvenir— en hacer de sus descendientes príncipes verdaderos. Cuatro años después de la muerte de Otocario en la batalla de Dürnkrut, tiene lugar en Augusta la investidura de sus hijos Alberto y Rodolfo, con las provincias de la antigua marca austríaca. Desde entonces está fundada la dinastía de los Habsburgo. Según su forma jurídica esta investidura es, por supuesto, una donación feudal. Ni pudiera ser otra cosa en 1282. Pero por ella llegarán a ser los Habsburgo algo más y también algo distinto que solamente caballeros principescos de su época; a saber: emprendedores en gran escala tanto agrarios como industriales y —aun antes de esto— comerciales, en posesión del importantísimo derecho de emporio de la ciudad de Viena. El nieto del rey Rodolfo, el duque Alberto II, inicia, ya a mediados del siglo XIV, una especie de "política económica de metas y finalidades conscientes". Esta política no sólo se muestra llamativamente "moderna", sino también "burguesa", lo que quiere decir, que ella invoca el futuro, la época de grandes-mercaderes del Sur alemán, los Fucar y los Welser.

Los resultados del gobierno de Alberto II —"la corroboración de las finanzas de su Casa" "el engrandecimiento de sus bienes dominiales", "la protección de las ciudades ducales mediante la ordenación de los gremios y la ampliación o el otorgamiento de privilegios urbanos" etc., así como también la incorporación de nuevas provincias en el Sud-Este alemán,— todos estos resultados de Alberto nos hacen pensar —de nuevo— en las innovaciones económicas y sociales de Juan de Aviz y sus hijos, que —enérgicos, sobrios, desconocedores de ilusiones— invaden el Norte del Africa mahometana, conquistan Ceuta, y ponen así la base de su imperio colonial y de un comercio que acabará por transformar el mundo.

4.

Uno de los hijos de Juan de Aviz es Enrique el Navegante. Es un hombre osado, frío, seguro de su meta, que consiste en romper con lo estrecho, provincial y campesino del Portugal de antes para llegar a lo amplio, grandioso y marítimo de un porvenir lejano aún. Con este afán va a la par el mencionado "espíritu emprendedor de un gran-mercader".

Su forma de vivir se deja trazar en lo que sigue:

El hombre maduro se retira al punto Sur de Portugal, el Promontorio de Sagres. Ahí construye su *Vila do Infante*, castillo y convento, academia y plaza de armas para sus marinos: geógrafos, oficiales expertos de navegación, y tripulación de a bordo. El mismo Enrique, una vez establecido ahí, no abandonará su *Vila* jamás; pero sus "manos" —la gente que conduce sus naves— penetrarán de año en año más hacia el Sur por el mar Océano y descubrirán gradualmente las costas occidentales de Africa.

Similarmente actuarán un siglo más tarde las "manos" de Felipe II —un tataranieto de un hermano del Navegante—, sus "manos": un Manuel Filiberto de Savoya, un Don Juan de Austria, un Duque de Parma, —luchando, venciendo, gobernando en su nombre por tierras lejanas,— mientras él mismo, cual un Dios entronizado inmóvil en lo más alto de sus cielos, está contemplando desde lejos, cómo obran, sufren y mueren por él sus sacerdotes y misioneros.

Con todo: el príncipe de Sagres no es un ascendiente directo del Rey español. Conocidísimo es, sin embargo, el resultado —tal vez el más notable— de la genotropía según el cual los antepasados directos, en muchos casos, no son sino meros trasmisores de rasgos hereditarios, latentes en ellos, manifiestos, en cambio, entre los miembros más remotos o laterales de su árbol genealógico. Trasmitidas, sin embargo, tales características en su estado latente al descendiente, en muchos casos podrán manifestarse en éste nuevamente en su vigencia originaria, y a veces hasta con más ímpetu como lo hacían en los ascendientes. Así será, por ejemplo, Isabel la Católica trasmisora del legado enfermo de su madre, Isabel de Portugal, a su hija, Juana de Castilla. En ésta —mientras la Reina católica no manifiesta rasgos enfermos de esta índole— irrumpe la enfermedad de la abuela con nuevo vigor. Según el testimonio del conjunto genealógico, también el abuelo materno de Isabel la Católica, el Infante Juan de Portugal, hijo de Juan de Aviz y hermano del Navegante, es trasmisor de características, latentes en él, manifiestas, en cambio, en el mismo Enrique y en otro de sus hermanos, el rey Duarte de Portugal; presentes, sin embargo, en Enrique en formas perfectamente sanas, "socializadas", mientras que en Duarte —al menos, en sus comienzos— se realizan con manifestaciones enfermas.

Duarte, un hombre inhibido, supersensitivo, de frágil equilibrio interior, pero, al mismo tiempo, de alta alcurnia intelectual, es autor de un libro raro, si no único en su género, el *Leal Conselheiro*, en que quería resumir su saber entero. Por consiguiente, también su experiencia respecto a sí mismo. Duarte se enfermó en su juventud del "mal de la tristeza", la melancolía. Causa y origen de su enfermedad los reveló en su forma de vivir: una vida recluída y sobrecargada de modo poco natural. Duarte, muy joven entonces, tenía que llevar también el peso de grandes responsabilidades. El mismo caracteriza, en su libro primero, los síntomas y el desarrollo de su mal, para describir, luego, con la simpática y serena claridad del hombre del temprano Renacimiento, su esfuerzo inteligente, por el cual logró curarse —él solo mediante su propia voluntad y comprensión.

El interés consciente por el propio Yo, el conocimiento de sí mismo, la inclinación hacia lo autobiográfico —rasgos que desde ahora habrán de distinguir a los mejores de sus descendientes— tienen un punto de partida en Duarte, en su *Leal Conselheiro*. Lo que Duarte logró fue invocar en lo negativo y morboso de su cuerpo lo positivo y saludable de su espíritu: en este sentido, es él prototipo de sus descendientes caracterizados por una espiritualidad responsable, como eran, sobre todos los demás, un Carlos V o un Felipe II.

Fue Leonor la hija de Duarte por cuya mano había de establecerse el primer lazo entre los antepasados paternos y los maternos de Felipe II. Las dos dinastías, la de los confines más lejanos del Poniente latino y la de la marca más distante del Levante alemán, habían de emparentarse, de compenetrarse, multiplicando gradualmente el número de sus conexiones para fundirse al final —en los últimos lustros del siglo XVI— en una sola.

Otro hermano de Duarte y Enrique, el infante Pedro, durante su famoso recorrido de Europa, se hizo amigo del Duque Felipe el Bueno de Borgoña. Pocos años después también estas dos dinastías llegaron a afirmar sus inclinaciones e intereses en común por un enlace matrimonial. El Duque de Borgoña, Felipe, se casó con una hermana del infante Pedro, Isabel. De esta unión había de nacer Carlos el Temerario.

Fue unos dos decenios más tarde cuando, en razón de sus intereses mutuos, manifiestos e insistentes cada vez más a causa de la preponderancia creciente de Francia, acercábanse también la política de Borgoña y la de Austria. Y fueron embajadores borgoñones los que recomendaban a la sobrina de su duquesa, la hija de Duarte, Leonor, a Federico III, el futuro Emperador.

Lo estrecho, lo oscuro del hombre saturnio, la esfera *fort tardive* del príncipe de un país sin acceso al mar parecieron entonces vincularse, mediante este enlace, con lo amplio, lo resplandeciente de horizontes abiertos al Océano, la esfera del *extremum mundi occidens,* en ese tiempo ya en el camino del pleno dinamismo de su expansión. La realidad, sin embargo, fue muy distinta. La hija de Duarte trasmitió la herencia de la melancolía, pero también la de la voluntad capaz de vencerla, a la familia de su marido. Y en esta familia, en el ambiente habsburgués, la rodeaban, desde un principio, características llamativamente afines.

Como hemos visto, fue en el reinado del nieto de Rodolfo I, Alberto II, cuando se iniciaba en Austria un gobierno cuerdo y responsable, matizado por una "modernidad" poco menos que de tipo "burgués". No sin razón se hablaba en el caso de Alberto II de "comienzos de una política planificada de economía y de sociedad". Estos comienzos —siempre con los cien años de antelación que pudimos verificar ya en el caso de Rodolfo I— corresponden a los esencialmente similares pensamientos y tentavias de Duarte de Portugal. Y lo mismo que en los hijos de Alberto II empezará—y cada vez más— a prevalecer una característica de caballería tardía, el acontecer portugués, después de la extinción de la primera generación de los Aviz, desarrollará —hasta en esto— rasgos bien afines al suceso austríaco.

Al contemplar la actitud de los Habsburgo durante el siglo

XIV, y la de los Aviz durante el XV, nos llamará la atención una situación más que compleja en ambos casos.

Una vez terminada la época inicial tanto de los Habsburgos como de los Aviz, llega a ser visible —y cada vez más— la influencia ejercida por el medio ambiente cultural y social de la tardía Edad Media en los duques austríacos y en los infantes lusíadas también. Hijos y nietos de Alberto II presentan —sin abandonar por esto el legado de sus antepasados— un porte y, con él una sensibilidad caballerescos. La nueva actitud conlleva también consecuencias, si no desastrosas, al menos negativas: los Habsburgo y sus caballeros quedan derrotados en Morgarten por los campesinos y pequeños burgueses de los montes suizos.

Lo mismo vale para el Poniente. Los Aviz, por un lado, continúan, sobrios y perseverantes, por el camino de crear en las partes del mundo descubiertas por ellos un imperio colonial, pero, por el otro, presentan, hijos y nietos del gran-mestre de una orden de caballería, un porte y, con él, una sensibilidad caballerescos. Incluso tienen también su Morgarten: su ejército, anacrónico y torpemente conducido, fracasa ante Tanger; lo derrotan los mahometanos.

"Flores de caballería" van a llamarse ahora los duques de Austria, como se puede leer de un Leopoldo III. Pero también en ellos se conserva la actitud de emprendedores de gran empeño, la herencia del sobrio fundador de su Casa. Su afán persistente, consecuente, poco llamativo, a menudo hasta pacífico, pero muy consciente de sus metas, que son la fortuna y el poder, se afirma, ahora también, al lado de sus nuevas formas de vivir.

Mientras Habsburgo (desde los comienzos de Rodolfo I en suelo austríaco, por la adquisición de Carintia, Craina, Tirol, Friaul, Trieste, Feltre y Belluno, hasta la subida a los tronos de Alemania, Hungría y Bohemia de Alberto V) extiende su poder e influencia sobre Europa, invade Aviz el Oeste africano, descubre Madeira, las Azores, el Cabo Bojador, el de Buena Esperanza, y se abre —al final— el paso, intentado desde hacía siglos, hacia la India.

5.

El Emperador Federico III, yerno de Duarte, es un carácter bien distinto del de sus bisabuelos, "flores de caballería" austríacos, como también de la "ínclita geração, altos infantes" de Portugal. Federico es más afín en todo su porte y actitud al antepasado fundador, Rodolfo I, el "rey tendero", con la notable diferencia, sin embargo de que las virtudes del antepasado le faltarán al descendiente.

Al considerar "su inmobilismo, al límite, a veces, de lo patológico", su desconfianza y "misantropía, al límite, a veces, del cinismo", "su fuerte egocentrismo", su abulia, su modo de ver "la meta suprema de cada política en el sobrevivir al enemigo", su naturaleza flemática, su lentitud que le hace diferir sus resoluciones, pensando que el tiempo vendrá en su ayuda; su no meterse personalmente en la guerra, sino encomendarla a sus generales; su interés minucioso y escrupuloso en toda clase de negocios pequeños o grandes cuyas actas —papel y letras— han de llegar a su mano, y cuyo estudio le lleva tres o cuatro horas o más al día —al pensar en todo esto, el tipo de los Habsburgo venideros estará, ante nuestros ojos, encarnado en él en su tal vez más extrema modalidad.

No obstante, es precisamente éste el monarca por cuya elección Habsburgo se asegura la corona alemana; es el primero de ellos que alcanza la dignidad imperial. Y más aún: Federico podía conservarse —y vale aquí esta expresión— en su dignidad un medio siglo entero, casi protegido por su propia inercia.

Si no hubiese sido tan inerte e ineficaz como era, podríamos considerar en él al primer reinante profesional, el rey ante su pupitre de escribir. Lo que pretende es reinar sobre sus provincias e imperio desde una cámara estrecha de la torre de un castillo. Desde ahí va extendiendo —cual una araña gris y alevosa— la red de sus intrigas sobre Europa.

Su modo de proceder es lento y soñoliento, pero pérfido y astuto a la vez. Y posee un don casi increíble que le lleva a resistir y persistir —entre las más grandes pérdidas y humillaciones— hasta el fin, y que le hace superar todas las dificultades. Su lema pudiera ser: Yo soy el elegido del Señor, mi familia es la Casa imperial que ha de reinar sobre el Universo. Es la astrología la que le afirma esta su inquebrante creencia. De los astros se origina en él un "talento" de perserverar de tal modo que en ello sobrepasa ya los límites de lo meramente personal. El propio instinto vital de todo su linaje se expresa en él: una poderosa conciencia familiar: tradición, mito dinástico y la convicción de que a ellos, los Habsburgo, les pertenece el porvenir.

Confróntese a los dos adversarios: Federico y Matías Corvino de Hungría. Matías tuvo por meta la eliminación del poder Habsburgo en Europa Central, y se adelantó bastante por el camino de la realización de sus planes. Moravia, Silesia, las dos Lusacias, notable parte de las provincias austríacas ya estaban en su mano, y con ellas la misma capital de los Habsgurgo, Viena. Sin embargo, y a pesar de todo esto, se le nota a Matías en sus empresas todas una prisa, una precipitación, una extraña falta de respiración. Cada conquista, cada iniciativa militar de Corvino suscita esta impresión: el que aquí lucha, lucha no tanto por éxito y poder sino, antes que nada, por su existencia desnuda, bien que sea el otro el vencido, y él, Matías, el victorioso. Pero es a él a quien le falta el tiempo. Típico esto en el caso de un rey sin dinastía. Corvino sentía y sabía de qué manera trágica está limitado el marco de una vida individual. Y de veras: su destino no le brindó sino 47 cortos años. En cambio, su adversario, vencido y humillado, sentía en lo profundo de sus entrañas, que él —aunque mayor que Matías por 32 años de edad— le sobreviviría. Y esta esperanza no lo engañó. Matías murió dos años y medio antes que él. Entonces el hijo de Federico, Maximiliano, recuperó sin mayor esfuerzo todas las conquistas de Corvino. El linaje venció sobre el individuo.

Como a primera vista se habrá notado, muchos rasgos de este su tatarabuelo, Federico, se reencontrarán en Felipe II, aunque con una diferencia no sólo notable sino hasta decisiva. Federico era un hombre mediocre. Solamente su alta dignidad le prestaba los contornos que le hacen emerger de una ignorancia absoluta. Felipe, en cambio, encarna un carácter que se había plasmado conscientemente y alcanzó, por el propio albedrío del Rey, contornos notables y decisivos. Felipe, luego, tornóse representante de unas formas de vivir —sin par en su época, y perfectas dentro de los límites de la propia modalidad. Decir la última palabra de juicio es difícil tanto en el caso del uno como en el del otro: los dos vivían —respecto a su psiqué y fuero interno— como escondidos, para expresarnos de este modo. Lo que lograron, sin embargo, está, en el caso de ambos, a claraluz ante la posteridad.

Federico —vimos— pudo mantenerse en el trono a pesar de su impotencia militar y política, su impopularidad entre los súbditos, su inactividad y "el desprecio cínico de su prójimos". No exclusivamente su larga vida y el tiempo benigno le permitieron cosechar la victoria final, sino también lo inquebrantable de su actitud, su tenacidad y perseverancia, aun cuando en su caso tal actitud sea tan sólo consecuencia de su rigidez, su carencia de imaginación, su incapacidad de juzgar adecuadamente la magnitud de los peligros que le rodean.

Federico nos legó una divisa, su fórmula famosa: A E I O U. *Austria est imperare orbi universo*, —durante su reinado un postulado apenas, pero sí un programa: una apelación al futuro: los venideros brotes de su tronco. Y el nieto de su nieto, Felipe II, lo logró realizar.

6.

Hacia fines del siglo XV va achicándose la ventaja temporal de cien años que tuvo el progreso austríaco respecto del portugués. Maximiliano I y Manuel el Afortunado, dos príncipes igualmente brillantes, polifacéticos, ingeniosos, del Renacimiento, son contemporáneos: primos en primer grado, nietos ambos de Duarte de Portugal.

Al acercarnos ahora a Maximiliano, único vástago llegado a la mayor edad de Federico III, nos parecerá, a primera vista, que un análisis de su personalidad, tan rica en matices y colores, desmoronará todos nuestros resultados en cuanto al carácter de su linaje.

Nadie pudo ser más diferente, en ritmo vital y temperamento, a Federico III que precisamente su hijo, un portugués de la parte de su madre.

Cual un fantasta desenfrenado, siempre entretejido en la red de nuevos proyectos, ambula inquieto este hombre por el sur alemán y el norte italiano, metido constantemente —a consecuencia de una riqueza extraordinaria de ideas y antojos— en empresas múltiples y distintísimas. Sin embargo, a pesar de lo caprichoso e inquieto de sus quehaceres, hay un instinto en él: el don de poder parar al borde del abismo, el don de poderse mantener entre los límites de un equilibrio, aunque esté éste en constante peligro. Y en el curso de su vida va aclarándose —y quizás ante sus propios ojos también— que sus iniciativas indómitas, sus antojos, errantes cual fuego fatuo, nunca tenían por meta un sinnúmero desordenado de empresas carentes de contornos firmes y metas estables. Casi rítmicamente retornan sus temas; muchos de ellos hasta logran su realización: llegan a ser —aunque inesperadamente— hechos y obras. La reconstrucción y continuada expansión del poder habsburgo, la defensa, coronada por el éxito, de la tan en peligro dote de su mujer borgoñona, los enlaces de envergadura histórico-mundial de sus hijos con los herederos de las coronas hispanas, y sus nietos con los del rey de Hungría y Bohemia, Ladislao II, son, por ejemplo, tales hechos. La obra, en cambio, se manifiesta, en primer lugar, en los quehaceres literarios de un carácter más que excéntrico de Maximiliano. Su meta es que tales escritos le aseguren su fama también ante la posteridad; son "cosas de la memoria". "Cuando un hombre muere, dice, fuera de sus obras no queda nada de él".

Maximiliano es muy conscientemente alemán. En su culto a los antepasados, basado en un interés genealógico de formas monumentales —en este "afán para alcanzar para sí un respaldo mediante las generaciones anteriores", como se lo decía con mucho acierto— no es la tradición romana la que le interesa en primer lugar, sino la de los francos, por ser ellos el origen germánico de los Habsgurgos. En las capas latentes de su ser, sin embargo, actúa su herencia materna, y de ésta es expresión su creación literaria.

En la corte de este *rex, princeps e istoriographus*, como él mismo se llamaba, se establece una verdadera redacción. Durante poco menos de dos decenios se emplea ahí una serie de escritores, escribas, dibujantes y pintores. Su encargo es el de estilizar y transplantar la vida de su señor a un raro género de "mitología" personal en el sentido de una caballería tardía o póstuma. Y surge, de veras, un "mito" que servirá, por un lado, para ilustrar y objetivar las fantasmagorías del niño de antaño sobre sí mismo y su futuro papel mediante una verdadera exaltación de las mismas; y, por el otro, para refutar y contestar —positiva y victoriosamente— a la pregunta torturadora respecto a la constelación adversa de los astros en el momento de nacimiento de este mismo niño de otrora, lográndolo por una osadísima alegorización del destino de Maximiliano, el Emperador.

En toda esta actividad literaria el papel de la herencia de los antepasados portugueses difícilmente se podrá poner en duda. No sólo la mera disposición para una creación literaria del abuelo lusitano, Duarte, también la manera de escribir de éste llegan a nueva expresión en las obras del nieto alemán. Claro: con esta afirmación

no nos referimos al carácter fantástico de los juegos autobiográficos
del último; pero sí a lo polifacético de sus intereses, al realismo de
sus observaciones, a su afán de obrar escribiendo y de escribir lo
que había vivido: *scribenda gerere et gesta scribere*. En el ambiente
de sus antepasados lusíadas, sin embargo, apareció no solamente el
Leal Conselheiro de su abuelo, sino también el tratado moralizador,
la *Virtuosa Benfeitoria*, de su tío-abuelo, el Infante Pedro. Y como
Maximiliano, también los Aviz prestaban expresión literaria a sus
pasiones caballerescas de cazar y cabalgar —entre ellos el mismo
Duarte con su *Livro da ensinança de bem cavalgar toda sela*—,
como un medio milenio más tarde otro príncipe literato de su linaje, el archiduque Rodolfo, hijo del Emperador Francisco José. Y ya
el bisabuelo de Maximiliano, Juan, fundador de la Casa de Aviz,
fue escritor, autor de un tratado de caza de jabalí, el *Livro da Mon-
taria*.

Fue este mismo fundador el que mandó construir —para erigir
un monumento a su victoria sobre los castellanos— el Monasterio
de Sta. María da Batalla, necrópolis, a la vez, para sí y sus familiares. Como se recordará, hay formas del culto a la muerte que son
específicamente ibéricas. Una fantasía embriagada, quizás desde los
comienzos, de imágenes mórbidas de este tipo hizo surgir de las
entrañas portuguesas la macabra leyenda de Inés de Castro. El padre de Juan de Aviz, Pedro el Cruel, —por lo menos así lo quiere
la tradición— mandó desenterrar el cadáver de Inés, asesinada cinco años antes por el padre de Pedro, el entonces rey Alfonso IV,
para asentarla sobre el trono, obligando a la nobleza y al clero a
que fueran a besarle la mano. En esta leyenda —subrayamos: en un
ambiente hispánico— irrumpe a la superficie un tema de juego
macabro-fantástico con los poderes tenebrosos. En la generación
de los Aviz que sigue a la de Duarte y sus hermanos, su presencia
se hará sentir de nuevo, aunque de otra forma. En torno al cómo
del entierro del cadáver del Infante Pedro, tío, suegro y —a la
vez— enemigo vencido del entonces rey Alfonso V, y víctima de la
batalla fratricida de Alfarrobeira, surgen nada menos que graves
complicaciones diplomáticas entre la Corte portuguesa y la borgoñona, en la que reina, de duquesa, la hermana del difunto. Las
formas un tanto morbosas, y, sin duda, exageradas, de tal "juego",
han vuelto, pues, y ya no se dejarán suprimir del todo en las épocas venideras de la dinastía. Por consiguiente, no nos va a sorpren-

der si descubrimos un culto a la muerte —en formas igualmente
insólitas, por lo chocantes— en la forma de vivir aparentemente tan
"moderna, casi burguesa" del Monarca vienés. Maximiliano, ese
tataranieto del famoso amante de Inés de Castro, llevaba consigo
en todos sus viajes, en la última época de su vida, "una caja grande
de formas oblongas", —su ataúd. Al mismo tiempo, alcanza el
culto a la muerte y los antepasados, como en su bisabuelo portugués, constructor de la necrópolis de Batalha, también en él un
formato monumental.

En la Iglesia palatina de Innsbruck sorprende aún al visitante la
tumba magnífica, extraña y monumental de este Emperador. A la
figura arrodillada del propio Maximiliano, en el centro de la fantás-
tica composición, la rodean gigantes de bronce, sus mayores, 28 en
total, y a su frente los antepasados simbólicos del monarca: César,
Arturo y Teoderico. Algunos de estos gigantes están parados delante de él, otros, dando grandes pasos, parecen aproximársele para
acompañarlo en su rezar. Su nieto, Fernando I, después de haberse
encargado del poder en Austria —en aquel tiempo por nacimiento
y educación un joven del todo ibérico— manda continuar, con
gran ímpetu y a toda prisa, los trabajos en el monumento, aunque
la tumba —lo sabe— está vacía.

Otro proyecto de Maximiliano fue —entre tantos— el de transformar y agrandar la cripta imperial de Espira, lugar de descanso
del fundador de su Casa, Rodolfo I; así como luego su nieto, Carlos V, quería hacer con la capilla sepulcral de sus abuelos españoles,
en Granada. Ninguno de los dos proyectos se realizó. Una vez más
fue, sin embargo, Felipe II, el que habría de convertir en realidad
una idea ya en formación a través de las generaciones de su linaje,
la de un monumental Panteón de los Reyes de la *domus Austríaca,*
con su necrópolis bajo el pavimento de su San Lorenzo de El Escorial.

7.

El retrato de Maximiliano I bien lo complementa el de Carlos
el Temerario, su suegro y tío en segundo grado, puesto que los
dos son portugueses de la parte de su madre. Lo que en aquel se
manifestaba como un divertimiento juguetón de —a veces— carácter creativo, se presenta en éste con el componente demoníaco de
su ser que —al final de muchos altibajos— acabará aniquilándolo.

El legado de sus antepasados lusitanos pobló —lo vimos— las entrañas de la psique de Maximiliano; en el caso de Carlos está, en cambio, por decirlo así, en la superficie. Maximiliano apenas cumplía 9 años de edad cuando perdió a su madre portuguesa; Carlos tenía entonces 39. De Maximiliano se sabe solamente que su madre le había enseñado en su tierna edad danzas portuguesas; Carlos, en cambio, hablaba portugués a la perfección. Al ser precisamente la generación de él la que se separa emocional y conscientemente de su tronco francés, Carlos no sólo subraya en cada oportunidad su ascendencia portuguesa sino que incluso se presenta como portugués: "*Nous autres les Portugais*". Su madre le había transmitido no sólo su idioma y con éste la sensibilidad de su raza, sino también una notable porción de costumbres y tradiciones de la misma.

Un hispano del todo nos aparece Carlos el Temerario cuando hace trasladar los ataúdes de sus padres de su lugar provisorio de descanso a la capilla ducal de la Cartuja de Champmol, al lado de Dijon.

En procesión solemne viajan entonces hacia Borgoña por todo lo ancho de las tierras de Lorena los restos terrestres de Felipe el Bueno y su última duquesa, Isabel de Portugal. El clero y las órdenes, los funcionarios de Estado y ciudad, delante de ellos el propio Carlos acompañado por su séquito y los nobles, vestidos todos del más profundo luto, reciben en las puertas de Dijon los ataúdes ducales.

Es de noche; bajo la inquieta luz de las antorchas se lleva, primero, los ataúdes a la Capilla Santa de Dijon. Hasta romper el alba corte y guardia prestan servicio de vigilancia ante los catafalcos. Entonces tiene lugar el propio entierro —observando las prescripciones de un alto ceremonial— en Champmol: la serie de los sarcófagos ancestrales se completa con los de Felipe e Isabel.

Ya antaño fueron trasladados de modo similar por el bisabuelo de Carlos el Temerario, Pedro el Cruel de Portugal, los restos de la bella Inés de Castro del *mosteirinho* de Coimbra al capítulo de la iglesia de Alcobaça para que tuvieran allí, al lado de su amante real, en un sarcófago blanco, el sitio de descanso *até o fim do mundo,* como dice la inscripción. Y de tal modo irán, en un futuro lejano aún, también los huesos de los reyes e infantes españoles, conducidos por el tataranieto de Carlos el Temerario, Felipe II, este mestre

de ceremonias borgoñón del mayor estilo, en solemne procesión
por los anchos campos de Castilla a su sitio definitivo de descanso,
el San Lorenzo de El Escorial.

La expresión "Felipe condujo la procesión" no es alegórica.
Pasó, realmente, así: la procesión, ordenada según prescripciones
fielmente observadas del Ceremonial de la Iglesia y la Corte, fue
conducida y acompañada por el Rey, quien a caballo, al frente de
un pequeño séquito, apareció una vez aquí, otra vez ahí, de noche,
iluminado escasamente por la indecisa luz de las antorchas, provo-
cando incertidumbre, excitación y hasta pavor en los que lo vieron
como también en los que temían que podrían verlo.

Ya en el carácter de Maximiliano pareció vislumbrarse una posibilidad de matización de lo demoníaco, expresado por lo contradictorio que residía en su ser. El *daimon* de Carlos no se contenta
con vislumbres tales: se deleita en ponerse de manifiesto en y por
las contradicciones más crasas. Carlos pretendió —como hombre y
como príncipe— alcanzar lo más alto; pero, al perseguir este afán,
se destruyó a sí mismo y a su país. Para poder llegar a ser un gran
creador político le brindó su destino casi todo, pero todo con su
contradicción inherente, así que sus características positivas resulta-
ban casi anuladas por las negativas; en cambio, las negativas preva-
lecían; por consiguiente, fueron ellas las que lo precipitaron hacia el
desenlace trágico. Una ilimitada confianza en sí mismo lo caracterizaba, y el don de atraer a todos. Además: *Charles le Traveillant*
—porque también éste, no sólo el adjetivo *le Témeraire* le dieron
por epíteto— era un hombre austero, un monarca sobrio, económico, disciplinado, inaccesible para halagadores y parásitos, y, al
mismo tiempo, abierto, amable, un amigo fiel y complaciente, y,
aunque un enemigo irreconciliable, ni cruel ni alevoso. De niño era
suave y simpático que aprendía con interés y diligencia, —las guerras entonces no le hacían aún gracia alguna.

Lo distinguía una extraordinaria musicalidad. Por esta facultad
se presentaba en él el legado de sus antepasados Aviz —autores de
tratados— como elevado y maravillosamente iluminado: Carlos
escribía *chansons* y *motettes*.

Solamente lo profundo y a la vez desmesurado de su vida emocional nos conducirá al lado opuesto de su carácter. Carlos era —
y su propio padre nos dice que lo tenía de parte de su madre—
receloso, rígido, esquivo; inaccesible para los consejos, sin resisten-

cia, en cambio, ante los impulsos, antojos, caprichos de la propia imaginación y poseído de una verdadera megalomanía respecto a su dignidad de príncipe. La enumeración de estos rasgos negativos da por resultado una imagen de carácter, válida, tal cual, también en el caso de un nieto de su bisnieto: otro destructor de sí mismo, el rey Sebastián de Portugal. Carlos, un hombre duro en la lucha y en el trabajo, afable y complaciente entre los suyos, estaba —además— atormentado por la melancolía, —como su tío carnal, Duarte de Portugal, sin encontrar, sin embargo, como éste, el remedio para su mal.

Al contrario: Carlos, al atacarle su enfermedad, no era capaz de libertarse de su helada sombra. Entonces su daimon lo había abandonado; poco o nada podía valerse a sí mismo; se sentía desamparado y mísero.

El otro extremo de su carácter era "la absurdidad gigantesca de su ambición", y ésta lo empujó a la auto-destrucción.

Desde un principio le caracterizaba "un ligero desvío hacia lo patológico"; al acercarse a su fin, apenas se lo puede distinguir de un auténtico desequilibrado mental.

Carlos, como tipo, podría pasar por uno de los últimos reyes-caballeros, los cuales —sin cuidarse a sí ni a sus súbditos— se metían en el tumulto de la pelea, sin pensar mucho en el éxtasis del ataque, que lo que hacían era entregarse, a sí mismos y su gente, a la catástrofe. Carlos, empero, era un carácter mucho más complejo que aquellos sus parientes lejanos. Carlos era —en sus mejores tiempos— también un reinante profesional.

Obtuvo notables logros respecto a la construcción del Estado centralizado, y a la administración racionalizada de las finanzas, como desde Federico II en Sicilia nadie había obtenido, excepto quizás los primos franceses de la Borgoña: Carlos VII y Luis XI. A éstos, en cambio, no les ha pesado jamás el clima espiritual dificultoso, tieso, barroquizante, ceremonioso, lindando a veces hasta con lo sombrío, que sí rodeaba a Carlos y dominaba también en la Corte de sus antepasados.

El arcaísmo pesado de esta vida estilizada se funde en Carlos con el desenfreno de su impaciencia, su osadía e imprudencia. Al mantener una lucha continua consigo mismo, en ningún momento se establece un equilibrio firme en él. Al final, las mencionadas dominantes negativas de su psique saldrán victoriosas de esta tensión. Entonces estará perdido. Sin darse cuenta de qué es lo que hace, se precipitará hacia la ratonera que pronto lo agarrará y aprisionará —aunque tan fácil hubiera sido no entrar en ella.

A finales de 1473, habiéndose asegurado su paso libre por Lorena, y habiéndose movilizado una invasión inglesa contra Francia, inesperadamente se da vuelta, va en dirección opuesta, sitia la ciudad de Neuss, se inmoviliza literalmente delante de ella y deja escapar el momento en que sus aliados penetran en Francia. *Hic inclusus vitam perdit.*

No obstante: con esta falta incomprensible: este error incorregible, Carlos no está solo en el conjunto de su parentela. Su primo hermano, Alfonso V de Portugal, hijo de Duarte, al arremeter a los jóvenes Reyes Católicos, no preparados, en absoluto, a tal ataque, se inmoviliza —como Carlos ante Neuss— ante el castillo de Arévalo, sin necesidad ni razón militar, igual que el otro. Permite entonces a sus adversarios que se organicen. Contribuye así —literalmente— a su propia derrota ante Toro, perdiendo, a causa de ella, definitivamente los tronos de España.

El otoño del mismo año, sin embargo, que vio el error de Neuss, nos presentará a Carlos todavía en la altura gloriosa de su carrera. Entonces tuvo lugar —tras largas preparaciones— la entrevista de príncipes en Trevira. Se iba a convenir ahí sobre el matrimonio de la única hija del duque con el único hijo del emperador.

Ya estaba a la vista el día de la coronación de Carlos, rey de Borgoña y Frislandia, convenida su nueva dignidad de "lugarteniente" permanente de Federico III en el Imperio. ¡Un suspiro de alivio para el Habsburgo! Las pérdidas de los últimos años, la de Suiza, la de Bohemia, el creciente peligro húngaro, la decadencia de la autoridad imperial y el proceso de desmoronamiento del Imperio en general, —todo esto estará compensado por el enlace: la mano de María y su dote: el imperio y la fortuna del *gran duc du ponant.*

En este momento, sin embargo, sucede lo inevitable. "*Les Allemans mesprisoinent la pompe et la parolle dudict duc, l'attribuant a orgueil. Les Bourguignons mesprisoient la petite compagnie de l'Empereur et les pauvres habillements*". Y son los electores los que se oponen al plan. No quieren a este forastero por nuevo rey, y menos todavía por una especie de segundo pero verdadero emperador sobre ellos. Su portavoz ante Federico es el arzobispo de

Trevira. "Y su oposición encuentra un aliado potente en la inquietud callada de esta naturaleza fatigada y flemática pero obstinada y terca, que se considera en peligro de llegarse dominada por el desenfreno de una voluntad fogosa y dinámica" —dice un historiador norteamericano del siglo pasado.

Pero ahora pasa lo imprevisible. El Habsburgo, sin despedirse de su huésped, abandona Trevira secretamente, como en huída, de noche, acompañado sólo por su hijo y una media docena de los suyos, llega al río, alcanza un barco y sigue huyendo hasta Colonia. Huye y deja escapar —al menos, así parece en este momento— la ocasión más brillante que hasta entonces se le había ofrecido a su Casa. Su contemporáneo italiano, el historiador Bonfini, tenía razón: Federico estaba dispuesto a arriesgar todo, antes de atreverse a emprender una real acción, tomar una decisión definitiva.

A su vez, aunque movido por otros indicios, huía Carlos también del lugar de su humillación. Lo hizo el mismo día en que habría tenido que ver su coronación.

Solamente en la primavera del 1476 —cuando la catástrofe ya iba a abrir delante de él su negro abismo— vuelve Carlos —Carlos, *no* Federico— al proyecto del enlace de su hija con Maximiliano. El diploma fechado el día 6 de mayo, *no* menciona condición alguna. El gesto es el de un desesperado. El 26 de noviembre —unas seis semanas antes del día de Nancy— se declara también María de Borgoña por Maximiliano.

En estos mismos días del otoño ya está Carlos —cercado por los franceses y también por los suizos— definitivamente perdido. Y corre cual ciego hacia su propia ruina. "Como para él no existe ningún peligro, le es fácil que se ofusque ante el más grande, que se le acerca ahora".

8.

Fue "el ligero desvío hacia lo patológico" en el carácter de Carlos el Temerario, lo que nos hacía indicar la presencia del legado morboso de sus antepasados portugueses en él. Este, sin embargo, solamente se nos revelará en toda su significación y peso mediante una confrontación con el destino de las dos reinas, Juana de Castilla e Isabel de Portugal.

Son el carácter y la vida de estas dos mujeres infelices los que nos hacen comprender la herencia fatal que se apoderaba tanto de los Habsburgo como de los Borgoñones por haber elegido a sus esposas tanto Federico III como Felipe el Bueno entre las princesas de la Casa de Aviz.

A Juana, Reina de Castilla, nuera de Maximiliano I y abuela de Felipe II, se la llama, en general, la Loca. Sus contemporáneos, sin embargo, la sabían caracterizar de una manera más fina y más profunda. Vieron en ella un ser humano atormentado por tantos males, viviendo bajo la sombra de Saturno —*Saturno pessundata est*—, o sea, una persona que padecía de melancolía, similar en esto a su bisabuelo-tío, Duarte de Portugal, o a su abuelo-tío en tercer grado, Carlos el Temerario. Desde sus 30 hasta sus 76 años de edad vivió Juana confinada tras los muros del castillo de Tordesillas. No los abandonó nunca más, ni tampoco en aquel momento en que se le ofreció para ello una buena oportunidad. Hasta podemos decir que Juana estaba desde un principio de acuerdo con su dolorosa confinación. La auto-reclusión, la que podíamos observar, aunque sin rasgos morbosos, en el caso de otro de sus tíos-bis-abuelos, Enrique el Navegante, es el fenómeno que —*mutatis mutandis* —va repitiéndose en el suyo.

La abuela de Juana, Isabel de Portugal, madre de la Reina Católica e hija del Infante Juan, uno de los hermanos de Duarte y Enrique, se caracteriza por un violento cambio de rumbo al llegar a la cumbre de su vida. Con energía obstinada y habilidad astutísima había perseguido a su rival, el favorito de su marido, Juan II de Castilla, hasta lograr llevarlo al patíbulo; sufrió, sin embargo, tras el hecho consumado, un colapso total. Desequilibrada mentalmente, llévansela a Arévalo; detrás de los muros de este castillo —que llegarían a ver algún día el fracaso tragicómico de su primo, Alfonso V de Portugal—, vivirá aún la pobre Reina, envuelta en triste soledad, 42 largos años más.

9.

En el espejo de sus antepasados ha ido surgiendo ante nuestros ojos, con contornos cada vez más decididos, "el rostro secreto", *das geheime Gesicht*, de Felipe II.

La sencillez de matices casi burgueses y la imperturbable seriedad en la conducta de su vida, la manera sobria, medida, persistente y meditada en el manejo de sus negocios, la persecución firme de sus metas una vez fijadas, todas estas características se encuentran, bien que en niveles diferentes, pero siempre en formas claramente reconocibles, en la mayoría de los antepasados de ambos lados de su árbol genealógico. Para ilustrar lo dicho, repetimos aquí tan sólo los nombres de Rodolfo I, Alberto II, Enrique el Navegante, Federico III, Isabel de Portugal, e. o. m. También en la vida de Felipe II se presenta —como en la de esta última— el cambio de rumbo de que hablábamos. Después de la muerte de su padre, terminan los grandes viajes de Felipe en la órbita extra-hispánica.

El hombre de 33 años de edad regresa a la Península para no abandonarla nunca más. Sólo entonces está iniciándose su propia forma de vivir que —luego— alcanzará sus extremos en la casi completa auto-reclusión de sus últimos años.

Los planes y proyectos que evocan a menudo la impresión de acciones de un "gran-mercader", las empresas preparadas igualmente con planificación, previsión y precaución casi "burguesas" de su política interna y externa —gobernados desde un centro inmóvil e invisible a sus súbditos: el escritorio del mismo monarca— todos estos distintivos Felipe los tiene en común con Alberto II, curiosamente también con *Charles le Traveillant,* y también con D. Duarte y Enrique el Navegante y, ante todo, en el lado opuesto de su tabla genealógica, con Federico III. También a Felipe le son propios el inmovilismo, la inclinación a la soledad y una dosis llamativa de egocentrismo. Con todo eso, la reclusión, la estrechez, lo oscuro-saturnio, el extraño "arte" de sobrevivir al adversario en vez de derrotarlo, también lo vinculan con Federico. En cambio, la fuerza de su clara voluntad, mediante la cual mantuvo en orden y equilibrio no solamente las cosas del régimen del mundo, sino también los elementos negativos de su propio carácter, señala, una vez más, la presencia en él del legado espiritual del otro de sus tatarabuelos, D. Durte de Portugal.

A pesar de la preponderancia de rasgos de naturaleza contemplativa, en Felipe obra también un fuerte factor activo que —tras largas décadas de estado latente— irá manifestándose durante los tres últimos lustros de su vida, época ésta llena de grandes tensiones y de luchas arriesgadas y peligrosísimas. Felipe, alcalde de la Ciudad de Dios, cuyo gobierno le encargó la propia Providencia, tenía por meta lo más alto: la posesión del todo. En cambio, no heredó ni el título imperial ni el mismo imperio de su padre, por consiguiente, le faltaban la natural expresión adecuada de su poderío ante los demás potentados y la opinión política pública de Europa, así como antaño también a un tercero de sus tatarabuelos, Carlos de Borgoña. Lo vimos: éste fue incapaz de hacerse valer frente a Federico y los grandes de Alemania. Ahora es Felipe quien resulta impotente —debido a la actitud negativa del Papa y ante los celos de Francia— en la cuestión de un reconocimiento internacional de su autoridad. Ahora es Felipe quien —con una insistencia penosa— se denomina a sí mismo en sus escritos dirigidos al Emperador Maximiliano II "la Majestad Católica", mientras Su Majestad Cesárea —esta vez no un ajeno, como en el caso de Federico y el de Borgoña, sino su primo carnal—, consecuentemente, lo llama *alteza* y nada más. El caso es que éstas como también otras tentativas suyas para rectificar lo irrectificable de su caso, habrían de fracasar ante la negativa de las potencias europeas, como pasó en su momento, con la de Carlos en Trevira.

También Felipe II —de modo semejante a Calos o a Alfonso V de Portugal— cometió "la falta incomprensible": la omisión racionalmente inexplicable de su vida. Después de la victoria de San Quintín, llegó a malgastar largas semanas en sitiar fuertes insignificantes en el Norte francés, en vez de marchar sin demora sobre París, indefenso en ese momento. Con el tiempo se le escapó —también esta vez— la oportunidad para siempre. Felipe "salvó" a Francia, como también Carlos la había salvado delante de Neuss. Pero sus diferencias con las grandes potencias del Oeste —Francia y, luego, Inglaterra— ni esta vez podían ser eliminadas por su gesto. Y habían de pasar decenios, hasta que en el carácter de Felipe, tardo, aplazador, inclinado a esquivarse ante cualquier clase de grandes y claras decisiones, tomara contornos "la absurdidad gigantesca de su ambición": el plan de la conquista de Inglaterra y la dilatación de su supremacía sobre Francia. Se puso entonces toda la "máquina" del poder español en movimiento para lanzar el golpe decisivo. Como es conocido: el golpe se extravió. La catástrofe de la Armada Invencible acabó también con el plan de dominio mundial del viejo Felipe. Habiéndose dado cuenta de lo que significaba la derrota, el anciano reducíase cada vez más, como a una isla, al arcaísmo —igualmente arraigado, como sus inhibiciones, en el pasado de su raza— de su pensar y actuar. La historia interna de sus últimos años revela el peligro en que entonces se encontraba. Gracias a su disciplina interior y a su actitud consciente y responsable ante la vida y el deber, lograba evitar, sin embargo, que "el ligero desvío hacia lo patológico"— sin duda presente en su psique —llegara a dominarlo para destruirle su equilibrio. Y en esta lucha no ha perdido la batalla, como en las del mundo exterior. Su victoria tardía nos hace pensar, una vez más, en D. Duarte de Portugal. Para éste —un joven todavía— vencer sobre su enfermead era un abrirse paso hacia el mundo exterior; para el septuagenario, en cambio, un conservarse mediante lo diametralmente contrario: el alejamiento del orbe y las gentes. Pero en Felipe hasta esta auto-reclusión final y extrema no es una fuga enfermiza de su vocación y responsabilidad, sino una medida más para elevar sus reducidas fuerzas al máximo rendimiento aún posible, como otrora lo fue en el Príncipe de Sagres.

No en balde la *Vila do Infante* portugués evoca la impresión de un Escorial marítimo; no en vano la forma de vivir de éste recuerda la del otro: el Rey Español.

El Navegante, un hermano de D. Duarte, fue atraído por los *sítios êrmados;* a Felipe le encantaron los *luoghi deserti*. Ambas expresiones se refieren a paisajes yermos y solitarios. En tales páramos se han erguido, cual fantasmas sombríos e ingentes, los arquetipos de aquel mundo que cada cual de ellos llevaba en las entrañas de su imaginación: *castillos,* supremos símbolos de su ser, y más aún: de su raza. Poder y riqueza les permitían —a Enrique como a Felipe— la monumental realización *exterior* de estos símbolos de su ser íntimo. Y el primero fundó sobre la roca heroica de Sagres, por encima del desierto azul del mar, su *Vila*, palacio y convento, academia y plaza de armas, mientras que el otro construía —protegido por el ingente bastión del Guadarrama, en el páramo huraño y rocoso de Castilla la nueva,— su templo y palacio, monasterio y plaza fuerte, museo y necrópolis—, El Escorial.

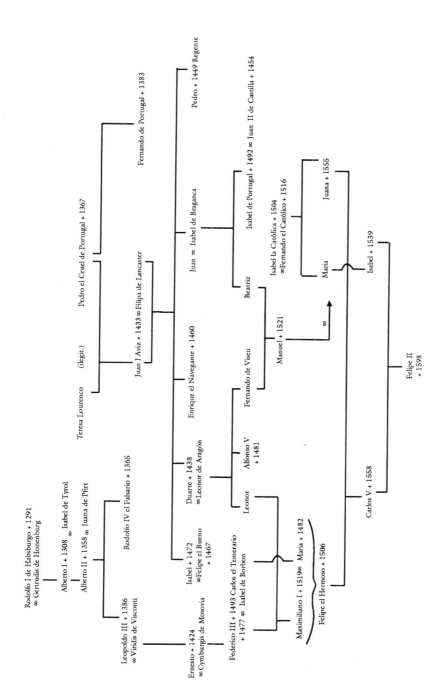

LA FORMA DE VIVIR DEL
MONARCA ESPAÑOL

EL CEREMONIAL DE LA CORTE Y SU
SIGNIFICACIÓN SIMBÓLICA

En un Ceremonial de corte se expresa un sistema de ademán, actitud, porte y texto acreditados por tradición. El ceremonial nos presenta texto y porte garantizados por una autenticidad histórica, —semejante al texto y porte del actor en el teatro, prescritos y definidos por la tradición religiosa o literaria que se expresa por ellos. Todo ceremonial, toda liturgia tiene por meta el elevar a aquel que actúa —rey, sacerdote, actor— sobre el nivel de cada clase de realidad causal o suceso inarticulado o imprevisto. Así en la corte, en la liturgia, y en el teatro también. El hombre cuando rey o cuando sacerdote se transfigura mediante su papel, como el actor en escena. Los tres están atados por su papel: palabra, ademán y porte. Ninguno de éstos es de su libre elección casual o espontánea.

Esta vez no nos vamos a ocupar de las formas externas de ceremonias, usos y costumbres, aunque se las pudiera —también éstas— evaluar y explicar desde el punto de vista de su ademán, texto y porte históricamente acreditados. En lo que aquí sigue, no vamos a describir entonces ningún porte o texto de ceremonia vistos desde afuera, en su mera apariencia. Nos consta que, sin un orden concatenado y construido por un sistema lógico en sí, no hay ceremonial sino, en el mejor de los casos, un solo conglomerado de usos y costumbres en parte contradictorios. Las consideraciones, por consiguiente, que se refiriesen a tales usos y costumbres, estarían hechas desde fuera, —y es esto lo que hemos de evitar. Nuestro menester es —al contrario— llegar a un punto central, a partir del cual lo aparentemente contradictorio podría poner de manifiesto un sentido profundo, proporcionar una perspectiva orgánica. Al proceder pues, desde adentro, desde un tal punto central, se nos aclararía la naturaleza de los ceremoniales y revelaría el sentido que les es inherente. Tal modo de proceder —así lo espero— nos va a acercar al estilo, las formas de vivir que se hacen patentes por ellos, y aún más: nos ayudará a aclarar papel y significación del ceremonial de corte en la Historia, el más Grande Teatro del Mundo que conocemos, —y esto a pesar de la forma de vivir fundamentalmente diferente, que a nosotros rodea y define.

Se conoce un cierto tipo de rey que se deja arrastrar de su papel de dominador como de una pasión. Un hombre tal vive su realeza de modo espontáneo y hasta impetuoso; su rol lo lleva como en altas olas: es su elemento propio y vital.

Entre los representantes de este tipo se encontrarán caracteres grandes e insignificantes, como también en otros grupos humanos, pero a todos ellos se les verá como propia su entrega incondicional a la vivencia del poder, la naturalidad de ser rey. Existe, sin embargo, otro tipo de gobernante a cuya postura ante el poder que ejerce la matiza una curiosa ambivalencia. En su mayoría a éste pertenecieron los Habsburgo. Los define una conciencia de culpabilidad respecto al papel que les tocó desempeñar. Por ella ocupan una posición peculiar en la sociedad de los príncipes europeos. Alcanzaron cumbres del poder como en la cultura cristiano-occidental ninguna otra familia reinante. Sin embargo, en lo profundo de su corazón no cesaba de inquietarles un temor, la conciencia de que toda esta plenitud de poder, toda esta fortuna resplandeciente de estar reinando sobre los demás en la cumbre del mundo, estaba en desarmonía con la humildad natural de una criatura cristiana. No obstante, dicha plenitud había de ser perseguida —no sólo por causa de un ansia de poder inherente a los miembros de esta familia, sino también por consecuencia de un gran arquetipo que hizo surgir —y hasta en órbita cristiana— al rey en forma de un reinante similar a Dios en la imaginación de los pueblos, como, en cambio, también Dios se les presentó en forma de un gran Rey universal.

Se entenderá entonces cómo se apoderaba de estos reinantes —
y cada vez más— el anhelo de vivir según un estilo específico creado a propósito del hombre que reina, y destinado a prestar a la
vida mortal de éste el sello de supertemporalidad; pero también y
al mismo tiempo, a ponerle la carga de las cadenas pesadas de un
orden, un orden tiránico, en que su libertad e irreiterabilidad
personales por poco se extinguen, pero cuya elevación a una veneración casi divina por los demás llega a ser vivida realidad.

En España, el plan de tal orden —basado, por supuesto, en
condiciones existentes desde antaño en los ámbitos histórico, dinástico y popular— es resultado de la voluntad personal de un solo
hombre: Carlos V, en cuya figura también, en otro sentido de la
palabra, hemos de considerar el fundador de un nuevo orden tanto
para su dinastía como para sus súbditos. El mencionado nuevo
orden de vivir lo contiene la llamada "reglamentación borgoñona"
enviada desde Alemania en 1548 por Carlos V a su hijo, Felipe,
entonces regente en España.

Lo esencial de esta reglamentación consiste en lo siguiente:

Un ceremonial de corte intenta aquí, por una rigurosísima división del día, de la hora, del minuto, —por un eterno retorno: un
ritmo de todo lo que periódicamente se repite—, contrariar lo aza-
roso e intempestivo y su intervención demoníaca en la vida de un
monarca. Su meta es: superar en ella la temporalidad y la caducidad
hasta los límites humanamente posibles; y podemos añadir: aún
más allá de tales límites, si eso fuera posible. Lo que aquí obra, es
una voluntad consciente: mediante un proceso de —para decirlo
así— inclemente despersonalización del hombre que reina, resulta
una metamorfosis. El que le fue sujeto, se torna protagonista del
Teatro del Mundo. Debe comportarse entonces como un actor,
desempeñando, según la prescripción que le definen la escena, el
ademán y la palabra, su rol. Por éste está atado —indudablemen-
te—, pero, al mismo tiempo, también exaltado, como incorporación que ahora es de la idea de una providencia y de un destino
superior, idea elevada por encima de las cabezas de todos los seres
vivientes y que le hace semejante únicamente de Dios.

Al contemplar estos modos de vivir, son, por lo pronto, dos las
consideraciones que se despiertan en nosotros.

Lo orgullosamente sobrehumano del nuevo estilo de vida del
Monarca español es poco menos que estremecedor. Aquí se nos

presenta aquel Carlos V que de sí mismo decía: "como rey y soberano señor, no reconociendo superior en lo temporal en la tierra".
Cabe preguntarnos nuevamente: ¿una exaltación tal de un hombre
puede estar todavía en armonía con la humildad natural de una
criatura mortal? El monarca cristiano de la cultura medieval de
Occidente —con las únicas excepciones de dos Emperadores mo-
zos, Otón II y su hijo Otón III —en ningún caso se atrevieron a
alcanzar semejante altura vertiginosa. Y más aún: al juzgar sobre tal
exaltación de un mortal, el dato, según el cual —como decíamos—
era un único acto consciente y personal de este mismo mortal el
que creara el marco para esta exaltación, —recobra un peso enorme. En Borgoña la "reglamentación" significaba un modo de vivir
tradicional de larga y lenta evolución, ordenada, organizada, estilizada luego en formas de una *nouvelle religion,* según la expresión
de sus propios creadores. Aquí, en España, por lo contrario, surge,
con lo repentino de una iniciativa individual, un acto consciente de
voluntad que viola las formas de vivir existentes, invocando e
inaugurando —a primera vista no parecerá así— nuevas maneras
poco naturales y artificiosas en las relaciones humanas. Y lo que tal
acto crea, lo hace —además— con una opresión insólita y un aprie-
to insistente. No obstante, a pesar de lo dicho, vamos a ver en lo
siguiente cómo se desvanecen el carácter estremecedor y el orgullo
sobrehumano del nuevo estilo de vivir del monarca, si nos asoma-
mos sobre las esferas profundas, de las cuales la nueva ordenación
surgió.

Nuestra segunda consideración ante la nueva reglamentación
de la vida del monarca español se refiere a un grave inconveniente
que —según parece— es inherente a ella. Un gran peligro se manifiesta enseguida después de haberse establecido el ceremonial en la
Corte española para no desaparecer de ella nunca más.

La Corte se transforma en una prisión magnífica y pomposa.

"Por la noche, después de cerradas las puertas del Palacio, le
llevaban las guardas" al Mayordomo mayor "las llaves a su aposento, y no se podían volver a abrir sino en caso muy preciso y con su
licencia". Por consiguiente, cámbiase el Mayordomo mayor en una
especie de carcelero supremo de todo el Palacio, sin cuyo conocimiento y permiso nada puede pasar en éste y nadie puede salir de
él o entrar en el mismo. Los Monteros de la Cámara, o sea: el
cuerpo de Oficios de la Cámara de Castilla, "dormían en los cuar-

tos de la Reina, los príncipes e infantes junto a la puerta de la cámara, quedándose abierta la puerta de mano..., a no ser que el príncipe o la persona a quien servían gustase cerrarla por su propia mano". Mientras que los Monteros a la Reina y a los príncipes, — al Rey lo guardaban día y noche el sumiller de corps y los gentileshombres de la casa. El primero "dormía en la misma cámara (del Rey), en una camilla baja, hecha a propósito"; servía al Rey "las cosas tenidas por más honrosas, como la camisa, los vestidos y la capa". "Vigilaba el servicio de los gentileshombres". Estos, "como era su deber, seguían a Su Majestad a todas partes,... pues para ellos no se podía retirar, y aunque entrase el Rey en el aposento de la Reina, habían de entrar con él hasta la misma cámara, porque nunca le podían perder de vista, si no era indicación expresa de Su Majestad,... en cuyo caso... se retiraban a la pieza inmediata; pero no mandándolo Su Majestad se apartaban hacia la pared lo más que podían sin hablar" con nadie.

Así de día, así de noche. Estos datos, y otros de índole similar, nos dan a conocer cuáles eran el peso de incomodidad casi inimaginable y el aniquilamiento de casi toda clase de intimidad personal de la vida, a que la nueva reglamentación sujetó al Rey y a los suyos.

¿Conserva ella ante nuestros ojos todavía su carácter exclusivo de expresión de un orgullo estremecedor? En vez de esto, van a traslucirse más y más en ella una contradicción a que ya hemos aludido, y la sensibilidad que actúa tras ella.

Al meditar sobre el poder, al ocuparnos del problema de reinar, a cada uno de nosotros se habrá manifestado ya su carácter doble, y más aún: su sentido ambivalente. El uno como el otro son tan generalmente conocidos que esta vez me es lícito reducir este tema a unas pocas indicaciones.

En todo dominio que muestre un ejercicio del poder y del mando soberano en el verdadero y arcaico sentido de la palabra, surgía, bajo el velo de la "pleitesía o hasta la divinización" del rey, la cuestión de castigo del que posee y representa un tal poder. Con ello surge de pronto un "sentimiento intenso y hostil" que equilibra la pleitesía y la adoración de los vasallos.

Sigmund Freud habla en *Totem y Tabú* también del "tabú del dominador". Las bases etnológicas de sus interpretaciones se fundan en su mayor parte en el material de Frazer. Ambos veían las representaciones del tabú desde el punto de vista de los súbditos, y a ninguno de los dos se les ocurrió probarlas desde el del individuo reinante, el monarca mismo.

"El ceremonial de tabú de los reyes —dice Freud—, aparentemente su mayor honor y seguridad, propiamente es el castigo por su elevación, la venganza que se toman los vasallos". Y antes: "Aquí se enlaza extraordinariamente la significación de una persona, así como se eleva su poderío hasta lo improbable para poder poner en ella la responsabilidad de todo lo adverso". Hasta aquí Freud. Veamos ahora qué significado tiene esto desde el punto de vista del propio Rey, es decir, desde el ángulo del mismo Carlos V.

Ticiano, en 1554, acabó la expresión monumental de la fe carolina, la "Gloria" que hoy se admira en el Prado, de Madrid. Carlos mismo lo llamó, once días antes de fallecer, su "juicio final"; él mismo había intervenido en su composición. En el cuadro "sobre un paisaje se levanta una gran visión celestial: los santos miran hacia arriba, donde... se halla la Trinidad". Y es la Madre, "la más cercana a la Trinidad", quien pide "por los muertos que aquí están en sus sudarios". Estos están arrodillados sobre el lado derecho del cuadro: "Carlos con su corona imperial a sus pies, en el suelo, e Isabel, su esposa. Tras de ellos, más al fondo, están... María de Hungría... Felipe II y la hija menor de Carlos, Juana".

El que de este modo nos presenta, es el humilde pecador, el que se había quitado la corona y ahora, con el blanco sudario, descalzo, se postra ante el Hacedor. Giorgio Vasari, en su *Vida de Ticiano*, acierta al decir: "Toda la idea de la abdicación de Carlos V está implícita en esta composición". Pero también el biógrafo del Emperador, Carlos Brandi, tiene toda la razón cuando afirma: "No hay testimonio que muestre en forma tan evidente y magnífica el fuero interno del viejo emperador". Entre coros de celestiales ejércitos, de los ángeles, los santos y los beatos "que ya son dignos de la contemplación de Dios, osaba ya el Emperador dejarse representar... Esto era la expresión a la vez más humilde y orgullosa del sentido vital imperial, de la certeza de su vocación que surgía por la voluntad del Todopoderoso".

Su testamento de 1554 comenta con notable fidelidad la ambivalencia expresa también en este cuadro. Pues en él está junto al testimonio de su humildad el de su "sentido vital imperial", su saber acerca de su primacía mundial: "digo y declaro... de nuestro...

poderío real absoluto, de que en esta parte queremos usar y usamos como rey y soberano señor, no reconociendo superior en lo temporal en la tierra...”

Así sus testamentos como su profesión de fe expresada por la “Gloria” del Ticiano son manifestaciones ambivalentes de la propia dignidad y de la responsabilidad aniquiladora que tal dignidad implicaba para él.

De tal modo, llegamos a ver también la ambivalencia que posee el dominador frente a su propio poder —al menos el dominador de tipo concienzudo, consciente y responsable, como era Carlos. Esta ambivalencia corresponde a la sentida por los pueblos respecto de sus señores.

Todo verdadero soberano posee una facultad que tiene que parecer a sus súbditos y a él mismo como sobrehumana y prohibida por Dios, pero que es algo esencial e inherente al señor, que le califica y ensalza, pero que también le amenaza con peligros y que sólo con gran dificultad puede convertirse en un sistema regulable.

Esta facultad es el poder.

Citemos aquí, una vez más, a Sigmund Freud: “No hay que maravillarse entonces —dice— de que se sintió la necesidad de aislar de los demás a las personas peligrosas, tales como príncipes y sacerdotes; levantar un muro en su torno, tras del cual fuesen inalcanzables para los otros. Así podemos vislumbrar que este muro de tabúes existe todavía hoy en forma de ceremonial cortesano”. Y luego: “El otro punto de vista... la necesidad de protegerse a ellos mismos de los peligros amenazadores, ha tenido una parte clarísima en la creación del tabú, y con ella en la creación de la etiqueta cortesana”. Ya Frazer —antes de Freud— vio claramente: “Un tal rey vive —dice— como encerrado tras de un sistema de ceremonial y etiqueta, entretejido en una red de usos y prohibiciones... Estos preceptos, lejos de servir a su comodidad, se agolpan en cada una de sus acciones, eliminan su libertad, y transforman su vida, que —aparentemente— deben asegurar, en carga y tormento”.

Todo esto puede parecernos bastante conocido si pensamos en el Rey español encerrado tras los muros de su Escorial. Pero veamos, mediante una analogía, el sentido de tales ordenaciones.

En el Imperio europeo-oriental de los jázaros (khasar) —un pueblo turco de los siglos VI a XI— los príncipes de este pueblo que pertenecían a la religión hebrea, observaban un ceremonial de especial estilo. Como veremos, hay una posibilidad histórica que nos permite suponer la existencia de un influjo —aunque lejano y mediato— de parte de este ceremonial de corte de antiguos turcos sobre las semejantes instituciones de la Edad Media española tardía.

El reino de los jázaros fue destrozado en 969 por los rusos. El último jan (khagan), David, se retiró con los últimos restos de su pueblo a la Crimea. En 1016 los rusos tomaron también este último reducto de los jázaros, de modo que los miembros de la dinastía, gran parte de la nobleza y los sabios huyeron hacia Occidente. Reaparecieron en la España musulmana de entonces, en Toledo; en el siglo XII todavía tenían allí una floreciente colonia cuyos miembros eran respetados como grandes conocedores del *Talmud*. El gran sabio judío español, Yehuda ha-Leví a mediados del siglo XII da el título de *Cuzary* a su diálogo filosófico-religioso, en el cual explica la historia de la conversión de los jázaros a la religión hebrea. Ya en 1167 el original árabe de Yehuda se traduce al hebreo; en el siglo XVII se suceden las publicaciones del mismo en latín y en español. Este libro tan extendido menciona los demás libros de los jázaros; de este modo se comprende la aparición de ideas y de representaciones en el ceremonial cortesano español relacionados con el acervo de los jázaros ya en el siglo XIV y más tarde también.

El monarca de los jázaros se llamaba Khasar-khagan; el segundo príncipe llevaba el nombre de *iša*. En una isla en el delta del Volga se erguía su palacio común, un modelo del cosmos. Tenía cuatro puertas en dirección de los cuatro puntos cardinales. Cuatro veces durante el año salía de éste el *jan*. Cuatro funcionarios de la más alta dignidad le acompañaban. De tres veces cuatro mil guerreros se componía su ejército. Si uno de ellos moría, en seguida era reemplazado por otro: el número que expresaba la totalidad no podía quedarse incompleto. El ejército, a su vez, era el símbolo de todo el imperio; semejante era el imperio —llamado de "los cuatro ángulos"—, a su vez un símbolo del cosmos.

El simbolismo del cuatro pasa de lo espacial a lo temporal. El jan de los jázaros sólo podía reinar durante cuarenta años. Si vivía un día más, era muerto por el pueblo y los principales. Podían, sin embargo, plantearse otras circunstancias que le causaban —igualmente— una muerte violenta. Al ser consideradas su persona y dignidad como garantía del orden cósmico, era él, el jan, responsable del bienestar de su pueblo. Cuando una desgracia asolaba a los jázaros, los principales se dirigían al iša con las palabras: "Nada bueno esperamos de este jan y su gobierno; él y su gobierno sólo nos traen desgracia; mátalo o dánoslo para que lo matemos".

No puede dudarse que, a través del ceremonial cortesano, hemos dado con lo arquetípico. El viejo Carlos V, con un ademán decisivo, quiere volver a sus antepasados. La "reglamentación borgoñona" es la entrada solemne de ellos en lo hispánico. No se trata sólo de una vuelta hacia Borgoña, sino también de una búsqueda de lo español. En la aparentemente "nueva" ordenación cortesana los antepasados ibéricos de Carlos V tienen también su palabra que decir. Al principio, toda la construcción parece ser borgoñona y parece extraña a los españoles —conocemos sus comentarios al respecto—; pese a esto, la idea del rey encerrado y alejado de su pueblo en forma casi divina tiene una raíz también hispánica. Algunos nombres de los dignatarios de la reglamentación "borgoñona" de Carlos V esconden simplemente dignidades españolas anteriores. Más importante es saber que Pedro IV, el Ceremonioso, de Aragón, ya había promulgado una ordenanza en 1344, en la que la idea del símbolo luminoso real quedaba subrayada como en el ceremonial de los jázaros. Es la posición céntrica del rey, similar a la del sol. El libro de ceremonias de Pedro IV describe fiestas, en las que el rey ha de comer en público, y dice: "Al menos en estos días tengan todos la oportunidad de poder contemplar nuestro rostro del que irradia la luz". Esta es la misma concepción que se ve en Carlos, cuando dice que sería "ruindad" no dejarse ver por los suyos —los súbditos— cuando comía. Luego, es otra vez Carlos V el que habla una vez "de la consolación que mi persona proporciona" (a los vasallos), otra, de "la chaleur de ma présence".

En 1345, un año después de la instauración de la ordenanza de Pedro IV, aparece otra vez la misma idea, en un libro de ejemplos español llamado *Castigos e documentos*. "El Rey es para el pueblo —se dice— como la lluvia para la tierra, una bendición del cielo, una corriente de vida para el cuerpo, un defensor y regedor imprescindible para todos los hombres". De este modo se toca otra vez el acervo de ideas de los jázaros. Sólo falta que aquí se sacaran —como allí ocurría— las correspondientes conclusiones. ¡Abajo el rey que no sea una bendición del cielo! Esta debería ser la conclu-

sión. Los jázaros hubieran matado a tal persona. Carlos V interpretaba la falta de suerte en sus últimos años por el signo de que su
gobierno: el gran papel que desempeñaba en el Teatro del Mundo,
no correspondía ya al plan universal de la Providencia. Abdicó,
pues. Su sensibilidad religiosa mantuvo siempre —durante toda su
vida— viva y consciente en él su responsabilidad, y más aún: el sentido de su propia culpabilidad. La desgracia, es decir: la ausencia de
la gracia, llenaba su alma de un sentimiento torturador invocado
por la consciencia de su responsabilidad por todo lo adverso que
castigaba —por *su* causa y culpa: así lo sintió Carlos— a los suyos.
Su secretario, el humanista Alfonso de Valdés, encontró ya en
1532 la adecuada expresión de aquello que ahora, veinte años más
tarde, hizo madurar ante el fuero interno de su señor la idea de la
abdicación: "Quanto el príncipe es más poderoso, tanto más reca-
tado deve andar, no mirando lo que puede, mas lo que deve hazer,
—dice Valdés. Haz cuenta que estás en una torre —continúa— y
que todos te están mirando, y que ningún vicio puedes tener en
secreto". Y esto fue, precisamente "la carga penosa", la que su
conciencia no pudo soportar más. "Si no pudieres defender tu reino sin gran daño de tus súbditos —oímos otra vez la voz de Alfonso de Valdés,— ten por mejor dexarlo, ca el príncipe por la república, y no la república por el príncipe fue instituido".

La clara comprensión de esta verdad lo movió entonces a abandonar no sólo él, sino también su generación, mediante un gesto
solemne y una gran escena de una teatralidad realmente magnífica,
el Teatro del Mundo, a la vez que su hijo y su generación se apo-
deraron del rol al que renunciaba la anterior. Y ahora se quitó
Carlos la corona, "honrada servidumbre y carga penosa", y la puso
—real y no sólo alegóricamente— a su lado, sobre la tierra. La corona depuesta y colocada en el suelo, símbolo que era del poder
abandonado, parece haber sido una imagen frecuente en el siglo de
Carlos V. Los datos referentes a ésta en arte y en literatura los jun-
taba el amigo Profesor Wolfgang Baumgart en su hermoso ensayo
Preciosa corona. Y ésta es la corona que vimos en la "Gloria" del
Ticiano colocada al lado del Emperador; es ésta a la que su historiador, Fray Prudencio de Sandoval, se dirigirá al decir: "Preciosa
corona, más que dichosa, si fueras bien conocida, ninguno de la
tierra te levantara, porque ni la púrpura noble, ni la diadema ni
cetro real son más que una honrada servidumbre y carga penosa".

Hemos citado las palabras de Frazer acerca del Rey que vive "como encerrado tras un sistema de ceremonias y etiquetas", el Rey cuya "libertad queda aniquilada" por tal sistema, que "transforma su vida en carga y tormento". Carga y tormento parecen a primera vista idénticas a la expresión de Sandoval: "carga penosa". Una observación más minuciosa, sin embargo, enséñanos que, entre la visión del historiador español del siglo XVII y el concepto del etnólogo inglés de los fines del XIX, se abre un abismo hondo, mientras que la expresión de forma y sentido idéntica a la de Sandoval se encuentra ya en el helenismo: en un decir del rey Antígono II Gonatas de Macedonia: *éndoxos douleía*, 'honrada servidumbre', como lo atestigua el amigo Baumgart en su ya mencionada *Preciosa corona*. En cambio, Frazer a su vez —a pesar de su aguda inteligencia y de la riqueza admirable de su enorme saber— está aprisionado por una especie de sentimentalismo típico del *fin de siècle*; éste, empero, no es otra cosa sino un derivado directo de la interpretación de historia iluso-individualista del siglo XVIII, al que —por ejemplo— hemos de agradecer unos rasgos del carácter de Felipe II en el *Don Carlos* de Federico Schiller. Tanto Frazer como Schiller ven en su Rey a un encarcelado que anhela la libertad, a un prisionero que queda sofocado como consecuencia de la liturgia de su dignidad real.

Frazer tiene piedad del Rey; privado, por el ceremonial, de la "comodidad" de su vida, el Rey, que se destruye —encerrado y esclavizado como está— bajo el peso penoso de su ceremonial. Schiller, a su vez, hace hablar a su Felipe del siguiente modo:

> *Soy un hombre pequeño. De esto estoy consciente.*
> *Tú exiges de la criatura lo que el solo Hacedor puede dar.*

Claro, a un tal Rey su Inquisidor mayor le podrá regañar con estas palabras:

> *Señor, no. A mí no se me engaña. Estáis descubierto.*
> *De nosotros queríais huir. Os oprimían*
> *las pesadas cadenas del orden. Anhelábais*
> *ser libre y único.*

En la realidad, nada estaba tan lejos del Felipe II histórico que el anhelo de ser "libre y único". Todo lo contrario: una validez universal y ejemplar era su meta; representante de ésta quería estar ante su pueblo, su dinastía, su corte y su Iglesia. No el inquisidor mayor sino su dignidad y deber le exigieron aquello que es menester no del hombre, sino del Todopoderoso. Pero con esta exigencia Felipe estaba conforme: ésta era, precisamente, la tensión entre cuyos polos se realizaba su ser, a saber: el del hombre que reina. De lo que era consciente, ha sido, sin lugar a duda, todo salvo un hombre pequeño. Tampoco anhelaba huir del orden. El era el orden. Su situación y posición céntricas en el mundo español excluían la posibilidad de que fuera él quien engañara a los otros. Y tampoco se le podía descubrir. Hasta la fecha, apenas se le comprende. Pero sí se le temía como se teme a Dios. Prelados notables, diplomáticos hábiles y versados se paraban estremecidos, sin aliento, olvidadas sus palabras preparadas para la ocasión, delante de este hombre de pequeña estatura, de vestimenta negra, parco de palabras, frío y distante, y no les era posible seguir hablando antes de que oyesen de su labios su "sosegáos" apenas perceptible, la palabra del Rey que por fin conseguía soltar la inhibición mágica de su lengua.

En los meses del conflicto entre Don Felipe y Don Carlos, el Rey tenía 41 años de edad, se hallaba en la cumbre de sus fuerzas vitales y era el señor terrible e incondicional de sus países y de sus familiares. Según decían: su sonrisa y su cuchillo eran afines. La Princesa de Eboli era *su* amante, la Reina Isabel *a él* sumisa y el pobre Don Carlos, su indeciso hijo, que —según parece— intentaba sublevarse contra la ley énea de su padre y el orden de éste— sí, Carlos anhelaba de veras, ser un día "libre y único"—; el hijo endeble se quebró en la mano fina y fuerte de su genitor.

No obstante, y a pesar de todo, Felipe también lleva una carga penosa. Pero no por la razón de la que Frazer hablaba: no por estar aprisionado por una red de costumbres y prohibiciones, tampoco por haberle faltado, en la forma de vivir que llevaba, una comodidad de tipo burgués del fin del siglo pasado. No, la carga se presenta —como Freud ya lo vio con genial acierto— por la tensión entre una plenitud sobrenatural de poder, elevada por el ceremonial a extremos casi increíbles, y una conciencia de responsabilidad igualmente sobrenatural por todo lo adverso que acontece en esta tierra.

Mientras el gran estilo de la forma de vivir del monarca europeo se conservó ileso, no se le ocurrió a su representante que también se pudiere vivir cómodamente, de modo burgués, en la altura del trono. Tal ruptura de estilo preséntase primero en el caso de Luis XVI. Pero todavía un Francisco José *sabía* su rol. Claro: en su época, tardía ya, este saber no era sino una rutina elaborada a la perfección, una facultad desarrolladísima, que surgía de los residuos de una tradición representada en su caso todavía con suma consciencia y responsabilidad. Solamente su sucesor, Carlos de Austria y Hungría, emprendió la tentativa de reinar sin el gran estilo de sus antepasados. A él, de veras, le oprimían las cadenas pesadas del orden. Y él, realmente, quería huir de ellas. Pero se le descubrió en seguida. Y entonces el que así se rebelaba, no era sino "un hombre pequeño". El Teatro del Mundo de sus mayores desmoronábase debajo de sus pasos indecisos de una manera mísera y lamentable.

Mientras que la abdicación del último de los Habsburgo no es sino una ruptura vergonzosa con el poderoso papel de su dinastía, la despedida del fundador de su estilo de vivir, la del primer protagonista de su Teatro del Mundo, se nos presenta digna del rol que él mismo inauguró. Este era —y todavía en su tiempo— el papel solar de Rey.

El "saber", que es al mismo tiempo un convencimiento mágico y mítico sobre el carácter solar de la realeza y del destino de Rey, dura hasta los tiempos modernos. Para probar lo dicho no hace falta mencionar a Luis XIV; aparece con toda claridad en una inscripción de una medalla de oro de Carlos V a sus 48 años, y que dice: *"Quod in celis Sol, hoc in terra Caesar est"*. Se la acuñó en el mismo año en que se editó la reglamentación borgoñona. Quizás esté aquí el sentido más profundo, el mítico, del famoso dicho de que Carlos era el monarca "sobre cuyo reino el sol nunca se ponía". No porque aquel fuese tan inmenso, sino porque el emperador mismo era su imagen solar.

La imagen simbólica de este reino está relacionada en el pensar de sus representantes con imágenes arcaicas de cosmos e imperio. También este imperio estaba dividido en cuatro, aunque —por supuesto— en realidad se componía de mucho más de cuatro partes. En diferentes momentos y ocasiones las partes son nombradas diferentemente, pero es constante la representación de su cuaternidad, como en el nombre "los cuatro ángulos" del Imperio jázaro. Unas veces estos "cuatro confines" eran los reinos de España, los

Países Bajos, Austria y Nápoles, otras Alemania, España, Italia y los Países Bajos, y otras, para la imaginación española, España, las Indias, las Islas y Tierra firme del Mar Océano.

Y como en el caso de los jázaros, también aquí pasa ahora el simbolismo del cuatro de lo espacial a lo temporal.

En la paleoetnología hay ejemplos en los que el príncipe o cabeza de familia se autosacrifica. En estos casos no es difícil descubrir que el "período fatal" de la vida de un hombre que era príncipe o padre de familia o de tribu corresponde al de su trabajo o su virilidad. En esto está la razón más profunda de la abdicación del cabeza de familia entre los votiacos ugrofineses o del rey entre los jázaros turcotártaros después de cuarenta años de poder. El enfermo y viejo Carlos V, después de mucho dudar y de cuarenta años de gobierno decidió su abdicación. Al retirarse se refirió a esta circunstancia. A los 15 años había llegado a ser príncipe regente de los Países Bajos y a los 55 había renunciado a sus dignidades.

El período fatal de 40 años está en conexión con la solaridad del dominador, con su función cósmica. Mientras éste se inclinaba hacia su fin, no expresaba tan sólo el "círculo completo" en el signo de la cuaternidad, sino también una inmediata significación del acontecer cósmico diario y anual; y es el ocaso del astro resplandeciente y vivificador, el que, desde los comienzos, está en una afinidad místico-mítica, y sin lugar a duda casi orgánica, con el Rey: no sólo la realeza es solar, sino que el sol es real. En los pueblos primitivos, por ejemplo, no solamente el principio de un reinado se relaciona con el destino solar, sino que toda su actividad está bajo el signo del astro poderoso; cuando las fuerzas del sol disminuyen y en su lugar el otoño y la noche se apoderan de la tierra, también él perece o se le obliga a ello. O sea, con otras palabras: al morirse el sol, también el reinado del dominador se inclina hacia su fin: muere o desempeña el papel de su ocaso final con una escena de validez universal por su teatralidad ejemplificadora.

El acto del ocaso final en su Gran Teatro comprende en la vida de Carlos V los últimos 19 meses de su reclusión en Yuste: su preparación al buen morir. La interna "iluminación del Yo", que tiene que haberse suministrado por la ayuda, sabia y llena de comprensión, de San Francisco de Borja en el caso de su anciana madre enferma, la alcanzó Carlos por su propio esfuerzo, sostenido por confesión, comunión y una estricta observancia de un ceremonial:

la liturgia de la Iglesia católica. Karl Brandi, su biógrafo, seguramente se equivoca al considerar como apócrifo un gesto de índole religiosa atribuido al Emperador, argumentando que éste sería, en el caso de un hombre como era Carlos, de excesiva teatralidad. El carácter y los hechos de Carlos, sin embargo, enséñannos todo lo contrario. La escena objetada por Brandi está históricamente acreditada en la tradición, como tantas otras de la liturgia personal de Carlos V. La escena es ésta: Al Emperador en Túnez, rodeado por los de su estado mayor, listos todos a lanzarse contra el enemigo infiel, el corsario Khaireddin Barbarroja, se le pregunta, "quién había de ser capitán general en esta guerra, porque como había tantos señores, reinaba entre ellos presunción, y que Su Majestad, estando armado y descubierta la cabeza, les mostró un crucifijo levantado en alto, diciendo: 'Aquel cuyo alférez soy' ". Piero della Francesca, un siglo antes, pintó una escena casi idéntica testimoniando de tal modo su presencia en el rico acervo de la "mitología cristiana" del hombre occidental. Se ve en su fresco "La batalla de Constantino" al Emperador, rodeado de su estado mayor, armados todos, a caballo y listos para arremeter. Sobre sus cabezas, entre un bosque de lanzas, en una bandera amarilla flota, abiertas sus alas, el águila imperial. Y el Emperador saca una pequeña cruz, la levanta en alto: su ademán la coloca en frente de todos: el Crucificado es su capitán general. La composición pictórica es una gran escena de perfecta y solemne teatralidad. También los hechos de Carlos eran, como los de todos los hombres de su época que desempeñaban en ella un papel, matizados, y en un grado muy alto, por lo teatral, característico, en general, del Renacimiento. Por supuesto, las manifestaciones de tal teatralidad las tenemos que entender de otra manera a como —generalmente— se las entenderá en la actualidad cotidiana.

Una vez, todavía en sus principios, su destino le brindaba a Carlos la oportunidad de una escena realmente magnífica. Pero no la sabría aprovechar: aun en la vejez le molestaba si se le ocurría esta omisión. Nos referimos a su encuentro con Lutero en Worms. En otros casos sí aprovechó sus oportunidades y supo desempeñar el rol, del que su destino le encargaba, con gesto decisivo y de manera solemne y consciente. El hombre de 36 años de edad habló públicamente ante el Papa y el colegio de los cardenales en Roma, en el marco de una gran escena teatral. En otra ocasión, un

día "que pensaron fuera la batalla, salió el Emperador todo armado, salvo la cabeza, por ser conocido, en un caballo encubertado, y
ordenó el ejército, animando a cada nación en su lengua..." Luego,
"se puso el yelmo, diciendo al escuadrón de su corte,... que pelea-
sen como caballeros honrados, y si viesen caído su caballo y su estandarte... que levantasen primero el pendón que a él . Caló, diciendo esto, la visera, tomó la lanza y caminó paso ante paso hacia
los enemigos".

El final acto solemne de su Gran Teatro del Mundo: la escena
de su abdicación, ya la hemos presenciado. En los últimos meses
—como mencionábamos— se irá realizando esta teatralidad en los
actos de culto religioso en Yuste. La liturgia católica ofrece una
riqueza extraordinaria de teatralidad de una significación profunda
y ello fue aprovechado por Carlos. En Yuste sigue un acto de culto
al otro. Ellos satisfacen una necesidad de su ser y lo hacen en formas prescritas, ejemplares, perceptibles por el ojo y el oído de los
espectadores. En su mayoría son ceremonias de la muerte. Estas,
largas, complejas, que se extienden a veces por varias jornadas, no
carecen a veces de un carácter sombrío y sorprendente, invocan la
muerte y a los muertos, y habrán de terminar con las solemnidades
fúnebres de Carlos mismo, el protagonista de ellas.

Extrañará, quizás, a primera vista, que hasta su hijo, Felipe II,
en muchos sentidos de la palabra, tan diferente del padre, sepa vivir
y realizar los momentos decisivos de su vida, los actos que su deber
o la liturgia de su ceremonial le exigen, en formas de una similar
teatralidad muy desarrollada. Su gran sello, que lo representa entronizado al lado de María la Católica, reina de Inglaterra, es ya en
sí una verdadera escena. Así actuaba Felipe también cuando presi-
día su Consejo de Estado. Pero en ningún otro caso se halló en el
centro vital de un tal "drama", como en la escena de la detención
de su hijo. A ésta no le falta nada para que no pueda ser conside-
rada como "teatro". Nos introduce a él el preludio en el despacho
del Rey: éste, rodeado por sus consejeros más íntimos, les hablaba,
"como hombre todavía no ha hablado a los suyos", según palabras
de una fuente contemporánea. Lo que les dice, es —sin duda—
meditado, madurado, formalizado ya antes, es decir, es papel. Al
preludio le seguía el drama propiamente dicho en el aposento del
Príncipe. Lo inicia una cuidadosa *mise en scène*: los actores ocupan
los sitios que les corresponden; uno de los protagonistas duerme

en el centro de la escena, el otro se halla medio escondido en el fondo del cuarto. El séquito del Rey lleva aparte las armas del Príncipe; esto causa ruido y rompe su sueño. Carlos salta aterrado de la cama y se encuentra con el Rey que entra entonces en la escena iluminada por antorchas, armado, el yelmo en la cabeza, la espada desnuda bajo el brazo. "¿Quieres matarme?" —grita el hijo e intenta lanzarse al fuego de la chimenea. Manos preparadas se lo impiden. Los protagonistas se enfrentan: el padre victorioso en esta escena trágica, el hijo vencido, arrojado hacia su catástrofe final. Y mientras los monteros del Rey cierran con clavos y martillo las ventanas del cuarto del infante infeliz, formula el otro la palabra que señala el desenlace de la tragedia: la caída del telón sobre la escena: la cárcel del hijo aniquilado: "Desde hoy no os trataré como vuestro padre, sino como vuestro Rey".

Y en los días en que Felipe manda llevar los restos terrestres de sus padres y demás parientes a la necrópolis de El Escorial, anchas tierras de España se cambian en "teatro": escenas de una liturgia fúnebre, en forma de nocturnas procesiones, minuciosamente compuestas por el personal eclesiástico y cortesano del mundo felipino, que lleva "los cuerpos reales", iluminadas por la inquieta luz de las antorchas. Y el supremo maestro de ceremonias, el propio Rey, gestor y actor de este ceremonial, a caballo, armado va y viene, aparece y desaparece acompañado por unos pocos criados suyos, diseminando inquietud entre los que llevan los "cuerpos" y los "millares de gentes" que se juntaban para ver esta "cosa tan rara y peregrina, que se trasladen tantos cuerpos reales juntos", e "iban con sospencha que en cada parte estava el rey nuestro señor que los miraba", y se les apoderaba la incertidumbre que causa la impresión de la presencia de algo numinoso...

Antes de terminar nuestras consideraciones, me permito llamar aún la atención a un paralelismo, más que curioso, respecto al ceremonial de corte español. Mediante éste se nos abre una perspectiva de envergadura universal. Sólo en el marco de éste se nos aclarará el adecuado lugar histórico de las formas de vivir del Monarca español, en cuya búsqueda andamos.

Los fenómenos paralelos del ascenso político de España y del imperio turco ya condujeron a Ranke mozo a perspectivas a las cuales debe la creación de su libro, tan rico en ideas, *Los Otomanos y la Monarquía española en los siglos XVI-XVII*. Esta pista habría que seguirla. La "reglamentación borgoñona" de Carlos V acaece exactamente en los años de la época culminante de Solimán el Magnífico. Como podríamos verificar, dicha reglamentación es un sistema cerrado en sí mismo, que fue concebido consciente y consecuentemente, y que —por consiguiente— no sólo presenta fragmentos más o menos coherentes entre sí de usos y costumbres, sino que también se extiende a toda la forma de vivir del Monarca español y de su corte.

Dados los paralelismos político-históricos —subrayados también por Fernand Braudel en su gran libro del Mediterráneo en tiempo de Felipe II— entre España y los otomanos, tal vez un intento de hacer reflejarse mutuamente el ceremonial español y el osmánico conduciría a una perspectiva histórica, en el sentido de Ranke, que todavía falta, es decir, abriría una vista en la cual los datos del ceremonial turco, carentes aún de un material comparativo, podrían alcanzar el correspondiente contexto orgánico, en el que, reflejándose uno en el otro, se interpretasen de un modo más esencial.

Expongamos nuestra demanda mediante un ejemplo: Una de las observaciones más valiosas de los embajadores en la corte osmanlí o de los viajeros en el Imperio otomano, consiste en descripciones de cómo, durante el siglo XVI, se comportó el sultán, quien cayó en una actitud de alejamiento y retiro, pero también de exaltación. Unas fuentes reconocieron acertadamente que en este creciente alejamiento encontraba expresión "la creciente significación del Gran Señor turco".

La frecuentemente comentada tendencia a encerrarse de los monarcas españoles —su estar aprisionados tras los muros de El Escorial— es un fenómeno de semejante dirección y de valor análogo. El que llegara mucho más allá de lo meramente personal —aunque estuviese también personalmente condicionado en casos como los de Carlos V y de Felipe II— se infiere del significado histórico del proceso. También éste es un alejamiento que, en su tiempo, representa una exaltación, nunca habida hasta entonces, del monarca europeo-occidental. Como fenómeno histórico es un anuncio de la formación de la monarquía absoluta de Occidente como de Oriente también, válida y operante para España, Francia e Inglaterra, por un lado, para Turquía y Rusia, por otro.

Establecer más analogías (por ej., la de las cúpulas, expresiones de un simbolismo más que peculiar allí y aquí) nos lo prohiben los

límites de este ensayo.para terminar, señalemos sólo brevemente
que la influencia posible del ceremonial jázaro sobre las etiquetas
de la Península o las analogías hispano-osmanlíes del desarrollo de
los respectivos ceremoniales de corte, nos conducen en dirección
de conexiones de la más grande envergadura: las consideraciones
sobre usos y costumbres cortesanos deberían desembocar algún día
en el universal contexto del Gran Teatro del Mundo de la Historia,
que es, sin lugar a duda, el marco adecuado que le corresponde or-
gánicamente al fenómeno del ceremonial de corte de los jázaros,
de los españoles y de los otomanos también.

BIBLIOGRAFIA

W. Baumgart: "Preciosa corona", en *Überlieferung und Auftrag,*
(Wiesbaden, 1972) 196-204.

V. Bibl: *Der Tod des Don Carlos,* (Viena y Lipsia,) 1918.

K. Brandi: *Kaiser Karl* V., tomos I y II, 3ª (Munich) 1941.

F. Braudel: *El Mediterráneo y el Mundo mediterráneo en la época de
Felipe II*, tomos I y II, (México-Buenos Aires) 1953, (trad).

L. Cabrera de Córdoba: *Felipe II, Rey de España,* tomos I y IV,
(Madrid) 1876.

O. Cartellieri: *The Court of Burgundy,* (Londres) 1929, (trad).

A. De la Cruz: *Crónica del Emperador Carlos V,* tomos I y V,
(Madrid) 1920-25.

K. Dilger: *Untersuchungen zur Geschichte des osmanischen Hofzere-
moniells im 15. und 16. Jahrhundert,* (Munich), 1967. (Comp.
nuestra reseña en *"Orientalische Literaturzeitung",* Lipsia, 7/
8, (1973), 379-83. La misma en español en la Rev. *Río Piedras,* 1., (1972), 176-80).

H. Von Einem: "Karl V und Tizian", en R. Rassow y F. Schalk:
Karl V., Kölner Colloquium, (Colonia-Graz) 1960, 67-93.

M. de Ferdinandy: Adatok a magyar egyháztörténet elsö fejeze-
téhez: A kazarok és ómagyarok vallási viszonyai (Datos para el
primer capítulo de la Historia eclesiástica magiar: La situación
religiosa de los jázaros y los antiguos húngaros), en *Regnum,*
(Budapest, 1940-41), 70-93.

M. de Ferdinandy: *Tschingis Khan,* (Hamburg) 1958.

M. de Ferdinandy: "El Príncipe preso", en *En torno al pensar místico*, (Berlín) 1961, 220-237.

M. de Ferdinandy: *Der heilige Kaiser, Otto III und seine Ahnen*, (Tubinga) 1969.

J. N. Figgis: "Political Thought in the Sixteenth Century", en *The Cambridge Modern History*, 1ª, tomo III, (Cambridge) 1934, 736-69.

Sir J. G. Frazer: *The Golden Bough*, 3ª, tomos I-XIII. (Londres) 1911-5.

S. Freud: *Totem und Tabu*, (Francfurt y Hamburgo) 1956.

L. Frobenius: *Schicksalskunde*, (Weimar) 1938.

J. Harmatta: "The Golden Bow of the Hun", en *Acta Archaeologica Acad. Scient. Hung.* I, 1-2, (Budapest, 1951) 108-48.

J. Huizinga: *Herbst des Mittelalters*, 5ª, (Stuttgart) 1939.

S. Kohn: *Héber kútforrások és adatok Magyarország történetéhez* (Fuentes y datos hebreos en la Historia de Hungría), (Budapest) 1881.

J. Krohn: *A finnugor népek pogány istentisztelete* (El culto pagano de los pueblos ugrofineses), (Budapest) 1908. (trad).

Conde G. Kuun: "Keleti kútfök" (Fuentes orientales), en Gy. Pauler-S. Szilágyi: *A magyar honfoglalás kútföi* (Las fuentes de la Conquista de la patria magiar), (Budapest)1900, 137-285.

Ch. Laurent-J. Lameere-H. Simont: *Recueil des anciennes ordonnances de la Belgique, Ordonnances des Pays-Bas sous le régne de Charles V*, tomos I-VI, (Bruselas, 1895-1922).

El Monje Anónimo de Yuste: Historia breve y sumaria de cómo el Emperador Don Carlos... trató de venirse a recoger al monasterio San Hieronimo de Yuste,... y del modo y manera que vivió un año y ocho meses menos nueve días que estuvo en este monasterio, hasta que murió, etc., en P. D. de G. M. de Alboraya: *Historia del Monasterio de Yuste*, (Madrid) 1906, 293-324.

A. Rodríguez Villa: *Etiquetas de la Casa de Austria*, (Madrid), s. d.

A. Rodríguez Villa: *La Reina Doña Juana la Loca*, (Madrid) 1892.

Fray P. de Sandoval: *Historia de la Vida y Hechos del Emperador Carlos I*, tomos I-III, en la "Biblioteca de Autores Españoles", (Madrid) 1955-6.

W. Stirling: *The Cloister Life of the Emperor Charles the Fifth*, (Boston) 1853.

A. De Valdés: *Diálogo de Mercurio y Carón,* en "Clásicos Castellanos", (Madrid) 1929.

G. Vasari: *Le Vite,* tomos I-VII, (Florencia) 1932.

Yehudá Ha-Leví: *Cuzary, Diálogo filosófico,* en "Colección de Filósofos Españoles", (Madrid) 1910.

DON CARLOS

MITO E HISTORIA

Una tragedia de príncipe heredero es expresión del conflicto entre las generaciones, en una efigie humana densa, elevada e históricamente importante. De ahí el interés general, la simpatía, hasta la compasión a la que mueve. Mas en la de Carlos, Infante de España (1545-1568) cabe señalar, desde el principio, un rasgo insólito que, a un tiempo, encierra lo esencial de su tragedia: Es el joven el que en ella perece, y es el mayor quien triunfa. Tal desenlace ha de destacarse nítidamente de aquel otro en que el hijo termina por desalojar al padre. Por muy interesante que pueda ser este antagonismo, tanto en su aspecto político como en el humano y personal, no es trágico. Quizás sea doloroso, inicuo, conmovedor o cruel el que el hombre maduro tenga que doblegarse al más joven, pero es lo natural. En cambio, una tragedia de infante, genuina como la de don Carlos, tiene otro carácter y un significado enteramente distinto. Ahí lucha el pretendiente por hacerse valer y conquistar el futuro, pero en la tentativa contraviene el orden universal y, sin lograr imponer su voluntad a las fuerzas opuestas que desafió, finalmente cae. Así se configura una acción trágica y, por ende, un destino trágico en el propio sentido de la palabra.

Por su parte, la literatura universal rindió tributo a lo trágico inmanente en tales sinos de príncipes herederos. Hay en ella tres representaciones de gran estilo dedicadas a este tema. La del siglo XVI es *Hamlet* de Shakespeare que, si bien fue escrita a comienzos del siglo XVII aún arraiga, como el propio autor, con todo su acervo de ideas y sentimientos, en la gran época del fin de la centuria precedente, o sea en los decenios consecutivos al ocaso de don Carlos. Luego, ya en pleno siglo XVII, se eleva al rango de tragedia del joven pretendiente *La vida es sueño* de Calderón. El mismo título da a entender que el trágico desenlace que allí también se impuso, llegó a convertirse, mediante una suerte de artimaña, en triunfo del príncipe heredero quien a la luz del desarrollo de la pieza, no sólo lleva las de perder, sino ya tiene perdida la batalla. Pero la vida sueño es, siquiera en la *mise-en-scène* de Calderón de la Barca. Por último, tenemos la tragedia del heredero, tal como ella se le presenta al siglo XVIII: *Don Carlos* de Schiller, la tercera variación del tema que nos hemos planteado en estas páginas.

Decir que el *Don Carlos* de Schiller no es el personaje histórico de este nombre, equivale a repetir una verdad de perogrullo. Al examinar el asunto más detenidamente, se verá cuán superficial resulta este lugar común. Si bien es cierto que, en comparación con el Carlos de la Historia, Schiller ha enaltecido a su héroe prestándole rasgos de hombre más vital, dinámico, resuelto y —sobre todo— más sano, no lo ha falseado en absoluto. Y aun cuando digamos que lo "enalteció", andamos lejos de afirmar que lo hubiera "idealizado". Lo irreflexivo y abrupto que podríamos achacar al Infante histórico, también constituye uno de los principales rasgos distintivos de la *dramatis persona,* e incluso sucede que su amigo, el marqués de Posa, lo tilda una vez —y con mucha razón— de "furibundo" (IV, 17).

Sabido es que la imaginación del joven Schiller se inflamó leyendo una obra francesa, la semblanza de Carlos escrita por el Abbé de Saint-Réal, cuyo verdadero nombre era César Vichard (1639-1692).[1] Mas, como con frecuencia sucede, Schiller, escritor de prendas muy superiores, si bien saca gran provecho de su fuente, transforma el material extraído, refundiéndolo en los crisoles de su genio hasta el extremo de dar a los motivos de los que se vale una interpretación completamente distinta, y no raras veces interiormente más fidedigna. Con esto no queremos decir, empero, que tan sólo tengan mayor credibilidad al ser enfocados desde el

---

1. Saint-Réal, *Don Carlos, nouvelle historique.* 3e, Bibl. Nat., Coll. des Meilleurs Auteurs anciens et modernes, (Paris. 1875).

ángulo del drama, de la creación poética. A no dudarlo, Schiller como cualquier otro dramaturgo, está en su derecho al dar a su tema la forma que más le plazca. A este respecto hay una sola regla: que lo creado quede "bien hecho", válido y consonante con el *propio cosmos* que plasmara en su derredor. La verdad histórica pertenece a la obra del historiador; en la del poeta rige la verdad poética. Si ella coincide con la de la Historia, mejor.

Ahora bien, ¿qué tal se ve, a la luz de esta afirmación, el librito del abate, cuyo "material" —ya lo sabemos— pudo serle útil a Schiller como fuente histórica? Con este interrogante nos colocamos, de una vez, en pleno centro de uno de esos problemas del género literario que, tratándose de la obra de Saint-Réal, sólo ofrecen, si acaso, una solución conforme a los propios designios del autor y de su época. Por debajo del título, es cierto, figura la especificación de *nouvelle historique*, mas aun así, resulta por lo menos discutible el que su autor en un principio se hubiera propuesto dar cabal cumplimiento a lo anunciado.

Preceden a la obra dos prólogos. El primero no habla de ninguna nouvelle: es un *avis sur l'Histoire de Don Carlos,* en el cual dice el abate claramente que el opúsculo está destinado a salvar el honor de la reina de España, que era francesa, sólo para aludir enseguida a que, de no haber intervenido en el decurso de los eventos el descubrimiento de una conspiración en la corte española contra la libertad y la vida del príncipe de Béarne y su madre, probablemente no hubiera llegado nunca a reinar en Francia un Enrique IV, *le plus grand roi du monde.* He aquí, no tanto una meta de novelista, cuanto una observación que hace hincapié en un detalle histórico, cual si con ella se hubiera querido decir que también —y primero que todo— debía concebirse como "historia" *le sujet de cet ouvrage,* el asunto central de la obra: el amor del *malheureux prince pour sa belle-mère.* Incluso desde un punto de vista puramente exterior, parece que se confirma lo que decíamos: si hacemos caso omiso de una sola exclamación atribuida al muchacho, el texto íntegro es narración: un relato de clara dicción, redactado en prosa bien comedida, con elegante impasibilidad hecha tolerable por un dejo de ironía, siempre a una misma altura y volumen del tono de crítico distanciamiento. Así se conserva por doquier la forma exterior de la historiografía tendiente, siquiera en apariencia, a la objetividad. Súmase a ello el uso de notas. Sin

duda, nuestro abate posee amplios conocimientos y ha recurrido a
un buen número de fuentes españolas, francesas e italianas. En
cuanto respecta a la estambre de los hechos ya conocidos o verifi-
cables en aquel entonces, casi no hay detalle de mayor alcance que
se le escape. Por cierto que cita sus fuentes asaz caprichosamente,
sin regla fija, y a veces no menciona ninguna donde sería de esperar que hiciera una anotación. Jamás especifica la edición que cita,
ni anota el número de la página correspondiente. Si el lector por
casualidad conoce tal cual pasaje, a menudo verá con qué ligereza
y poca fidelidad maneja el autor su fuente. Hasta se nota, a veces,
que intencionalmente causa confusión. Refiriéndose una vez a los
Dichos y hechos del Rey D. Felipe,[2] ni siquiera cita el nombre del
autor (42); en otras ocasiones (79, 83, 85), no sólo se le olvida
hacer mención del mismo autor al hablar de su semblanza de Don
Juan de Austria,[3] sino que de tal manera la mezcla con la de Felipe
II por Cabrera,[4] que el lector que no conozca a ninguno de los
dos autores acabará creyendo que Cabrera escribió también la *vita*
de Don Juan. Y como si fuera poco, una vez (91) lleva la confusión al extremo de atribuírsela adrede.

Ya que, en vista de sus hábitos de escritor y de su información
asombrosamente buena para quien escribiera en la segunda mitad
del siglo XVII, sólo a duras penas cabe pensar en errores o mera
negligencia, semejante arbitrariedad de procederes ha de dar motivo para creer que Saint-Réal abrigaba malas intenciones en lo con-
cerniente al rey Felipe y su España.

La obra salió en 1672. La proximidad de los años (1662 y
1678, respectivamente) en que se publicaron las dos "novelas" de
Madame de Lafayette, contemporánea de Saint-Réal e incomparablemente más eminente como autora, da lugar a hablar de esas dos
obras, sobre todo de la segunda, la *Princesse de Clèves*. Incluso desde puntos de vista exteriores, nos es dable comprobar al respecto
cierto parentesco entre la creación de la aristócrata de París y la del
curita rural, máxime cuando las contemplamos a la luz de la uni-

---

2. Baltasar Porreño, *Dichos y hechos del rey Don Felipe II*, (Madrid, 1942).
    3. B. Porreño, *Vida del serenísimo señor don Juan de Austria*, (Madrid,
1946).
    4. Luis Cabrera de Córdoba, *Felipe Segundo, rey de España*, I-IV, (Madrid,
1876-7).

dad de estilo propio de su época. Como la *nouvelle* de Saint-Réal, la de Madame de Lafayette tiene características de *compte-rendu* relatado con imperturbabilidad elegante. En un principio apareció sin subtítulo alusivo al género literario que le correspondía. "Sólo mirándola de cerca, dice el editor alemán de *La Princesse de Clèves*[5] se topa con una denominación ...*histoire*... la cual deja entrever la posibilidad de ubicar esa 'novela' en la vecindad de la historiografía: ...suerte de relato historiográfico ...que asigna al ámbito humano y privado un área más extensa que a los acontecimientos de orden oficial: intrigas amorosas, chismes de sociedad en lugar de negociaciones diplomáticas y eventos bélicos ..., sinos personales de individuos... que se destacan de un fondo de sucesos históricos;... artísticas descripciones de caracteres y el análisis sicológico de relaciones humanas". Todo esto se ve ilustrado en la frase inicial de la *Histoire de Don Carlos* de Saint-Réal: *"Tous les historiens du siècle passé qui parlent du malheureux prince d'Espagne qui fait le sujet de cet ouvrage parlent aussi de son amour pour sa belle-mère".* Y Madame de Lafayette, aunque no agrega notas, introduce diálogos — poco numerosos, a decir verdad— en su *histoire*. La dama de la corte, mujer de alta alcurnia, *sabe* de lo que está hablando, lo sabe con la certeza imperturbable de la persona que "está en el secreto". El abate, en cambio, sólo conoce la corte de España por referencia. La gran dama, ni en su calidad de escritora se guía por "intenciones" de no importa qué índole, así sea también francesa y su relato verse sobre la misma época, la de Felipe, de Carlos y de Isabel. Mas, si bien es cierto que la sombra del conflicto se cierne y se proyecta por igual sobre el escenario de la novela de Madame de Lafayette, es al abate a quien le cae en suerte abarcarlo de una sola mirada. Raro, tal vez hasta significativo, es observar la manera cómo el tema escogido les acerca a ambos al siglo XVI. Ella describe cómo lo hispánico empieza a influir fatalmente en los asuntos de familia de la casa real de Francia. El, a su vez, despliega toda la fatídica urdimbre en la que, a causa de aquella intromisión del elemento español en lo francés, se verán enredadas España y Francia por igual.

5. J. V. Stackelberg, (Nachwort zu) Madame de Lafayette: *Die Prinzessin v. Cleve*, etc., (Hamburg, 1958) 163-4.

Con ese despliegue, da nuestro autor la máxima prueba de talento. Al abstenerse habilísimamente, quizás a propósito, de datar los acontecimientos, gana la libertad exterior indispensable para el narrador, y a un tiempo crea una especie de coacción interior bajo la cual discurre su relato. Desde las primeras páginas, los protagonistas son prisioneros de su hado. Establecer una cronología resulta poco menos que imposible. Sin dejar de ser jóvenes, Isabel y Carlos se conducen como personas ya mayores, mas, ello no obstante, puede suceder, cuando así lo requiere la cadencia de la narración, que de repente se descubran en el semblante del príncipe los rasgos del muchachito que fue. Ahí se nos revela la actitud comprensiva que, con respecto a ese declive de la historia, asume el narrador; mas al mismo tiempo ha de llamar la atención, hasta causar extrañeza la desenvoltura, esa su manera soberanamente fácil y despreocupada de manipular y modelar a su real talante el material que está a merced de su intención y de su fuerza plasmadora. No es la verdad histórica la que busca, primero que todo. Sin miramientos para con ella, aspira a que los eventos, tal como los relata según y conforme a sus designios, convenzan al lector, lo preparen y lo inclinen en favor de su tesis. Mas, en qué consiste esa tesis y cuál sea su verdadero propósito, he aquí una cuestión que, por lo pronto, cuesta trabajo resolver.

Es cierto que la que fue novia y ahora es madrastra del Infante, a su manera en extremo casta, responde a los sentimientos que él tampoco ha expresado claramente, y de los cuales el rey, padre y esposo todavía no se ha enterado ni tiene la menor sospecha. Pero ya pronto entrarán en escena los intrigantes y para siempre turbarán ese estado de equilibrio. La ambiciosa princesa de Eboli, esposa de Ruy Gómez de Silva, el privado del rey, intenta coger a Felipe en sus redes. Mas viendo que el recién casado aún queda cautivo de los encantos de su cónyuge, la Eboli se resigna a conquistar, en lugar del padre, al hijo. Infortunadamente, si bien sin quererlo, Carlos la ofende, y ella se torna entonces mortal enemiga del príncipe (21-22). Asómase un cuarto personaje: Don Juan de Austria, el joven y apuesto bastardo de Carlos Quinto, por ende tío del Infante, que, visto de cerca, no es más que un aventurero en busca de poder y fortuna. Al instante se enamora de la reina, pero la *reine (est) réservée, qu'il désespera.* Luego se hace amigo de su sobrino, pero vanamente trata de descubrir su secreto, y entonces se da cuenta de su propia comunidad de intereses con la Eboli. Los dos se encuentran y, aunque andan lejos de enamorarse, no tardan en forjar vínculos de un *commerce d'autant plus agréable.*

Ahora también toma cartas en el asunto la Inquisición que persigue, e incluso destruye a los más íntimos colaboradores del finado Emperador. Su nieto es muy franco en su manera de criticar los procederes del Santo Oficio, que reacciona convirtiéndose en otro enemigo, tan mortal e implacable como la princesa de Eboli.

Las intrigas dan fruto: Felipe aleja al hijo, quien —acompañado por el conde Egmont— parte para Alcalá a cursar estudios en la universidad. Allí, según se relata, cae del caballo (en realidad rodó por una escalera) y tan gravemente se lastima la cabeza que todo el mundo cree inminente su fin. En este instante aparece el marqués de Posa, el mismo que, como es sabido, habrá de desempeñar su papel —tal vez el de mayor envergadura— en el drama de Schiller. Lejos de ser intrigante, el marqués es el verdadero amigo encargado de llevar a la reina las palabras de despedida del Infante. Al recibir el mensaje, Isabel no supo guardar la compostura. Ya que todos sabían de la amistad fraternal entre los dos, la escena quizás hubiera pasado inadvertida, de no haberla presenciado la Eboli. A su instinto de mujer no ha de permanecer oculto el verdadero motivo. Posa también se encarga de llevar al enfermo el mensaje en el cual se atreve la reina, por primera y última vez, a dar expresión a sus sentimientos. Un día, la carta será fatal para ambos, primero para él, posteriormente para ella.

Luego de recuperarse Carlos, la reina, que, entre tanto, ha dado a luz una hija, viaja a Bayona donde pasará más de cien días con su madre, su hermana y toda la corte francesa. Aun cuando las indicaciones del abate resulten en parte poco convincentes, o incluso carezcan de fundamento, fuerza es admitir que en lo esencial se percata de la situación tan claramente como en otras ocasiones. La reina se entera de la mencionada conspiración contra la vida de Jeanne d'Albret y su hijo, y no puede menos de reconocer que, como *spiritus rector* del complot, figura, además del duque de Alba, su propio esposo. Sin vacilar, Isabel resuelve *ruiner leur entreprise. Une jeune femme...(a) été capable d'un coup si hardi et si délicat!* , exclama St. Réal. Al enterarse del plan, el príncipe pronuncia, en presencia de la Eboli y de don Juan, imprudentes pala-

bras sobre el castigo que aguarda a quienes le aconsejaran semejante infamia al rey. Ahora tienen motivo para temer el instante
en que Carlos suba al trono. Por consiguiente, se logra la reconciliación transitoria entre los jefes de los dos bandos en la corte. El
tercero en adherirse al plan de Alba y Ruy Gómez es el amante de
la mujer del segundo, Antonio Pérez, quien llevará a cabo lo que
requiere, amén de la malicia que tienen de sobra, las agallas que les
faltan: denunciar a la reina ante el rey.

Por primera vez se descubre el sicólogo sensible que hay en
Saint-Réal. Sólo en este momento llega a perfilarse nítidamente su
propósito, que es el de presentar al mundo contemporáneo y a la
posteridad a Felipe II, el antaño gran adversario de Francia, tal
como lo ve él: en toda su tenebrosa maldad. Aun así, bien sabe
que para convencer a los lectores, más vale avanzar paso a paso que
dar a conocer de una vez sus verdaderas intenciones.

Tan sólo ahora se entera el rey del amor de Carlos e Isabel,
mas como hombre maduro y sensato que es, *considérant la vertu et
le courage de la reine, il condamna entièrement si faibles soupçons.*
Incluso tiene el acierto de ver *une générosité de jeune homme* en la
manera como su hijo reacciona ante el descubrimiento de la infame
confabulación. Con todo esto, estando decidido a defender y conservar intacta su autoridad, cueste lo que costare, nombra ama
mayor de la "casa de la reina" a la princesa Eboli, que de ahora en
adelante será su archiespía (47-49).

Ya muy raras veces se les brinda a Carlos e Isabel la oportunidad de conversar sin testigos. Constantemente lo vigila el ojo escu-
driñador de la mujer de Ruy Gómez. Carlos se desespera viendo
que en la intimidad Isabel asume, frente a él, una actitud cada vez
más reservada. También lo atormenta la ambición. Berghes y Montigny llegan a Madrid en su calidad de delegados de los Estados de
Flandes y Brabante; sin demora entran en contacto con el Infante
y —según Saint-Réal— le entregan cartas, ya monitorias, ya tenta-
doras, del conde Egmont. Intranquilo, enojado, vacilando entre el
deber y el amor, don Carlos implora al rey que lo envíe a los Países
Bajos. Iremos los dos, le contesta el padre. Fíngense grandes prepa-
rativos de viaje, pero, finalmente, nada se hace (55).

El príncipe, engañado y desengañado a una, se toma la libertad
de escribir un librito sobre "Los grandes y admirables viajes del rey

don Felipe",[6] donde pinta al soberano como un cobarde que sólo osa moverse en el más estrecho círculo. La reina se ríe, pero insiste en que el opúsculo desaparezca. En efecto, Carlos lo bota, pero no puede impedir que llegue a parar a manos de la Eboli (57, 58).

Cuando los enamorados, deseosos de permanecer en contacto, siquiera por la vía de la correspondencia, buscan a un confidente, vuelve al primer plano la noble efigie del marqués de Posa. En la depravada corte de España es el único verdadero hidalgo y fiel servidor de su amigo y de la reina.

De la hermosa evocación que de su persona hizo Saint-Réal (60) surgirá un día, en la obra de Schiller, la maravillosa estampa de Rodrigo. En ambas se le asigna un papel trágico. Al confiar enteramente en el sabio y magnánimo joven, Isabel, sin quererlo, desvía las sospechas del marido, de Carlos al marqués. El rey lo manda matar. En la calle lo apuñalan unos asesinos a sueldo —un caso relatado *ad analogiam* de la muerte de Escobedo—[7] y luego se afirma que hubo equivocación en la persona. Pero Carlos e Isabel descubren el juego, y con ello al que, entre bambalinas, dirigía la sangrienta farsa (63-65). Sienten que están perdidos, aunque, por lo pronto, nada malo les sucede. El padre y esposo pone la paciencia de la pareja a prueba: así aprenderán a apurar el cáliz de su congoja hasta las heces. De esta suerte, el carácter de Felipe va ensombreciéndose cada vez más delante de nuestros ojos. Nuevamente, Saint-Réal demuestra ser hondo sicólogo: *"Ce père malheureux ..., dice, était retombé dans sa timidité ordinaire et naturelle"* (67). Pero todavía se inclina su vacilante estado de ánimo a ajustar cuentas en favor del hijo. Entonces le entrega Ruy Gómez —que tan bien lo conoce— el consabido librito que había recibido de su mujer. Viéndose herido en el pundonor, la mofa surte efectos de veneno que le quema el alma. Don Carlos adivina, hasta cree saber a ciencia cierta, que su suerte está sellada. Otra vez intenta escapar a Flandes, pero le cortan el paso. Nuestro autor lo comenta con agudeza de sicólogo: Carlos *"hâtait peut-être sa perte par la seule opinion d'être perdu"* (70).

Lo inundan de cartas. Berghes, Montigny, el almirante Châtillon, Guillermo de Orange lo incitan, los Estados de los Países

---

6. V. Bibl, *Der Tod des Don Carlos*, (Wien-Leipzig, 1918) 209-10.

7. G. Marañón, *Antonio Pérez*, 7e, (Madrid, 1963) I. 360-1.

Bajos, hasta los caudillos del levantamiento de los moriscos, que acaba de estallar, lo exhortan, lo imploran, *soit pour le servir, soit pour le perdre.*

De golpe se amplía el escenario. Las intrigas de la corte se tornan en política mundial. Un sujeto dudoso, *outsider* cuya aparición asombra, hasta nos deja perplejos, impetuosamente se abre el camino hacia el primer plano (75). Saint-Réal lo llama Jean Miquez, pero es más conocido bajo el nombre de José Micas, antes Joseph Nasi, judío de Portugal.[8] Desde hace años vive en Caramania donde reside Selín, el príncipe heredero del Imperio Otomano, su contertulio y amigo íntimo. Siguiendo su consejo, la armada turca se prepara —reinando ya Selín— para atacar a Chipre. Mas cuando los delegados moros de Granada llegan a la Sublime Puerta a pedir auxilio, Micas desiste, provisionalmente, de la proyectada acción contra Chipre, a pesar de ser destinado para reinar en la isla. Ahora quiere aunar a los moros granadinos, los Países Bajos y Carlos en una gran alianza contra la España de Felipe. En vez de navegar rumbo a Chipre, la armada otomana se dirigirá a Granada. De repente, Micas supo —según dice Saint-Réal— que don Carlos estaba dispuesto a hacerse cargo de la dirección de la empresa: dizque había exigido que la flota de los turcos no se enrumbara a Granada, sino a Flandes. Micas contesta: El "bajá de los mares" recibió orden secreta de acceder a los deseos del Infante... Al propio Saint-Réal se le hace dudoso el asunto, pues añade: *"soit que la chose fût vraie, ou qu'on voulût seulement la faire croire, —pour engager Don Carlos à quelque prix que ce fût"* (76).

En cambio, sí es cierto que el príncipe le reveló sus planes al tío, don Juan de Austria, "de quien creía que lo amaba", y que sólo esperaba el momento propicio para delatarlo al rey. Al mismo tiempo, Antonio Pérez viene del sur con la mala noticia del levantamiento de los moriscos. En el norte, el duque de Alba manda apresar y luego degollar a Egmont y Hoorne. Los insurrectos flamencos le dan a entender al Infante que no hay que perder el tiempo. El se decide: por conducto de un francés al servicio de la reina, el administrador real de Correo recibe órdenes de tener listas tres cabalgaduras, *pour être prêts à partir a l'entrée de la nuit* (78).

---

8. F. Braudel, *El Mediterráneo y el Mundo mediterráneo en la época de Felipe II,* Trad., (México y Buenos Aires, 1953) I. 580.

En medio de todo ese trajín, Saint-Réal de improviso interrumpe su relato para observar: *"Il importait, pour la justification du roi, que don Carlos fû pris voulant s'enfuir"* (80). Pero los hechos relatados por él no concuerdan con lo que dice: Ruy Gómez ve a don Carlos en el momento que se retira a descansar. Enseguida se colocan centinelas —*hommes fidèles et résolus*— en las vías de acceso a los aposentos del príncipe. A su cerrajero se le ordena inutilizar la complicada cerradura de la puerta del dormitorio. El trabajo no se podía ejecutar sin hacer ruido. El conde de Lerma, el primero en entrar, halló sumido al Infante en un sueño tan profundo que pudo quitarle las armas sin llamar la atención. Cuando entró también el rey con su séquito, le costó trabajo a Ruy Gómez despertarlo. Aunque Saint-Réal no lo dice, es evidente que se habían echado somníferos a sus comidas y bebidas.

El rey, al examinar los papeles de su hijo queda perplejo ante el peligro que lo amenazaba. También encuentra las cartas de su esposa, entre ellas la que iba dirigida al enfermo a punto de morir en Alcalá (80).

Ahora se le cae la venda de los ojos: ve cundir la traición en su derredor y se siente justificado para hacer caer el peso de la venganza sobre el hijo, que siempre fue para él un extraño, y sobre la forastera que lo engañó.

Una vez más encontramos a Saint-Réal en la cumbre de sus facultades de escritor y sicólogo. *"Faisant ... réflexion*, dice, *qu'il était maître de ceux qui l'avaient offensé si cruellement, cette agréable pensée fit succéder une joie barbare à la rage qu'il avait dans l'âme, et elle changea son cuisant désespoir en une tranquillité pleine d'horreur"* (82).

Ahí debiera terminar el relato. El autor logró su propósito de mostrar al gran enemigo de Francia rodeado de la gélida majestad de su venganza terrible. Las últimas páginas, donde el narrador nos viene con el cuento del suicidio del encarcelado Infante y presenta al Rey —ahora indigno amante de la princesa de Eboli— como vil emponzoñador de su mujer y su hermano, esas páginas no tienen valor ni sentido. Es de lamentar que un escritor de tales prendas no tuviera el acierto de concluir su libro con la frase arriba citada.

Cierto modo de balancear indeciso entre las esferas de la historia y las bellas letras caracteriza también —como es natural— la tragedia de Schiller. Sin embargo, sería una injusticia dejar de apre-

ciar, fuera de los valores poéticos inherentes a su obra, la presencia
de la realidad histórica, el empeño del dramaturgo en captar asimismo lo históricamente verídico conscientemente buscado por quien
ansía comprenderlo y darle forma.

Sabido es que Schiller era eminente historiador, quizás el más
sobresaliente en la Alemania de aquel entonces.[9] Como lo demuestran, fuera de *Don Carlos,* sus más importantes obras historiográ-
ficas, pero también *María Estuardo* y *Wallenstein,* son épocas pre-
dilectas de Schiller la segunda mitad del siglo XVI y la primera del
XVII. Si bien es cierto que esas dos tragedias fueron concebidas
largos años después de *Don Carlos,* cabe señalar que esta última ya
anticipa toda su visión posterior de la Historia, caracterizada por el
notabilísimo don de la compenetración intuitiva de tiempos lejanos
y caracteres ajenos: una facultad que nunca lo abandona ni lo lleva
por el mal camino.

Asombroso es que el hijo pobre de pequeños burgueses, cuando tenía apenas veinticinco años, no sólo entendiera de los resortes
de la alta política, e incluso de las intrigas de gabinete, sino que
también supiera cómo moverlos y presentarlos. A este respecto, no
hay en la pieza ni un tono falso. Aun cuando los lectores o espectadores del drama no se le acerquen partiendo de la literatura alemana, sino —como lo hacemos nosotros— lo contemplen a la luz
de la historia española, al instante se percatarán del ambiente político de la época y de su impronta específicamente felipina. Reconо-
cerán, en otras palabras, aquella singular coincidencia de lo más
estrecho con lo más amplio, hasta con la dimensión planetaria que,
como ningún otro rasgo, caracteriza la política de gabinete del
barroco en sus comienzos, su apogeo y su fase tardía. La evocación
espléndidamente bien lograda de ese ambiente en la tragedia de
Schiller constituye, a mi ver, el monumento literario más grande de
ese estilo, ese peculiar colorido de una edad histórica. Incluso allí
donde la intriga le parezca un tanto ingenua al hombre moderno,
se expresa, no tanto la falta de capacidad del artista, cuanto las
deficiencias propias de la época representada por él. Quedaríamos
perplejos ante el don adivinador de un autor tan joven, si no tu-

9. M. de Ferdinandy, *En torno al pensar histórico,* I (Puerto Rico: University
Press, 1961) 23-6. "Genealogie als Weltgeschichte", *Herold Jahrb,* I. (Berlin,
1972) 49-51.

viéramos en cuenta que los años ochenta del siglo XVIII aún pertenecen a las postrimerías del barroco y que, precisamente en esa década iluminada por las postreras luces de una era próxima a fenecer, la inteligencia de Schiller, abierta desde el principio al influjo de lo político de gran estilo, se dispone a entrar en su primera fase de madurez.

Su ubicación peculiar en la corriente histórica le ayuda a comprender a Felipe. Sesenta años le da, sin caer en la cuenta de que, cuando pereció su hijo sólo tenía cuarenta y uno, mas el error no es impedimento para que, dando pruebas de lo que podría llamarse certeza de sonámbulo, lo pinte como hombre en el clímax de la vida, no como alguien que anda ya cerca del fin de sus días. Frutos de lectura, sobre todo los datos que encontró en su fuente principal, el libro de Saint-Réal, pueden haberle servido de puntos de apoyo; aun así, no se concibe nada tan apropiado como su retrato de Felipe para atestiguar la profundidad y la genuina independencia de su pensamiento. Del tirano vanidoso, claudicante, tímido —y por lo mismo, cruel—, tal como lo presenta el francés en su descripción que, sin ser del todo desacertada, peca de unilateral y exagerada, no queda ni rastro en el personaje de Schiller. El joven poeta quería comprender al viejo amo y señor del mundo, no acusarlo. A esa generosidad de un alma debemos el momento del gran anciano, cuyo real porte no menoscaba lo humano que hay en él: esa estampa de rey tan compleja, polifacética y, a pesar de esto, hecha de una sola pieza, que nuestro poeta, sin perjuicio de los bienes culturales adquiridos, hizo surgir de las profundidades arquetípicas de su propio ser. El Felipe de Schiller sería grande como creación poética, aunque nada tuviera que ver con la realidad histórica. Pero no es así. Para mí tengo que en toda la literatura universal (y conste que, tal como la entendemos nosotros, también forma parte de ella cuanto espécimen de la historiografía se adapte al aire de montaña, enrarecido y puro, de la idea que de la literatura universal tuviera Goethe) constituye la imagen más profunda, histórica y humanamente más valedera, de ese hombre enigmático y complejo cuya naturaleza tan tenaz resistencia opone a quien intente penetrarla y hacerle justicia.[10]

---

10. J. H. Elliot, *La España imperial 1469-1716*, Trad., (Barcelona, 4e, 1972) 428.

Schiller lo logró. Desde luego, los predilectos del joven poeta son Carlos, el marqués de Posa, la gentil y hermosa reina. Pero esas simpatías juveniles no le ofuscan la vista. Superando sus propias inclinaciones y preferencias, llega a reconocer la sinpar grandeza del rey solitario —y aunque diste mucho de profesarle cariño— la evoca con esa imparcialidad que sólo se encuentra en los más excelsos creadores.

Como en su vida, el coloso se halla rodeado de un aura de soledad en el drama. La tragedia de Felipe arraiga en su incapacidad de provocar amor y crear vínculos de afecto. Muy distinto es, en cambio, el caso de los otros protagonistas en quienes abundan los lazos afectivos, si bien es cierto que sus afectos resultan, las más de las veces, indisciplinados, mal equilibrados y se vuelven un lastre, una carga pesada a la que sucumben todos, uno tras otro.

Y esto es lo que sucede, primero que todo, al propio Carlos. La evocación dramática de ese joven desaforado, irreflexivo, exaltado, mas al fin y al cabo, buen muchacho, de nuevo nos lleva al personaje histórico. La escena, tan cerca de la realidad, del altercado poco menos que sangriento con el duque de Alba (II, 5) nos muestra al gran resentido que, realmente, era Carlos, hombre de odios profundos. Por otra parte, en la escenificación de sus relaciones con la reina y con el amigo Posa se presenta el personaje del drama como el gran amante, el de las ansias, los anhelos jamás satisfechos, que también era en la vida real —aunque no hasta los extremos de arrebato y fogosidad que le atribuye el dramaturgo. Ciertamente, esas dos tendencias emocionales mucho tienen en común con la realidad histórica —hasta con rasgos trascendentales— mas no tanto en los del joven disoluto que pintan los chismes de la corte, cuanto en el plano de la trabazón humanamente verídica y, por lo mismo, difícil de desentrañar, de los destinos de las *dramatis personae*.

El móvil, en sí mismo plausible, si bien discordante de los hechos, del amor de don Carlos por su madrastra, la reina que una vez fue su prometida, lo tomó el poeta de la comentada *nouvelle historique* de Saint-Réal; ¡pero hay que ver lo que hizo de esa *petite histoire*! Un emocionante conflicto entre la pasión y la virtud, del cual sale airosa la virtud. Con su triunfo trágico, digno, en fin, de los elevados designios del autor que concibió tan doloroso desenlace, termina la tragedia de don Carlos.

Su otro amor, la sublime y romántica amistad entre Carlos y Rodrigo, esa alianza fatal para ambos, de la cual habría de nacer otro conflicto trágicamente insoluble, también tiene antecedentes —ya lo vimos— en el relato del abate, pero en las manos de Schiller se torna factor decisivo y estrella guía del acontecer. Al joven poeta ansioso de redescubrir sus propios ideales en la historia ha debido parecerle la figura de Posa un astro que resplandecía encima de la maleza insalubre de la corte de Madrid, tal como la describe el francés. De ahí que lo convierta —a él, no a Carlos— en portavoz de sus ideas, y que con el tema de la amistad se identifique de un modo incomparablemente más profundo que con el amor entre Carlos e Isabel. A la luz de la "noble moralidad" que caracteriza a la pareja, lo mismo que de la sensibilidad moral del autor, ese amor está condenado a morir desde un principio, aún antes de haber nacido.

Es en la pareja de los amigos, Carlos y Rodrigo, en la que se expresa íntegro el joven Schiller. No se necesita mucha imaginación para comprender que los dos, vistos en lo más hondo de su ser, forman las mitades de un todo. Algo similar fue constatado por Sigmund Freud en su ingenioso ensayo sobre Macbeth y Lady Macbeth.[11] No se trata de una polaridad de contrastes como la que es dable observar, verbigracia, entre Luis de Camões y Pedro Girón, o entre el Padre Fernando y el Inquisidor João en *Vida y Sueño* (*Élet és ábránd*) de Segismundo Kemény, autor de un producto tardío (1843) del romanticismo húngaro.[12] He aquí algo ya más orgánico, por el estilo del vínculo entre Macbeth y su esposa. El marqués de Posa es nada menos que el *alter ego* de don Carlos, su binario. Con todo el entrañable amor, la fidelidad de amigos y la camaradería que los une, es Posa —y ningún otro— el que, cumpliendo cabalmente con su misión de auténtico doble, se convierte, sin quererlo, en instrumento de la ruina de su amigo.[13]

Este conflicto ya nada tiene que ver con la realidad histórica. En él habla el mismo joven Schiller, un carácter que dialécticamen-

---

11. S. Freud, *Psychoanalytische Studien an Werken der Dichtung und Kunst,* (Leipzig-Wien Zürich, 1924) 68-9.

12. M. de Ferdinandy, *Carnaval y Revolución y diecinueve ensayos más,* (Puerto Rico: University Press, 1977) 234.

13. O. Rank, *Der Doppelgänger,* (Leipzig Wien-München, 1925) 12.

te se realiza, un alma expresándose en el diálogo. Pero el Infante y el marqués de Posa no son los únicos integrantes y copartícipes de una totalidad superior. Los dos siniestros cómplices que rodean a Felipe, el duque de Alba y Domingo, el capellán mayor del rey, también se hallan unidos cual par de inseparables buenos cuartos. Mas en contraste con ellos que, por decirlo así, se plasmaron en una misma masa homogénea, en el ser de los dos idealistas, Carlos y Posa, se manifiesta una dialéctica: con el romántico Infante armoniza, mas a un tiempo le lleva la contraria, el agudísimo marqués. Aun así, finalmente ha de estrellarse su grande aventura política y espiritual contra su misma exaltada emotividad, e igualmente naufragan todos los proyectos concebidos por el desdichado príncipe, sea en la política o en los dominios del amor.

Empero, es en los caracteres complementarios en su misma extrema incompatibilidad, de la reina y la princesa de Eboli, en donde se manifiesta plenamente la polaridad de contrastes. El sublime candor y la pureza angelical —que no desdicen de su buen temple— de Isabel, cuya gran pasión, lejos de ensombrecer su estampa, la ilumina, halla su oscura contraparte en la princesa que impelida por su sed de venganza, los demonios de la sangre y de su temperamento versátil, cae ya en un extremo, ya en otro, igualmente peligroso.

A diferencia de lo que relata Saint-Réal, en la tragedia de Schiller, ella no es todavía la consorte de Ruy Gómez aunque el rey, prácticamente, se la "regaló" o, más bien, se la vendió, como podríamos decir teniendo en cuenta el vínculo peculiar que unía a esos dos hombres en la realidad histórica.[14] En el libro del abate ya es esposa del privado, hembra sin dios ni ley, incitada por la pasión que le inspira el Infante, más aún, por la ambición y la maldad. Como no logró coger en sus redes al príncipe, entrega a Isabel al rey y a su propio marido, y aun siendo ya la querida de Antonio Pérez, no tiene inconveniente en arrojarse a los brazos del esposo de su reina.

Así Saint-Réal, a quien tienen sin cuidado, aquí como en otras ocasiones, eventuales problemas de orden cronológico:los amores

---

14. M. de Ferdinandy, *Philipp II, Grösse und Niedergang der spanischen Weltmacht,* (Wiesbaden, 1977) 281.

de la Eboli y el rey, si los hubo, han de situarse en los comienzos de los años sesenta, mientras que sus relaciones con Antonio Pérez se iniciaron en fecha posterior a la muerte de su marido, ocurrida en 1573.[15]

En la Historia, el papel de la Eboli resulta, tal vez no tan sombrío como en la narración de Saint-Réal, pero —de ser posible— todavía más impúdico. Y aun cuando sus deslices dejen lugar a dudas, no las hay en cuanto respecta a su naturaleza indómita, amoral, disarmónica, rencorosa y propensa a las querellas de comadres, en fin, a su "obscena trivialidad" y su "aire callejero".[16] Cosa asaz asombrosa en una señora descendiente de la noble estirpe de los Mendoza.

A decir verdad, en el drama de Schiller —cuyo juvenil idealismo se habrá sentido espontáneamente repelido por la turbia descripción del francés y que de las andanzas del personaje histórico no sabía nada— la impetuosa doncella que lleva el nombre de la princesa de Eboli hace mejor figura que en el relato de Saint-Réal o en la Historia. El poeta le conservó la audacia, la prontitud e imprudencia de las decisiones, y en cambio, le quitó de encima el cínico descaro. Hasta le perdona el haberse entregado al rey alegando que lo había hecho por amor y bajo el impulso de la desesperación que se adueñara de ella al verse desdeñada por el Infante.

En magistrales versos evoca el doble vínculo que tiene ligado al príncipe con la Eboli y la reina. Su generosidad de joven entusiasta lo inspira cuando dirige a la rencorosa intrigante estas sublimes palabras:

> A tí me acerco
> Porque tan suave, tan tierna eres,
> Porque en tu alma hermosa y buena confío.
> Ve niña mía, ningún amigo tengo ya
> En este mundo, sólo tú me quedas (IV, 15).

Y luego de mostrar a esa pobre alma, como en un espejo mágico, cuanto haya en ella de diáfano y luminoso, el poeta, parapetándose en la despiadada impasibilidad de su genio creador, la empuja otro trecho más adelante en el camino que lleva a la perdición.

---

15. M. de Ferdinandy, *Philipp II*, 281-2.
16. G. Marañón, *A. Pérez*, I, 184.

No menos grandiosa se nos hace la manera cómo el autor —
una sola vez, es cierto, pero dando prueba de un don intuitivo
verdaderamente genial— alude a las posibilidades sombrías y peligrosas, latentes en el carácter de su adorada reina. Puede ser que
haya descubierto vestigios de ello en el relato de Saint-Réal, ya que
no en las cartas de Isabel, que no se publicaron hasta 1969.[17]

Mas hasta en esas cartas cuesta trabajo encontrar las palabras o
partes de frases alusivas al papel nada equívoco que la reina desempeñaba en la corte de su marido. Saint-Réal, como quedó dicho,
cita un ejemplo. Tal vez, ese caso por sí solo haya sido suficiente
para poner a Felipe sobre la pista de la intriga ingeniosamente ur-
dida: ya veremos qué actitud habrá de asumir frente a esos "peca-
dos" —tal la palabra que usaba— de su esposa. Sobre el particular,
Schiller no pudo estar informado, pero hasta tal punto es uña y
carne con sus personajes, que a veces intuye sus más profundos
secretos. Cuando Posa le revela su plan a la reina, esa "alma pura"
no vacila en emprender el camino que conduce a la traición del rey
y padre de su hija. Dice ella:

> El plan que vos me enseñáis
> me aterra, mas a un tiempo me atrae...
> Audaz es la idea, y por lo mismo,
> Creo que me gusta. (IV, 3)

Y luego, refiriéndose al Infante, que también se muestra dispuesto
a traicionar al rey y padre, añade:

> Francia le prometo dar
> y de ñapa, Saboya.

Por último dice, en presencia del esposo, a su hijita:

> Si ya nada de tí quiere saber el rey,
> Fiadores he de traer de allende los Pirineos,
> Que por nuestra causa aboguen (IV, 9).

---

17. A. González de Amezúa y Mayo, *Isabel de Valois, Reina de España,
1546-1568*, I.-V., (Madrid, 1969). Cf. M. de Ferdinandy, *Ph.* II., 216.

Así habla el ángel de Schiller, la veinteañera, apoyándose en la plenitud del poder que, si no aterra, sorprende e impresiona grandemente.

La prueba de lo dicho y de cuanto estuviera una vez detrás de ello, la da el biógrafo de Felipe II, don Luis Cabrera de Córdoba (1559-1623) de quien Schiller sabía únicamente por las notas poco precisas de Saint-Réal, y que no sólo fue historiador de grandes méritos, sino también testigo ocular de lo que relataba.[18] Conocía al rey de cerca; tenía sólo diez años, pero ya estaba en la corte cuando murieron, debatiéndose en atroz agonía, primero Carlos, después Isabel. Su "crónica" —más exactamente, la semblanza de mayor envergadura que poseemos de Felipe— nos ofrece un cuadro lógicamente coherente e inconsútil del peregrinaje terrenal de Carlos. Al final de su relato de la vida del Infante, Cabrera se remite a sus fuentes en las siguientes palabras:

> Yo escribo lo que ví y entendí y después con la entrada que desde niño tuve en la cámara de estos príncipes y fue mayor con la edad y comunicación, por la gracia que merecieron algunos ministros con el Rey, especialmente el príncipe Rui Gómez de Silva y D. Cristóbal de Mora..., cuya resultancia en mi padre Juan Cabrera de Córdoba y en mí y la aceptación de S. M. en nuestros servicios nos hicieron más comunicados y allegados (I, 590-91).

Si bien se podría objetar que don Carlos veía en el marido de la Eboli a su archienemigo —que, finalmente, hasta llegaría a ser su carcelero—, la objeción ha de descartarse por intrascendente, apenas se dé uno cuenta de la gran simpatía que —no obstante la naturaleza de su fuente— le tenía Cabrera al príncipe.

Por lo que respecta a la historia de don Carlos, llama la atención la cautela con la que la trata el cronista. Sin callar lo peligroso e importante, de tal manera dispersa algunos de los datos de mayor trascendencia sobre distintas partes del texto, que cuesta trabajo atar cabos. Mas cuando se logra reunirlos, dan insospechados resultados. En otras ocasiones se esconde el autor detrás de un lenguaje

---

18. Sobre Cabrera: M. de Ferdinandy, "Felipe II en el espejo curvo de la Historiografía moderna", *Cuadernos Hispanoamericanos,* 301 (Madrid, 1975): 94-5.

metafórico de ejemplos —por la mayor parte tomados de escritores
antiguos— cuyo sentido alegórico a veces resulta no muy fácil de
descifrar.

Destácase la efigie de don Carlos en el libro de Cabrera tan
sólo a partir del momento en que el autor comienza a hablar de las
relaciones entre el Infante, su abuelo, el viejo Emperador, y su tía
Juana. Del *auguste précepteur* no se oye nada.[19] Al contrario, se ve
ahí cuán enojado está el anciano caballero con el nieto y hasta
dónde llega el disgusto que experimenta en vista de su falta de disciplina y de la manera desenfrenada "como vive y trata también a
su tía". Preocupado por el futuro del heredero de la corona, llama
la atención de su hija sobre el *defecto* en la disposición natural del
muchacho, mas asimismo le echa la culpa de la mala educación que
bajo los auspicios de Juana recibe (I, 105). Y como si lo anterior
no bastara para dilucidar la naturaleza de las relaciones entre el
sobrino y su tía, de golpe se hace mención de un extraño proyecto,
conforme al cual el príncipe debe emprender viaje a los Países Bajos, no con fines políticos, sino para prevenir futuros encuentros
con ella (I, 167, 169).

Empero, el relato coherente sobre los asuntos del Infante sólo
comienza unos diez años después, ahí donde nuestro autor se ocupa de su plan de ir a Malta a pelear con los turcos. En esa época ya
es tangible, más aún, sabida de todos, la tensión entre padre e hijo,
tan así que con una sola observación de Cabrera queda dicho
cuanto el lector necesita saber para ponerse al corriente.

> En este tiempo el príncipe Don Carlos, mal conforme con su
> padre, deseaba ir a Flandes y *verse en libertad*. El Conde de Gelves y
> el Marqués de Tábara..., sus amigos, le advirtieron era buena oca-
> sión y color el decir iba a socorrer a Malta... y todo consistía en salir
> bien de Madrid y entrar en Aragón... (I, 458).

Cuando, veintitrés años después, Antonio Pérez —que no era
príncipe, sino secretario del rey, ni huía del Alcázar, sino de su
prisión doméstica, por cierto bien custodiada[20]— sí lograba llegar
a Aragón cuyos antiquísimos fueros aún quedaban en vigencia y

---

19. St. Réal, 29.
20. G. Marañón, *A. Pérez*, I. 457, 475-6.

fuera del alcance de la potestad real, el fugitivo ciertamente estaba a salvo y lejos de la jurisdicción de Felipe. Fácilmente se imagina uno qué hubiera significado la llegada de Carlos a tierras aragonesas para sus partidarios y para los enemigos del rey.

Pero, en fin, ¿quiénes son esos amigos que, como lo veíamos, tenían listo tan sagaz proyecto para la "liberación" de su príncipe?

Al comienzo del libro de Cabrera ya aparece el nombre del señor de Gelves, chambelán de don Carlos. Juana, en ese entonces princesa reinante de España, lo mandó encarcelar en el castillo de La Mota. Como motivo de la medida se alegaba una falta de poca monta en que dizque había incurrido el conde.[21] Sólo después viene lo que ha de despertar interés: "la prisión del señor de Gelves, movió al príncipe a compasión; sin embargo, no intercedió en su favor; (pero) su silencio fortaleció el resentimiento que experimentaba frente a su tía" (I, 43).

Vislúmbrase una relación viciada desde el principio, entre el Infante y Juana. ¿Qué quiere decir esa alusión a sus "encuentros", que deben prevenirse, cueste lo que costare? Ella sólo tiene diez años más que su sobrino. Y diez años después del mencionado incidente, hasta quiere desposarlo. Con salvaje grosería rechaza el príncipe el proyecto de matrimonio.[22] Mas a un tiempo, se nos descubre un motivo de mayor trascendencia por lo que respecta al encarcelamiento de Gelves. El conde representa un grupo de oposicionistas de la nobleza, el cual —perfilándose ya más nítido con ocasión del sitio de Malta— respalda al Infante, en otras palabras: se enfrenta al rey.

El otro representante de la oposición aristocrática es el marqués de Tábara. Desde luego, debe haber otros cuyos nombres no menciona Cabrera. Relata, en cambio, que con anterioridad a la planeada fuga, Carlos se dirigió a varios Grandes pidiendo que contribuyesen con 11.000 escudos a los fines que perseguía. Entre ellos había unos que lo denunciaron ante el rey, otros que se callaron, pero desde Sevilla se le giraron 150.000 escudos (I, 561). A la luz de los hechos, tal como los presenta Cabrera, cabe presumir que esa remesa, de cuyo recibo dio Carlos aviso a don Juan, y éste al

---

21. Desmedidamente habría acosado, estando ya de novio, a una guarda de damas (de la corte de Juana). Cabrera, I. 43.
22. M. de Ferdinandy, *Philipp II*, 196.

rey, fue la gota que hizo derramar el cántaro: al día siguiente, el príncipe fue arrestado.

El dato que señala en dirección de un grupo opositor español halla su complemento en la actitud asumida por el Emperador en favor de un viaje del rey o del Infante a los Países Bajos. Por otras fuentes también se sabe del gran afecto que Maximiliano II le tenía al sobrino y de su interés en casarlo con su hija Ana.[23] Ahora, el Infante, que tal vez estuviera al corriente de los propósitos de su tío, pidió que su padre lo enviara a Flandes —haciéndosele con eso tanto más sospechoso cuanto que también había establecido contacto con los dos emisarios flamencos en Madrid, el marqués de Berghes y el barón de Montigny. Cabrera dice al respecto:

> Era que el Príncipe, con voluntad de su padre *o sin ella,* pasase a los Países Bajos, donde la obedecerían, servirían y casaría con su prima...; y si necesario fuese, si iba sin beneplácito de su padre, harían armada para conservalle y reducille a su gracia. Entendió el trato el Rey y prendió al Marqués de Borges... y a Mos de Montigny... (I, 472).

La conjetura, según la cual se habría estampado el nombre del príncipe en las banderas de una alianza de fuerzas antifelipinas, tanto españolas como flamencas, resulta de suyo plausible. Como heredero del reino más grande del mundo, Carlos sería prenda invaluable en manos de aquellos que lograsen adueñarse de su persona, y debido, no en último lugar, a su impaciencia, su candor y la espontaneidad de sus reacciones. Por otra parte, es un hecho que su misma impaciencia e indisciplina fatalmente entrañaban su propia ruina y la de sus partidarios.

Cuando quiso partir para Malta, su confianza ciega lo hizo incurrir en el error imperdonable de revelar su plan a Ruy Gómez, el privado de su padre. Y este, sin vacilar, le contesta:

> "Si vuestra Alteza quiere ir, *vamos;* mas ¿a qué, si es socorrida la isla? Pues dirán lo hizo V. A. por ademán solamente..." Y visto pasó la ocasión, cerró la jornada, y mandó el Príncipe a Rui Gómez que no lo dixese al Rey (I, 458).

Cometerá el mismo error por segunda vez, y queda su suerte sellada.

___
23. V. Bibl, D. *Tod d. D. C.,* 168-189 (especialmente 188-9).

Como ya sabemos por el relato de Saint-Réal, se piden cabalgaduras a Tassís, el Administrador Real de Correos quien —cumpliendo con su deber— corre a llevar la gran noticia al amo (I, 561). El rey ya está sobre aviso, pues Carlos, como también lo sabemos por Saint-Réal, le descubrió todos sus planes al tío Juan. Que no es más que una creatura en manos del hermano de cuya buena o mala voluntad dependen la existencia y el porvenir del bastardo. Habiéndose enterado por don Juan de los planes de don Carlos, cuenta Cabrera, "el rey resolvió tratar el asunto de don Carlos conforme a lo que requiriera el *bien común*" (I, 558).

Mas no fue don Juan el único delator; Carlos se traicionó a sí mismo con ocasión de la visita de despedida que hizo a la esposa del caballerizo mayor de Felipe, don Diego de Córdoba. Durante la conversación con el Infante, la dama adivinó "algo" de lo que se estaba tramando e informó a su marido. Don Diego le mostró la carta al rey que entonces "se puso todavía más alerta" (I, 561). Poco después recibió la noticia de la llegada del dinero y el informe del Administrador de Correos. Cabrera se muestra tan reservado en su relato de lo ocurrido que uno no puede menos de abrigar leve duda en cuanto atañe al relato, abundante en detalles (de Saint-Réal), sobre la detención del Infante (I, 562).[24]

Sólo le queda hacer el balance. Hablando de las distintas versiones que circulaban en la corte después de la captura del príncipe, dice que "a todas da respuesta la carta que el rey dirigía a su hermana, la emperatriz". Y cita este pasaje:

> Ni tampoco lo he tomado por medio (su confinación), con que por este camino se reformarán sus desórdenes: tiene este negocio otro principio y raíz, cuyo remedio non consiste en tiempo ni medios, que es de mayor importancia y consideración, para satisfacer yo a las dichas obligaciones que tengo à Dios.

Sin embargo, surge de las reflexiones de Cabrera un interrogante, y le asisten la honradez y el coraje necesarios para formularlo con toda seriedad:

> Si el fundamento no depende de culpa, ni es enderezado a cas-

---

24. V. Bibl, 252-3.

tigo, como dice (F.II.), ¿hay para ello suficiente materia? Es de notar que le tenía por defectuoso en el juicio (I, 563).

Con estas últimas palabras del cronista comienzan a acumularse las
contradicciones en torno de Carlos. Algunos de sus contemporáneos ya señalaban en él ciertos rasgos que parecían configurar, no
sólo la imagen del niño enfermizo e inhibido, sino incluso la de un
adolescente alienado, tal vez de un débil mental. Pero tampoco
faltan opiniones contrarias. En la conversación daba pruebas de
salero, inteligencia, donaire; destacábanse asimismo su propensión
a la burla, el genio mordaz, la vena sarcástica; más aún, daba la
impresión de tener sus propias ideas, intenciones y objetivos, los
que solía perseguir pacientemente, hasta con tesón. La concatena-
ción de sus pensamientos y planes, sus intentos de sostenerse frente
al poderoso padre, sus esfuerzos y afanes —hasta donde es posible
escudriñarlos— todo esto da una visión de conjunto plena de sentido.[25]

También hay que considerar que, en su situación de hombre
permanentemente vigilado y espiado, puede haberle parecido útil y
conveniente ponerse la máscara de loco que lo protegiera. Insinúa-
se aquí la analogía de la contemporánea, si bien legendaria tragedia
del príncipe heredero que en busca de refugio procede de manera
muy similar. Puede ser que Schiller ya pensara en ello cuando, con
motivo de la afiebrada conversación entre la princesa de Eboli y
don Carlos, lo hace exclamar de repente:

> De mis sesos a menudo brotan
> Raras burbujas que, no bien nacieron,
> Revientan... Callémonos!

a lo que ella, presa de desconcierto, responde con la pregunta por
el disfraz y así desenmascara la intención del príncipe:

> Pero, ¡cómo! Sería, pues,
> Descomedido orgullo de varón

---

25. M. de Ferdinandy, "Die kranke Generation: Don Carlos, Don Sebastián,
Rudolf II", *Recueil du IIe Congrès Internat. des Sciences Généalogiques et Héraldi-
ques*, (Liège) 1972, 221-2.

El que, buscando su deleite,
Tan torpe disfraz escogiera! ¿Es así?

Si analizamos la precedente cita del pasaje de Cabrera a la luz de la tragedia vista de conjunto, no ha de parecernos imposible que Felipe haya también adivinado a veces el juego de máscaras en que se complacía su hijo. El rey, ya lo vimos, se siente responsable ante Dios: de esa concepción se infiere que, como de paso lo da a entender Cabrera al final de la historia de don Carlos, se veía en la obligación de llamarlo a juicio después de mandarlo arrestar. De haber estado loco el hijo, tal modo de proceder hubiera sido inútil, hasta un desatino. A nadie se le hubiera ocurrido enjuiciar, verbigracia, a su obnubilada tatarabuela Isabel de Portugal († 1496), o a su propia abuela, Juana de Castilla (†1555), enferma de *melancholia agitata*.[26] En el caso del Infante, empero, Felipe convocó a una junta y por ella hizo entablar un juicio con el fin de probar la legalidad del arresto y del auto que excluía al Infante de la sucesión a la corona. Ni lo uno ni lo otro hubiera necesitado explicación en caso de locura (I, 565).

Si ahora pasamos a inquirir por una afirmación de la que Cabrera juzga oportuno y razonable hablar en distintos contextos de su libro, se completa el cuadro en forma asaz peculiar. Ahí se dispone el autor a justificar —no, como se creyera, la detención— sino al Infante, si bien supo arreglárselas de tal manera que, de ser posible, saliera indemne el rey. "La obstinación de padre e hijo, dice, impidió la concordia y encaminó y apresuró la resolución de recoger y remediar a Don Carlos" (I, 526). Mas aun cuando la porfía del hijo tuviera su parte en ello, difícilmente hubiera podido influir en la resolución que habría de privarlo de la propia base de su existencia.

La citada frase de Cabrera suena como una remota introducción a su relato de la catástrofe. Antes de relatarla, rechaza con humana clemencia el tristemente célebre cargo principal, formalizado en tantas fuentes e informes, de haber planeado la muerte de su padre —cosa de la que no volverá a ocuparse posteriormente.

---

26. Cf. el Cap. "La madre enferma" en M. de Ferdinandy, *El Emper. Carlos V*, (U. P. R., 1964) 105-133.

Pues si quisiera matar a su padre cada día pudiera, mas nunca sus íntimos conocieron en él tal intento (I, 558).

Por último, hace la siguiente observación que parece una cariñosa oración fúnebre en loor del infortunado príncipe:

El Príncipe, muchacho desfavorecido había mal pensado y hablado con resentimiento, obrado no (I, 562).

Esas palabras son como una paráfrasis de los versos de Schiller:

Mucho temo del apasionamiento
De Carlos, nada de su corazón.

Quizá sorprenda que Cabrera ni toque, siquiera, el tema de la muerte del Infante en el capítulo que versa sobre su ocaso. De don Carlos volverá a ocuparse en el libro una vez más, y allí —con ocasión de la legendaria visita que hiciera Felipe al hijo moribundo (I, 529)[27]— alude dos veces a su fin. Preceden a ese pasaje las palabras significativas y, en gran medida, reveladoras: Durante la prisión del Infante,

No salió el Rey de Madrid, ni aun a Aranjuez, ni à S. Lorenzo a ver su fábrica, tan atento al negocio del Príncipe estaba y sospechoso a las murmuraciones de sus pueblos fieles y reverentes, que ruidos extraordinarios en su palacio le hacían mirar, si eran tumultos para sacar a su Alteza de su cámara (I, 589).

Esas palabras contribuyen a explicar las medidas inusitadamente severas que adoptó el rey a fin de prevenir cualquier posibilidad de comunicación entre el prisionero y el mundo exterior.

Asistieron dos alabarderos en la puerta dentro del cancel que salió al patio... fuera del cancel ocho o diez alabarderos para que asistiesen también a la puerta de las Infantas (I, 564-565).

Con ello se le presenta a Cabrera la ocasión de hablar de postreras disposiciones tomadas por Felipe.

---

27. Cf. M. de Ferdinandy, *Philipp* II, 255.

El Rey casi extinguió con general reformación la casa de su hijo, y había reducido la clausura de la suya a la del más encerrado monasterio; que no desconviene al Príncipe considerar sus cosas a la imperfección humana (I, 566).

He aquí un ejemplo típico del modo de escribir de Cabrera: en el primer plano una máxima moral, suerte de lugar común que no dice nada; en el fondo: las murmuraciones del pueblo, los ruidos en el palacio, síntomas, en fin, que vuelven inteligible el autoen-claustramiento del rey en el Alcázar.

Suceden cosas aún más raras: Cabrera se esconde —y no es por primera, ni será por última vez— en un ejemplo proveniente de la antigüedad clásica.

· Pues Augusto César, cuando pareció había dividido el Imperio con Júpiter, tras tanto error y admiración que traía tanta potencia, no pudo huir de los agravios de la Fortuna... [aquí dos líneas, en el texto: Salta... hasta sentencias, luego sigue la cita del texto de C. de C.]... por la calidad de vida que empeoraron sus damas (I, 565).

A lo que parece, se tomó el ejemplo de la semblanza de Augusto por Suetonio, y en él se alude a la segunda esposa de Octaviano, a su hija y a su nieta. Pero, ¿qué es lo que tiene que ver todo esto con Felipe? ¿De quién se sospecha, y de qué se habrá hecho sospechoso? Como lo enseña Cabrera, las relaciones entre don Carlos y la princesa Juana fueron, desde un principio, problemáticas en grado sumo. De haberse logrado el casamiento con el sobrino, ¿acaso hubiera querido gobernar Juana a través de él, como quien dice, por interpuesta persona? ¿Será posible que, a espaldas de Carlos, ella haya mantenido el contacto con la oposición? Una cosa es cierta: A Juana, mujer todavía joven, talentosa y versada en política, la tenía alejada el hermano de los negocios de estado desde que había dejado de gobernar en su tierra natal.

¿Y la otra mujer allegada al Augusto de Cabrera?

El matrimonio de Felipe e Isabel distaba mucho de transcurrir bajo un cielo tan radiante y sin nubes como lo pretenden cándidos historiadores modernos. Tal es la verdad que no sólo se desprende de la tendenciosa *nouvelle historique* comentada por nosotros, sino que también ha quedado corroborada, tanto por las altamente fide-dignas relaciones de los embajadores de la *Serenissima* como por las alusiones patentes —según se ha visto— en las cartas que dirigía la reina a su madre y a su hermano. Si bien es cierto que ahí — lo mismo que en el caso de Juana— queda sin resolver la cuestión de si la reina ha tenido parte activa en un complot de la oposición, la alusión a las "damas de la Corte" —no a las de palacio— atestigua que Cabrera también tenía conocimiento de este tema que luego sigue tratando con mayor incapié.

Sus observaciones alusivas a los autores desconocidos de trágicos incidentes, muertes violentas, lo mismo que a lo que tiene el fallo de riguroso y extraño, ciertamente implican gravísimas sospechas que tenían su origen en la misma cumbre del poder y con la punta señalaban a "las damas de la Corte" y a don Carlos. Lástima grande que el expediente del juicio adelantado contra él y los escritos del Infante se hayan extraviado en su totalidad, o de intento hayan sido destruidos.[28] Sea como fuere, al referirse a la acusación de lesa majestad, Cabrera habla en plural. Nuestro conocimiento del triste fin de los tres protagonistas del drama, Juana, Isabel y Carlos, quizás nos faculte para adivinar, siquiera, la identidad de quiénes el autor tendría en mente.

Las apariencias, con tanto esmero guardadas, del buen acuerdo entre Felipe y su hermana, hasta a nuestro autor le impiden penetrar al fondo de esa relación, aunque el alejamiento de Juana, ordenado por el hermano, de toda actividad política es un hecho que habla por sí solo. La detención del sobrino la priva de la última esperanza de volver a la vida activa. Sobreviene un colapso nervioso; en los años siguientes va acentuándose cada vez más el estado de vacío espiritual y afectivo, del cual sólo la librará la muerte prematura.

Ya lo vimos: con igual empeño defiende la historiografía española la ilusión de felicidad inmaculada, contra la realidad, del tercer enlace de Felipe con la que fue novia de su hijo. Sin embargo, una sola vez, en un pasaje del libro de Cabrera, cuyos tintes sombríos recuerdan a Tácito, cae la máscara arrancada de cuajo y surge de profundidades insondables, acompañada de un rasgo de fría crueldad, esa problemática que, generalmente, se pasa en silencio.

Sólo dos meses y unos días después de haber fallecido el Infan-

---

28. M. de Ferdinandy, 207, Nota 60.

te, entra en agonía la joven Isabel. Contestando sus palabras de despedida le dice el rey que

> fiaba en la misericordia de Dios le daría salud, en que por su mano executase sus deseos santos, y en esta disposición no había para que su Alteza tuviese pena de cosa alguna; pues tendría muy larga vida. Pero sucediendo al contrario por sus pecados, entendiese haría su oficio y satisfacción, y cumpliría enteramente demas de las obligaciones y respectos porque estaba obligado; le suplicaba descansase, que tendría cuenta y memoria de hacer a su Alteza en esto muy cumplido servicio (I, 598).[29]

Esa solemne promesa de sepultura "Dixo con palabras harto más graves —según nos afirma Cabrera— y viendo crecía la congoxa en la Reina, se retiró" (I, 598).

Ese hombre "sabía que la voluntad de los príncipes es violencia tácita" (II, 170). Otra sentencia que recuerda a Tácito.

Empero, a veces sucede, agrega Cabrera, que el súbdito, tratando de introducir "innovaciones en el gobierno", como lo habrá intentado el pobre Infante, abusa de la moderación de su soberano, y en tales casos, "el avisado dio muertes secretas y necesarias" (II, 171).

Al acordarse de tales "muertes secretas y necesarias", Cabrera coloca a su Felipe muy cerca del Tiberio de Tácito. Con esa analogía, anda lejos de ocupar una posición singular en su época y la España de aquel entonces.[30] Ciertamente, cuando aludía al papel de las mujeres congregadas en torno de Felipe, tenía en la mente la segunda parte de los "Doce Césares" de Suetonio. Por lo demás, empero, lo profundo, terrible y desconcertante en la manera cómo el español apenas toca el sigilo de lejos, poco o nada tiene que ver con la dicción amena y fácil de Suetonio, siendo incomparablemente más afín al modo grave, difícil, presagioso y propenso a hablar en clave, de Tácito. No en vano, Cabrera asocia en muchos pasajes de su libro la efigie de Felipe al Tiberio de los Anales, mas no al Augusto suetoniano. A este respecto, también merece ponderarse la

---

29. M. de Ferdinandy, 195-8.

30. E. Tierno Galván, "El Tacitismo en las doctrinas políticas del siglo de oro español", en *Escritos (1950-1960) de T. G.*, (Madrid, 1971).

importancia que Tácito atribuye a las mujeres. "Es innegable que las mujeres orgullosas y dominantes de su casa mucho le daban que hacer a Tiberio", observa un investigador moderno.[31] Y otro: "El pro y el contra de la apreciación (en Tácito) ... constituye, por su misma incertidumbre, un primer paso de acercamiento al hado que se cernirá sobre el reinado de Tiberio. Mas, encima de todo, la mujer, portadora de desgracias... Ella misma un prodigio...".[32]

Como otros pensadores e investigadores de su tiempo, poseía nuestro historiador el don de pensar por analogía, una facultad que en él se hallaba particularmente bien desarrollada. En su primera obra, *De Historia, para entenderla y escribirla,* dice:

> El que mira la Historia de los antiguos tiempos atentamente y lo que enseñan guarda, tiene luz para las cosas futuras, pues una misma manera de mundo es toda, las que han sido vuelven, aunque debajo de diversos nombres, figuras y colores que los sabios conocen; porque los consideran con diligencia y observación, hayan no solamente los nombres de las cosas, estilo de los pueblos, más las indicaciones del ánimo.[33]

Y de Tácito aprenderá que Tiberio "más que a ninguna de sus presuntas virtudes era adicto al arte de hacer discreta alusión a las cosas. ... Sabía que necesitaba tiempo para llegar a una resolución, pero que, no bien se hubo lanzado a la carga, hizo seguir a duras palabras horrendos castigos" (Ann., IV, 71). Leyéndolo, se comprende que Cabrera pudiera sentirse tentado a añadir: igual que el rey Felipe.

En Flandes, nos cuenta en su gran obra, hasta creían que Felipe no fue nada menos que consciente "imitador de Tiberio", pues que les hizo venir encima a su Seyano, el duque de Alba (I, 495-96).

Para los contemporáneos de Cabrera —por ende, para él mismo— trazar tales paralelismos era más que mero pasatiempo de

---

31. W. Schur, Anmerkungen zu *Tacitus: Annalen*, (Stuttgart, 1957) 244, Nota 63.

32. F. Altheim, *Römische Religionsgeschichte*, 2e, I (Berlin, 1956) 111.

33. L. Cabrera de Córdoba, *De Historia, para entenderla y escribirla*, (Madrid, 1611) 14.

ingenios. Cabe suponer que su "tacitismo" le ayudaba mucho, y de esencial manera, a profundizar en el estudio del carácter de Felipe, e incluso a sondar el fondo del conflicto que llevaba al trágico fin de tres protagonistas del drama cuyas peripecias se han comentado en estas páginas.

Aunque fuera un historiador notable, no llega Cabrera —a pesar de habernos ofrecido en su obra una solución al enigma que ensombrecería la figura de Don Carlos desde un principio— como adepto y discípulo ni a las alturas, ni a las profundidades de su modelo y maestro,el antiguo historiógrafo. Sus intenciones ayúdannos en aclarar los enredos tenebrosos del pasado —y lo hacen a menudo en encrucijadas esenciales del decurso histórico—, un mensaje, con respecto al porvenir, no obstante, no nos comunican.

El poeta —todo lo contrario— halla en una historia de escándalos y horrores, no sólo bien sino hasta con brillantez presentada, desfigurada, empero, a la vez, por segundas intenciones de índole político-nacionalistas, fuente ésta que le fue brindada por mano ajena. Pero es de ella que se transforma entre las suyas *la* tragedia del Príncipe heredero por antonomasia el conflicto entre padre e hijo, de hijos y padres. Y se nos presenta por ello el problema central de todo el tiempo moderno: la trágica tensión entre tiranía y libertad— como una gran obertura o un prólogo poderoso.

(Traducción del alemán por Ernesto Volkening)

INTERVENTO Y NONBELLIGERANZA

MITOS Y DESTINO EN EL PAPEL Y LA CAÍDA DE BENITO MUSSOLINI

La entrada de Italia en la Primera Guerra Mundial (mayo de 1915) ocurre, no sólo cronológicamente, en medio de un proceso cuyo comienzo coincide con el acercamiento del pueblo italiano a su unificación nacional y su autorrealización estatal, y cuya conclusión momentánea coincide a su vez con la Italia de nuestros días. El *intervento* también está, por su historia y sentido, en el punto medio de un proceso de autoafirmación en el que la nación italiana se forma, se realiza y pasa a ocupar su lugar en el concierto de naciones europeo.

En 1859, el Piamonte, que entonces representaba los deseos y las esperanzas de Italia ante el mundo, logra atraer a Austria a una guerra que había de terminar con la liberación de la Lombardía. A la vista de este gran resultado, sin embargo, las fuerzas represadas del pueblo rompieron sus exclusas. Garibaldi desembarcó con sus famosos Mil en Sicilia, dotando así al *Risorgimento,* no ya de la anterior reclamación modesta de una frontera en el Adriático, sino también de la dirección decisiva hacia el sur. Esta dirección —prefigurada también por la situación geográfica entera del país— es la que siguieron entonces el rey, el gobierno y el parlamento, abandonando el septentrional Turín y eligiendo Florencia como capital del nuevo reino. Pero los ojos de todo el pueblo estaban puestos en Roma. Desde el punto de vista puramente económico —y también considerando la política comercial y de comunicaciones— la ciudad que se ofrecía como capital de la nueva Italia habría sido probablemente Turín o, quizá mejor, Milán, pero no Roma, que entonces aún se encontraba completamente fuera de las vías comerciales y las zonas industriales centroeuropeas, y en tal sentido, todavía bastante al final del mundo. Pero la magia de su nombre y las poderosas tradiciones de la urbe no se podían eludir: en 1870 la incorporación de Roma a la nueva Italia surgió de una sensación general de sentimentalismo nacional, el cual sólo en ella podía ver la capital del imperio.

El "impulso hacia el sur" de la nueva Italia no se detuvo ni con la unificación de la *Italia bassa* con el centro y el norte ni con la toma de Roma.

A fines del siglo se dibuja, primero vacilantemente y luego de forma decidida, una voluntad de que Italia ponga pie en el continente africano: el país superpoblado busca una posibilidad adecuada para la emigración de sus excedentes, pero una tal que no le haga perder para siempre a sus emigrantes.

En Túnez, por de pronto, —donde la italianidad superaba numéricamente a los franceses unas quince veces— ya Francia se le había adelantado, y ganas de "acumular desiertos" —pues desiertos, sin ocupar aún, los había en el espacio norteafricano— no las tenía Italia. Sencillamente, Italia había llegado demasiado tarde a la mesa del reparto de colonias: las buenas ya habían sido tomadas, y si, a pesar de todo, lograba atrapar alguna, Inglaterra y Francia detendrían su brazo inmediatamente. Así, por ejemplo, frustraron el enlace entre Eritrea y la Somalia italianas. Y cuando, después, Italia quiso penetrar en Abisinia, fue derrotada allí incluso por el emperador del país. Trípoli y Cirenaica significaban nuevamente una simple faja costera larga, y cuando ésta se amplió en los años 1926-1931, para convertirse en el imperio colonial de Libia, aquello no fue efectivamente otra cosa que una "acumulación de desiertos", no el ansiado canal para la salida del excedente poblacional de Italia.

En consecuencia, el emigrante italiano se dirigió a América, pero, desde allí, empezó a enviar a casa una parte de sus ingresos, llegando con frecuencia incluso a regresar él mismo cuando había podido ahorrar algo. Así comienza una lenta pero segura elevación del nivel económico de campesinos y pequeñoburgueses. A la larga, se consigue más de esta manera que mediante los intentos, en parte torpes, de los gobiernos.

Mientras, de este modo, se preparaba un ascenso callado y casi invisible, los italianos se sentían más que descontentos con la situación internacional. No sólo sus objetivos coloniales les habían sido arrebatados por sus grandes "amigos", Francia e Inglaterra, sino que, además, apenas se les reconocía pleno valor en el concierto de la gran política. Se les incluía simplemente en una misma casilla con los pueblos balcánicos. La diplomacia todavía estaba más que ligada a la tradición; las normas europeas para presentarse y comportarse eran dictadas por los tiesos burgueses del norte. Lo que en los italianos es la gestualidad natural de un temperamento alegre, se interpretaba como teatralidad en sentido peyorativo; lo que es ímpetu vital proveniente de sus grandes energías, se evaluaba como ademanes de guiñol. De hecho, un Giosué Carducci, con su poderosa retórica, era un caso único en el espectro europeo, y también la teatralidad de un Gabriele d'Annunzio era, entonces, seguramente, un fenómeno posible y pasable sólo en Italia. La estrechez inveterada del *comme il faut* excluía todavía entonces al italiano de la comunidad de los europeos "verdaderos". En consecuencia, manifestó su reacción de manera muy compleja, pero también muy peculiar.

Al comienzo de este camino está precisamente el *intervento*, del cual se hablará en seguida; en su medio está el experimento fascista, que trató de obtener para los italianos un primer puesto en Europa, y al final, su venturoso emerger de esta experiencia: la liberación de su ser de este lastre, su entrada, alegre y seguro de sí mismo —durante los tres lustros subsiguientes a la Segunda Guerra Mundial—, en la ecumene de la moderna ciudadanía del mundo.

Con todo, los cimientos del *intervento* se pusieron todavía en la forma de una modesta solución de urgencia.

Como Inglaterra y Francia le recortaron las alas en el despliegue de su programa político colonial, Italia se volvió primero hacia Alemania. Bismarck consideraba en 1860 que el Piamonte era el aliado natural de Prusia, y esta afirmación era entonces correcta pensando en Austria. Ahora bien, Alemania —desde 1879— estaba aliada con Austria. Es decir, que una alianza de Italia con Alemania significaba también una alianza con el archienemigo, que retenía en su poder Trieste, Istria, el Trentino y Dalmacia, y, sin estos territorios, según toda la opinión pública, la Italia nueva aún no es la *Italia unita*. Aunque, en un principio, Italia se apoya en Alemania y

Austria, buscando ayuda contra la expansión y agresión de Francia, también sabe exactamente cómo, mediante este "matrimonio de conveniencia", gana a los ojos de las potencias occidentales y se hace apetecible y cara, y ésa es probablemente la más profunda finalidad de este juego, aunque los políticos más importantes de Italia no se habían sumado a este pacto tripartito por el cálculo astuto de una futura reacción francesa. Precisamente el primer ministro Crispi, que lo firmó, era cualquier cosa antes que una mente fríamente calculadora. Y tampoco quiso engañar a su pueblo acerca del pacto: la expresión "matrimonio de conveniencia" proviene de él. Más que nada, fue su sano instinto lo que le movió, y este instinto no se equivoca a la larga. Crispi ya no vivía cuando la agresividad de Francia cedía paulatinamente: entonces, lentamente, el "matrimonio de conveniencia" empezaba a aflojar sus lazos, y la agrupación de potencias de la Priemra Guerra Mundial se hacía notar cada vez más. Los observadores contemporáneos consideraban, ya en 1912, que el pacto tripartito estaba disuelto.

El gobierno sopesó acertadamente la opinión pública cuando se declaró neutral el 2 de agosto de 1914. Adoptó, estando aún entonces al lado de las potencias centroeuropeas, una actitud para la cual Mussolini acuñaría luego la expresión *non-belligeranza*. Pero ya el 3 de diciembre de 1914 hablaba el primer ministro del justo *sacro egoismo* de los italianos para con sus bien conocidos intereses, y era perfectamente claro que estos intereses no estaban del lado de las potencias centroeuropeas. Con ello quedaban creadas las condiciones previas para el viraje: el 26 de abril de 1915 Italia firmaba en Londres un acuerdo que le prometía la frontera del Brénero, Istria, Dalmacia, Albania e incluso territorios en Asia Menor y Africa. A raíz de esto, el parlamento italiano le otorgó plenos poderes al gobierno para declarar la guerra a Alemania y Austria (20 de mayo de 1915).

Este viraje, sin embargo, no se produjo sin la propaganda belicista de un periodista que entonces ejercía en Milán, Benito Mussolini.

Mussolini, que entonces tenía 30 años, era un marxista de corte revolucionario. Aún en septiembre de 1914 entraba en la liza, con todo el ardor de su retórica, a favor de la *non-belligeranza*. En unas seis semanas se revelaba como el propagandista máximo del *intervento*. Entonces, el partido socialdemócrata anuló su afiliación y le quitó la dirección del periódico, pero él apareció en seguida como editor de otro, que quizá estaba financiado de parte francesa. El revolucionario marxista se había transformado en un revolucionario nacionalista.

Su brusca transformación obra como una refutación viviente de la gran frase de Lenin, según la cual, la "única guerra de liberación" es, en adelante, la "guerra civil". Ahora, no sólo en la Europa que ya está en guerra, sino también en Italia, sucede exactamente lo contrario: Mussolini, igual que "la burguesía de todos los países", trata de "afianzar mediante falaces frases patrióticas el prestigio" de *su* "guerra nacional".

El excitado público del país, movido por el llamamiento de Mussolini "¡Hay que decidirse!" ve llegado el momento de pasar a la acción, una acción que corresponda a su temperamento y su fantasía. La entrada en la guerra parece una hazaña grande y luminosa que puede contar con una grandísima resonancia en el país y en el extranjero; el *intervento* comienza a crecer para convertirse en una poderosa y valerosa intervención en el acontecer mundial (editorial de Mussolini: *Audacia*); un público animado por el resentimiento nacional hasta puede esperar que será capaz de producir un vuelco de la historia mundial.

La gran ola de excitación nacional pone en su cresta al hombre que ahora se presenta como portavoz de la opinión pública. Y quizás estriba justo aquí la posibilidad de una explicación más profunda de su titubeo: en la excitación del momento, las agitaciones de la comunidad a que pertenecía lo han alcanzado como olas que provienen de profundidades demoníacas y rompen en él la corteza doctrinal de su orientación internacionalista dejando salir así a la superficie la lava ardiente de su sentimiento nacionalista. Esta vibración de su ser en sintonía con los estratos profundos de su nación también se puede observar en él una segunda vez, en las semanas igualmente excitadas hasta el paroxismo, que preceden a la *Marcia su Roma*. Una vez más logra convertirse entonces en portavoz de la "fuerza viviente de la nación", pero también, a la vez, en director de sus movimientos.

A estas consideraciones, que más bien atañen a la situación exterior, se asocia, no obstante, otra que se refiere a la situación interna de este hombre. Al parecer, el carácter de Mussolini era propenso a cambios bruscos, sobre todo en circunstancias de la vida en que su momentáneo afán de prevalecer y su impaciencia ante el lento sucederse de los acontecimientos, o ante las ingentes dificultades de la situación del país, lo impulsaban a arriesgar un paso en lo incierto. Un ejemplo de lo dicho lo ofrece una ojeada a su época posterior.

En los años 1934/5, Mussolini, que entonces tenía 51 años, se encontraba seguramente en la cúspide de su carrera. La neutralización de la oposición, la creación de una milicia del partido y de una burocracia obedientes sólo a él, así como un estucado de toda la sociedad con lo que él llamaba su *gerarchia*, le permitieron imponer en el interior el reconocimiento, sin oposición, de su dictadura fascista.

Pero en el exterior logró considerablemente más.

Después de la Primera Guerra Mundial se le había reconocido a Italia oficialmente el rango de gran potencia, la cuarta gran potencia por delante del Japón, si bien esta posición no armonizaba en modo alguno con el trato efectivo que le dispensaban las otras grandes potencias. Esta anomalía figuraba en la lista de quejas de la "victoria perdida", como se la solía llamar en la Italia de 1918. El resentimiento nacional —pese a *intervento, guerra e vittoria*— no había sido eliminado por lo tanto: el italiano no estaba ni satisfecho ni tranquilizado. La lucha que, después de la Guerra Mundial, estalló entre socialdemócratas y fascistas, lucha que, en cierto sentido afectó a todo el país, era a los ojos de todo el mundo un signo demasiado claro de una victoria que, en realidad, estaba prácticamente perdida. Para resarcirse de ello, Mussolini actuó entonces con gran habilidad. Francia poseía en la llamada "pequeña entente" un cinturón de satélites en el este de la Europa Central, al cual no pertenecían Austria y Hungría. Entonces, el 5 de abril de 1927, firmó Mussolini un tratado de amistad con Hungría y, el 6 de febrero de 1930, con Austria, pactos que el 17 de marzo de 1934 se ampliaron para convertirse en un pacto tripartito. Este bloque le confería a Italia igual rango que a Francia en el área de la Europa Centro-Oriental. Este resultado fue precedido en 1929 por los Tratados Lateranenses, mediante los cuales Italia se reconciliaba con el Papado después de seis decenios de indigna y dolorosa tirantez. Desde entonces han transcurrido más de 60 años, y toda la Europa política de entonces ha desaparecido; pero los Tratados Lateranenses sirven todavía hoy de fundamento, por todos reconocido, para las relaciones entre el Papado e Italia, y más aún: como fundamento de la posición del Papado ante el mundo entero. Unos años después, Mussolini lograba cimentar el equilibrio europeo mediante el *Patto a Quattro* y, luego, mediante el Pacto de las grandes potencias en Stressa. Este último pacto fue en su tiempo (abril de 1935) la clave de bóveda, por así decirlo, de un edificio político sobre cuya base sería posible —según parecía entonces— un desarrollo pacífico de Europa y, a la vez, un control frente al poder nacional socialista, que entonces se establecía en Alemania. Dado que Mussolini, con su movilización de tropas en el Brénero, había defendido la independencia de Austria, puesta en grave peligro por el golpe de mano de 1934, las potencias occidentales empezaron a otorgarle confianza paulatinamente. El ministro francés de asuntos exteriores, Laval, lo visitó en Roma en 1935, y entonces no sólo se logró un reconocimiento de los "objetivos históricos de Italia en Africa" —así se expresaban entonces—, sino que también se produjo la declaración en que Laval le concedía a Italia "mano libre" en Abisinia.

Mediante estas jugadas de largo alcance, la posición y el prestigio de Italia se habían fortalecido de tal manera que ahora se podía sopesar la posibilidad de que, en el caso de un conflicto bélico mundial —pues, como es sabido, éste era de temer constante y crecientemente desde la toma del poder por el nacionalsocialismo en Alemania—, el nuevo *Impero del lavoro* pudiera convertirse en refugio de la paz y más tarde —una vez liberado del fascismo, que apenas una mente pensante en Italia consideraba una institución eterna —en fundamento de un desarrollo político de todo el continente. Las posibilidades de un gran futuro para Italia —justo en el sentido de sus tradiciones humanistas y de su pasado político remoto— le estarían prefiguradas, por así decirlo, en virtud de este puesto y papel y del reconocimiento de las otras grandes potencias.

En vez de ello se produjo un nuevo viraje. Y éste —causado por el mismo hombre que, en su momento, también había desempeñado un papel decisivo en la producción del primero— aconteció, cuando Mussolini tenía todavía 52 años, en la misma dirección que cuando tenía 32, a saber, en la dirección de un activismo nunca calculado hasta sus últimas consecuencias. Que este activismo armonizaba entonces (1915) con el gran mito de la culminación nacional, es cosa que se ha mostrado. Italia tal vez hubiese obrado, incluso en 1915, de manera más inteligente, moderada y política, si aun permaneciendo en actitud no beligerante al lado de las grandes potencias, hubiese sabido hacer a la vez que, después de la victoria, el vencedor le retribuyera esta *non-belligeranza* con la herencia correspondiente del complejo de ruinas de la vieja Austria: el Trentino, Istria y Trieste. La horrible lucha de posiciones en el paisaje rocoso de los Alpes se hubiera evitado así, y muchos miles de vidas jóvenes se habrían salvado. Pero la opinión pública, dirigida hacia la autorrealización nacional, veía aún entonces su satisfacción en una explosión espectacular: el público italiano creía realizar su sentimiento nacional, tan frecuentemente herido, sólo por la vía del activismo. Y el joven Mussolini resultó ser, precisamente, un fiel intérprete de estos deseos.

Pero en el cuarto de siglo subsiguiente muchas cosas saldrían de manera completamente distinta. Las exigencias del resentimiento nacional habían quedado satisfechas. Esta vez el alma del pueblo ya no pedía activismo ni explosión, sino tranquilidad. El experimento fascista había mantenido a este pueblo, elástico y pleno de fantasía y espíritu, presa de los espasmos de un sistema rígido, pomposo y sin alma. No hay que extrañarse de que, en 1938/40, cansado de la teatralidad vacía, se sintiera harto de su protagonista, ya un tanto monótono.

Cuando se retrocede con el pensamiento al *intervento,* se percibe cómo entonces las irradiaciones procedentes del alma popular pasaron por la psique de Mussolini igual que a través de un prisma, cómo este vibrar al unísono con la actitud colectiva de su pueblo lo desvió de su concepción original para producir en él el viraje ya mencionado. Entonces la oleada de las pasiones nacionales lo elevó a la cumbre. Sólo que él siguió recibiendo sus agitaciones y vibrando con ellas. Y así —cerca ya del asalto al poder—, acogió también esa fina irradiación de la psique colectiva, la agitación que tan italiana es y tanto se deriva del sentido de equilibrio y el sereno "talento" para la conciliación del italiano, y ésta le prescribía que no llevara la revuelta hasta el último extremo, sino que de pronto —y así ocurre en el discurso de Udine, el 20-IX-1922, de forma tan inesperadamente como antes, cuando cambió su actitud hacia el *intervento*—, tendiera la mano de la paz a la monarquía y al final entrara en Roma como primer ministro designado por el rey.

¿Qué acontece ahora en él, después de 25 años o después de

18 años? ¿Es que ya no da acogida a las agitaciones del alma italiana? ¿O es que se comporta, también ahora, igual que antes y sólo ocurre que se ha interpuesto algún elemento de su propia conciencia, de suerte que se ha vuelto como ciego para aquel rayo de luz y como sordo para aquellas voces?

En su primer encuentro en Venecia (junio de 1934) todavía ha rechazado a Hitler. Aún en el invierno de 1935/6 la actitud italófila de Alemania ante la cuestión de las sanciones —aplicadas contra Italia por su ataque a Etiopía— no provocó en él reacciones ulteriores. La empresa común en España transcurrió sin consecuencias políticas palpables para Italia, y aunque Mussolini habló, por primera vez, del Eje en 1936, ni siquiera su visita de 1937 a Alemania había llevado a una alianza irrevocable. Más aún: él ciertamente obró todavía de acuerdo con los deseos íntimos y los verdaderos sentimientos de su pueblo cuando en Munich, tan tardíamente como septiembre de 1938, intentó otra vez, la última vez, salvar la paz mundial.

Después, sin embargo, se había terminado toda clase de reserva, moderación y reflexión política. Impulsado por un momentáneo afán de prevalecer, por resentimiento nacional frente al aliado alemán, sencillamente más poderoso, y por la impaciencia personal, dio rienda suelta a sus ambiciones. Se llevó a cabo el brusco viraje, sin considerar sus últimas consecuencias, por segunda y última vez. El nuevo cambio de actitud — sin tener presente el cambio de situación en el país y en el mundo— se produjo otra vez en la dirección del activismo, del intervento, de la guerra. El 30 de noviembre de 1938, Mussolini anunciaba sus metas anexionistas. Entre ellas figuraban Túnez e incluso Córcega; con ello desafiaba a Francia y a las potencias occidentales en general. Medio año más tarde tomaba Albania. El 22 de mayo de 1939 firmaba la alianza definitiva, el Pacto de Acero, con Hitler, que para él, su movimiento y también su país había de ser fatal.

Ciertamente, aún durante este tiempo funciona su facultad de reaccionar como había funcionado en los viejos tiempos, sólo que esta vez la clara voz de su instinto queda superada por la de su activismo belicista, nuevamente despertado; al mismo tiempo, sin embargo —y esto es lo decisivo—, su instinto le ordena realizar u omitir acciones de tal manera que, repentinamente, se ve enfrentado a los resultados que él mismo ha buscado, pero que tienen el efecto exactamente contrario de lo que su activismo bélico había exigido.

Así, a pesar de todo el fragor "imperial" de las armas, en los últimos años de su dominio no hizo que el ejército alcanzara la altura de las exigencias más modernas. Firmó el Pacto de Acero, pero inventó la expresión *non-belligeranza* para sacarle el cuerpo a Hitler y no tener que prestarle ayuda efectiva. Cuando, después, la situación se tornó seria y la alianza hubiese exigido su inmediato *intervento,* en su carta a Hitler del 26 de agosto del mismo año 1939 se refirió abiertamente al "mal estado" de armamento de su ejército, salvando así una vez más a su país de entrar en la guerra. Entonces, el 16 de junio de 1940, entró en la guerra, pero sólo cuando ya estaba perdida para Francia y su resolución perjudicaba a su aliado antes que ayudarle. Durante la guerra actuó como una mala estrella para Alemania. Puesto que, en la guerra, todo lo que tocaba él —verdadero *jetattore*— se perdía, la alianza con él aceleró el hundimiento de Hitler, a pesar de haber acudido. Hasta por lo contrario Hitler tenía que acudir apresuradamente en su ayuda para evitar hundirse junto a él. Fueron los desafortunados retos de Mussolini lo que llevaron al "amigo" a la conquista de Grecia y a los desiertos norteafricanos, empresas que les costaron a los alemanes muchísima sangre, tiempo, energía y materia y que, en definitiva, resultaron ser absurdas.

El examen de estos hechos es lo que pone de manifiesto cuán poco se ha enajenado Mussolini de sí mismo o de los movimientos del alma colectiva italiana, incluso en los años de guerra. Pero ahora se reconoce qué era aquel elemento de su conciencia al cual se ha aludido más arriba. Por delante de los deseos íntimos del pueblo italiano —que, paradójicamente, incluso ahora eran con mucho los suyos propios— se ha interpuesto, como un muro inerte, su pasado de intervencionista activista, y éste es el pasado que lo vuelve incapaz de percibir los movimientos de la psique colectiva y hasta de entender su propia interioridad. Lo que es frecuente en la vida humana ocurría también en su caso: en el hombre envejeciente —que, como hacen precisamente los envejecientes, también volvió a enamorarse apasionadamente en aquel tiempo—, la gran experiencia de sus mejores años, el acceso al poder, retornó con el fuerte imperativo de llevarlo a cabo otra vez, de repetir en su edad madura, más grandiosamente, lo que había logrado una vez en sus años más jóvenes. Pero lo que en los años de plenitud varonil lo había llevado a alturas insospechadas, se volvió ahora contra él, causando su ruina.

Lo dicho se manifiesta del modo más peculiar, pero también más significativo, en su forma de morir. Aunque ninguna intervención extraña dividiera su muerte en tres actos, el primero de los cuales está relativamente alejado en el tiempo de los dos posteriores, su "género" de ocaso es claro de reconocer. Se trata del "género-Robespierre" de morir.*

¿Cómo se configura tal género de caída?

En un momento, cuyo contenido predicen los conocedores del proceso con bastante exactitud, el mundo circundante se cansa de participar en el espectáculo sangriento de un dominio tiránico, aunque haya seguido ciega e incondicionalmente a su omnipotente protagonista hasta un momento dado. O, para expresarlo de otra manera: el poder que, como un poderoso encantamiento, hasta ahora ha mantenido cautivos a todos, se ha disipado repentina y definitivamente como un amor completamente agotado.** Y al disiparse ocurre lo increíble, lo estupefaciente: el portador del poder, el dueño del encantamiento, cuya terrible magia fue su soporte y lo distinguió entre todos, aparece ahora bajo una luz singularmente pálida, despojado de su aureola, como desnudo. Ya nadie le cree que sea poderoso, su poder se volatiliza de improviso, se disipa, por así decirlo, y pierde de golpe su fuerza vinculadora y subyugante. Y se ha convertido ya en una materia tan tenue como una piel muerta que, sin dificultad, con mano leve, se atraviesa y parte. Su portador ya no es terrible, se ha vuelto risible. Es el momento en que Robespierre, atacable de pronto en su Convención misma, puede ser vencido, y su caída la aplaude jubilosa una muchedumbre que, aunque ayer le estaba rendida en obediencia servil, ahora lo arrastra, mortalmente herido, a la guillotina.

Y así —con las transformaciones que dictaban, ciertamente, una época distinta y una circunstancia distinta—, ocurrió con Mussolini. Como al dictador francés en la Convención Nacional, así le fue a él en su Gran Consejo. En la sesión nocturna del 24 al 25 de julio de

---

* Cf. mi "Carnaval y Revolución".
** Cf. mi *Tschingis Khan*, reed. 64, (Hamburg, 1958), 154-6.

1943, los colaboradores íntimos y los amigos a toda prueba se indignaron con el viejo Duce y, en pocas horas, hicieron caer el sistema fascista entero como un castillo de naipes. Ahora es cuando se ha puesto de manifiesto el gran engaño óptico de su vida y de la de todos los que le han seguido: donde él pensaba empujar, allí sencillamente fue empujado. En ningún momento había tenido autonomía frente al acontecer que se había desarrollado en el alma colectiva de los italianos. Lo mismo que en 1915 pudo incitar al *intervento* y en 1921/2 ordenar la marcha fascista, porque lo impulsaba el ímpetu poderoso del alma popular —del cual, sin embargo, pensaba que era el ímpetu de su propia "voluntad de poder"—, de igual manera lo dominaban a él ahora, en el momento de la caída, los contenidos del alma colectiva del pueblo italiano, que había madurado hasta llegar a una actitud en la que ya no soportaba su dominio. De ahí la completa parálisis, tan llamativa en este activista, con que Mussolini se muestra frente a los acontecimientos. La indignación de los "suyos" ha provocado en él una reacción que, en lo más profundo de su ser, da la razón a la actitud de ellos, dirigida ahora contra él. Esta percepción que, sin embargo —como ya vimos—, todavía estaba recubierta, como por un *caput mortuum*, por toda la superestructura de su pasado activista e intervencionista, lo dejó paralizado. Ya en la tarde del mismo 25 de julio se encontraba el rey en la situación de poder despedirlo sencillamente. El *Duce*, ayer todavía señor sobre vida y muerte y protector del trono, acataba sin resistencia las palabras del rey, igual que el arresto que llegó pisándole los talones a la destitución.

Pero a un actor que había desempeñado su papel como él el suyo, ni el público ni los que "habían apostado" por él podían obligarlo a retirarse tan simplemente del escenario después de la *débacle* definitiva. El "amigo", que ahora se destaca como último empresario, hace que lo liberen. Comienza el experimento de Saló. Y éste es seguramente el segundo acto de la farsa mortal mussolinesca. El hombre que nunca pudo mostrar autonomía respecto al alma colectiva de su propio pueblo se encontraba también sin libertad y a merced de las otras fuerzas de la época en que se movía. En su juventud fue seguidor de Marx, pero sacó de otros sistemas la teoría de la élite y la idea de la "acción directa"; en sus años de madurez tomó el *Príncipe* de Maquiavelo y el superhombre de

Nietzsche como pauta de su acción; al final se ha convertido en epígono de su propio epígono. Al principio, Hitler admiró desmesuradamente al compañero de destino que, mucho antes que él, había ganado notoriedad y poder; pero cuando él accedió al poder, trató de adueñarse de Mussolini. Vimos que no fue fácil, pero al final eso se logró en la medida en que Hitler y Mussolini podían presentarse ante el mundo en el papel de una pareja de amigos casi fraternales. Lo que en esto desconcierta es ver cómo la figura de Mussolini se nota cada vez más anémica, cómo aparece cada vez más a la sombra de su amigo, como su primer y máximo vasallo. Después de la caída, lo libera su soberano, es decir, lo esclaviza su empresario, obligándolo a revestir un papel que no pasa de ser el de un jefe administrativo detrás de la potencia de ocupación alemana. Como trágica muñeca a la que le han dado cuerda en un teatro de marionetas, se yergue ante su pueblo, hablando, actuando, haciendo como si viviera, aunque sólo es movido de un lado para otro por la cuerda del sangriento teatro de marionetas, de la mano de su epígono, que ahora es su señor.

Mario y el encantador, la novela que Thomas Mann escribió sobre la tragicomedia del pueblo italiano, el autor da al final una correcta "determinación del futuro", según la cual, el encantado, que ha sido abusado y humillado indignamente por el encantador, despierta del encantamiento con repugnancia y horror y se libra del encantador de manera violenta. Así queda predeterminado el caso de Mussolini —el "género-Robespierre" de su muerte— quince años antes de su caída. Sin embargo, el que después de él se establecería todavía un segundo poder, por cuya esencia demoníaca el encantador actuaría a su vez como una marioneta movida por los tirones de la cuerda, esto, probablemente, aún no se podía presagiar por entonces.

No obstante, Mussolini se comportó en este tiempo según la ley de sus comienzos, e incluso de conformidad con toda su carrera, al seguir sirviendo también en adelante como recipiente de los influjos que desde fuera llegaban a su ser; en otras palabras: se convirtió otra vez en simple máscara, pero por sus orificios oculares ya no miran los ojos, estrábicos de excitación, de una opinión pública fustigada hasta el paroxismo, sino la demonicidad tenebrosa de su compañero nórdico de destino.

Pero el experimento de Saló se deslizó rápidamente hacia su

final tenebroso. Alzado por la mano de Hitler, el atado trató de entonar nuevamente las viejas notas de otros tiempos. Pero las fuerzas que esta vez operaban en él ya no salían del alma colectiva italiana, y sin ellas, su representante, en otro tiempo pomposo, se encogió hasta convertirse en un lamentable payaso que ya no lograba entonar la vieja melodía encantatoria. Y entonces también la mano que lo mantenía en alto se tornó vacilante y débil, dejándolo caer finalmente. Después, rápida y cruelmente —tal como Thomas Mann lo había predicho—, se produjo el tercer acto. Del encantamiento no quedó nada, excepto la repugnancia del encantado ante su humillación. Con horror y odio en el corazón, barrió el pueblo los últimos restos del entremés fascista, lastimosamente fracasado. El payaso caído comprendió su situación y se irguió, no para arrostrar una muerte grandiosa, de la cual nada sabía, pero sí para una pequeña huida. Entonces, sin embargo, se hizo definitivamente odioso para los suyos, y uno de ellos le disparó, matándolo, como el Mario de Thomas Mann al encantador grotesco que lo había maltratado.

LOS HABSBURGO

Entre las dos guerras mundiales no fue posible todavía —de modo objetivo y sereno— establecer el balance de la obra y el papel de los Habsburgo. Ofuscaron entonces la vista, por un lado las nostalgias, los odios por el otro. Hoy, después de pasadas más de dos generaciones desde el desmoronamiento del último imperio de esta dinastía, la Monarquía Austro-Húngara, nos encontramos en una situación más favorable. Y si nos es lícito sacar la suma, es, al mismo tiempo, también, nuestro deber. En ninguna de las culturas occidentales hubo, ni hay, otra familia de semejante trascendencia, ni siquiera los Capeto y sus descendientes. Carlos V, al auto-caracterizarse "como rey soberano y señor, no reconociendo otro superior en lo temporal en la tierra", acertó sin lugar a duda. Sus mayores y sus nietos tardíos que definían durante más de seis siglos los destinos de Europa Central, durante poco menos de dos los de España, "las Islas y Tierras firmes del Mar Océano", en cuyo imperio nunca se puso el sol, merecen nuestra concentrada atención tanto por lo que fueron como también por lo que significaron para todos nosotros, hijos de sus países de antaño: alemanes, austríacos, checos, croatas, italianos, neerlandeses, españoles y otros hispanoparlantes y —para terminar— portugueses y húngaros.

1.

Su papel de alcance histórico-mundial comienza con el reinado del fundador de la Casa, Rodolfo I (1273-1291). Con respecto a él y su obra, sus antepasados no son sino una suerte de prehistoria.

De cierto modo, aun su juventud y su edad de varón lo es. Rodolfo fue electo rey de Alemania en el quincuagésimo quinto año de su vida, edad madura hoy, vejez en aquella época. Después de una era de horribles desórdenes e *Interregnum*, se le elige, pues no se temía a aquel pequeño conde de fortuna y poder medianos. Hombre sobrio, enérgico, inteligente, comprendió, de una vez para siempre, lo que tiene que hacer. Orden y ley. Palabras cortas, las de un deber sencillo —a primera vista. Pero este deber de restablecer el orden y hacer surgir de nuevo la autoridad de la ley en su país, resultó, por lo pronto, una tarea de muchas facetas y de enormes dificultades. Al vencer éstas, se le presentaron dos desgracias que luego, inesperadamente, se cambiaron en buena suerte. El primer príncipe de Alemania, Otocario II, rey de Bohemia, habíase lanzado, ya decenios antes, a formar en el Este alemán un imperio eslavo, y, victorioso en las batallas y excelente en la organización, ya había llegado lejos en su camino cuando se le enfrenta el nuevo soberano alemán. Sin el enemigo checo, su tarea hubiera sido irrealizable. Logró organizar gran parte de sus alemanes contra éste, el no-alemán; les incitó a que sacaran de sus manos las tierras alemanas que tenían ocupadas, y, conduciendo personalmente dos guerras consecutivas contra el checo, lo aniquiló. Los países del Este alemán volvieron bajo su supremacía; el hijo de Otocario se casó con una de las hijas de Rodolfo y recibió cetro y corona de manos del suegro y soberano. En el quinto año de su reinado, Rodolfo fue el salvador de una Alemania reorganizada, sana y fuerte.

Otra desgracia parecía presentársele para frustrar el proyecto de restituir el Sacro Imperio Romano, cuyo trono había quedado vacante desde la muerte de Federico de Hohenstaufen (1250). La magnífica construcción supranacional —claro está— representaba, en un entonces ya remoto, la realización del más alto ideal político que conocía el cristianismo occidental; pero en la era ya distinta de un nacionalismo principiante tornóse —y cada día más— en una institución anacrónica. Por no haber logrado nunca hacerse coronar emperador, Rodolfo se halló reducido a lo específicamente alemán: su Reino, su Nación. Pudo entonces obrarlo y forjarlo, sin perderse entre los sueños engañadores del Mediodía, como uno u otro de los antiguos emperadores, sin desperdiciar sus fuerzas y las de su nación, como uno u otro de sus sucesores. No obstante, los escasos dieciocho años del reinado de un hombre de edad, no bastaron para organizar una Alemania fuerte y unida, a la manera de sus vecinos en el Este y el Oeste: aquí la Hungría de los Árpados, allí la Francia de los Capetingios; ni siquiera logró asegurar la sucesión de la dignidad real en su propia descendencia.

Para capacitarla a sostener la concurrencia de influencia y poder con los príncipes alemanes de antiguo abolengo y extensa propiedad territorial, donó a sus hijos las tierras recuperadas de Otocario, la herencia de los Babenberg extinguidos, el núcleo de la futura Austria (1288).

2.

A costa de tremendas luchas internas, Alberto, el hijo de Rodolfo, logró al final eliminar a su rival, Adolfo de Nassau; pero apenas le fue dado el continuar la obra paterna. Víctima, a pocos años, de un asesinato, llevado a cabo por uno de sus sobrinos, los Habsburgo pierden un siglo y cuarto de supremacía en Alemania. Y cuando —por el matrimonio de Alberto II (1437-1439) con la heredera de los países de Segismundo de Luxemburgo— vuelven a ella, ya el momento propicio de Rodolfo había pasado. Los Habsburgo —eso sí— aseguraron y extendieron entre 1310 y 1437 su poder territorial en el Este alemán, llegando a ser un factor de creciente importancia entre Bohemia —entonces el centro del Imperio— y Hungría. Pero cambiaron el gran proyecto de la organización nacional de Alemania, iniciado por su antepasado, por el de concentrarse en la casi exclusiva labor de obtener nuevos territorios, provincias, países y —por último— continentes, identificándose cada vez menos con los intereses de la comunidad de la cual eran oriundos, y especializándose, cada vez más, en una política familiar de adquirir nuevos bienes, los que sí supieron mantener, organizar y hacer lucrativos para sus fines, sin darse cuenta, sin embargo, del hecho de que así lograron un trueque de la parte por el todo: Austria, por la totalidad de Alemania. El famoso lema de Federico III (1440-1493) —el primer emperador del linaje de los Austria— *AEIOU: Austria est imperare orbi universo*, no es sino una expresión característica y significativa del cambio de actitud de los descendientes del fundador Rodolfo, de la cual, para los Habsburgo, no se les ofrecería salida alguna.

Es verdad —por supuesto— que también las otras dinastías —

todas, sin excepción— estuvieron movidas por la ambición y el afán de extender su poderío, su riqueza, y por el terrible egoísmo, que muy a menudo les hizo olvidar moral y ética, a veces hasta honestidad personal y decencia de comportamiento. Pero si tan sólo comparamos en este lugar a Federico III y su hijo Maximiliano I (1486-1519) con sus más notables contemporáneos en los tronos europeos: Carlos VII y Luis XI, Carlos el Temerario, Matías Corvino o Isabel y Fernando, los Reyes Católicos, la diferencia saltará a primera vista. Hay —en cada uno de los casos— una labor consciente y tenaz de elevar —naturalmente— el propio poder y el de la dinastía. Pero todo afán, toda ambición desemboca en el cauce mayor de los intereses de la nación respectiva. Francia, los Países Bajos, Hungría o España sencillamente no existirían así como existen, sin el esfuerzo de estos grandes reyes, a la vez los héroes nacionales de la definición, modernización, elevación y auto-realización de sus naciones. En cambio, los cincuenta años de reinado de un Federico III pasan por la vida de la nación alemana sin dejar huella alguna, a no ser sus fracasos vergonzosos y risibles, los que subsanará... por el mero sobrevivir a su enemigo victorioso.

Más difícil es señalar el perfil de su hijo, ese Maximiliano inquieto e ingenioso, rey de Alemania durante una tercera parte de un siglo, que no captó los imperativos de la época cuyos ejemplos, sin embargo, estaban desde su temprana juventud delante de sus ojos, en las figuras de su futuro suegro, Carlos de Borgoña y en la del gran adversario de su Casa, Matías Corvino, o en las de los que llegarían a ser un día sus consuegros, Isabel y Fernando. Para establecer el *Estado* alemán y poner en marcha sus organizaciones e instituciones faltó —y también él— energía, seriedad, concentración.

En vez de esto, su obra estriba en apoderarse —de un modo ingenioso y hábil— de la herencia borgoñona por medio de la mano de su mujer, en recuperar aquello que perdió su padre ante Matías de Hungría —ciertamente, sólo *después* de la muerte de éste—, en asegurar para su Casa la herencia española, la húngara y la bohemia (ciertamente, por contratos matrimoniales, no por sable ni por los juegos de alta política.[1]

---

1. Sobre Federico III y su hijo Maximiliano I véase mi estudio: "Felipe II en perspectiva ancestral". Incluido en este volumen.

Es bajo estos dos monarcas —Federico y su hijo— cuando Alemania torna a lo que será durante toda la época moderna: un conglomerado amorfo de pequeños estados con minúsculos intereses locales y territoriales, condenado a un papel secundario en el concierto de las potencias europeas, a pesar de sus enormes riquezas tanto de bienes espirituales e intelectuales como materiales, y su enorme peso por ser el pueblo más numeroso de Europa entera. Pero —esto sí— su cabeza indebidamente crecida y en constante crecimiento: Austria llega a ser realmente, la que "impera en el orbe universo", comenzando ya por el hijo de Maximiliano sobre Borgoña, siguiendo por sus nietos sobre Hungría y Bohemia, España y el enorme Imperio de Ultramar, para terminar con el biznieto que reinará también sobre Portugal y sus colonias... Y cuanto más les resulta este "coleccionar de países y coronas" extendiéndose en lo ilimitado, tanto más difícil les será identificarse con una comunidad o —y esto es lo importante— vivir por una de ellas.

Luis XI o Francisco I son franceses, los Reyes Católicos son españoles, pero —¿qué *es* el Habsburgo? Felipe el Hermoso (†1506) crecerá en ambiente borgoñón y será un príncipe francés, no obstante ser el primero de su raza que intenta reinar sobre Castilla. Carlos V (1500-1558) —a pesar de llamar a Alemania una vez, al final de su vida, su "patria"— es el monarca universal y supranacional por excelencia. De Felipe II (1555-1598) oímos siempre de nuevo, aunque con sorpresa, que fue considerado por los suyos un "extranjero"; Fernando I (1526-1564), natural de España, se "regermaniza" con tanta facilidad como su padre se ha "afrancesado"; Maximiliano II (1564-1576) sí se acerca de nuevo a lo alemán, pero queda parado, si no paralizado, a medio camino, por no atreverse a dar el paso hacia la conversión al Luterismo, *la* religión alemana de su tiempo. Sus hijos, para cambiar, representan de nuevo una sensibilidad española. Su rigidez, causada no sólo por su actitud ceremoniosa, sino también por su limitada inteligencia, los estigmatiza por cuerpos ajenos en su ambiente tudesco, checo o magiar. Un "alemán" —si cabe la expresión— ocupa el trono de nuevo solamente en la persona de Fernando II (1619-1637). Pero éste —emperador durante la primera, más larga y más importante mitad de la Guerra de 30 años— logra tornarse esto sí en emperador— pero nunca jamás en rey de los alemanes, en el sentido como lo era el mayor de sus mayores, Rodolfo I. Con esa omisión

se le escapa para siempre a su Casa la posibilidad de una unificación y organización de Alemania desde la dirección del Sur católico
y la tradición imperial del Medioevo.

Aunque precisamente este "alemán" en el trono del Sacro Imperio parece haber sido uno de los pocos que poseía la vocación
para tamaña empresa, "no fue gran hombre, un gran monarca tampoco —dice de él el historiador Árpád Károlyi (1880)—, su firmeza era testarudez, su convicción bigotismo, pero gran energía obra-
ba en él basándose en su fe inquebrantable. Creía su deber —el del
primer representante del poder real oriundo de Dios— conservar
ileso este poder, salvar del desmoronamiento el antiguo orden de
las cosas, salvar también del exterminio la idea de la realidad tradicional. Adalid de una idea tal, estaba poseído de una confianza
inefable, por poco bíblica, respecto a su mensaje divino, su papel
fatal, de modo casi único en el decorrer histórico —y es esto lo
que le asegura una distinguidísima pecularidad".[2]

3.

Desde los albores de la Edad Moderna, al individualizarse la
expresión del hombre en el Renacimiento, es de notar en la actitud
de los Habsburgo una curiosísima dualidad, la cual —quizás— los
caracterizara también antes, pero no se revelaba bajo el ropaje del
tradicionalismo medieval. Me explico mediante un ejemplo: lo que
Carlos V dice, no sólo oficial y públicamente, sino también en sus
cartas personales o familiares, no rompe los límites de las expresiones de un hombre inteligente y un monarca consciente de su tiempo. Una inquebrantable fe, una voluntad férrea, una comprensión
del suceder mundial y una seguridad de sí mismo y en su deber,
hablan en ellas. Guillermo de Male, sin embargo, uno de sus más
fieles camareros, nos testimonia algo diferente: "Enmudezco y
tiemblo aún ahora —dice años después del fallecimiento del emperador— cuando pienso en las cosas que me confiaba". Complementan sus palabras las del mismo Carlos V, dirigidas a su único
hijo y heredero mediante secretas Instrucciones. Aquí se manifiesta
sin su siempre guardado antifaz imperial. "Estoy tan irresoluto y
confuso en lo que tengo que hacer que quien con tal arte se halla,

---

2. A. Károly, 403.

mal puede decir a otro en el mismo caso qué le conviene". Las cosas "están tan oscuras y dudosas que no sé cómo decirlas... porque están llenas de confusiones y contradicciones". "Voy a cosa tan incierta que no sé qué fruto ni efecto se seguirá". "En vista de la inseguridad de las cosas humanas... —añade—..., hijo mío, como sólo tengo este medio de no dañaros por culpa mía como ya ha ocurrido, en vuestras heredades confiadas a mí por Dios, tengo pues que irme y dejaros a vos en mi lugar...". Lo que aquí habla, es la terrible soledad del hombre moderno. Y el padre hablando al hijo, se refiere a una confesión más secreta aún: "Mas si muriera... —dice—, os dejo otra carta que sólo en tal caso debe de ser abierta... y que debe de ser leída *para defensa mía*". El contenido de este escrito se desconoce.

Pero, aun así, se nos revelaron esferas de dicha dualidad, suficientes para mirar a las profundidades del alma de este hombre; aptas para señalar —por lo menos— en dirección de las esferas profundas del alma de su hijo, cerradas y secretas mucho más que las del progenitor.

Para entender la dualidad también en el alma de Felipe II, citamos aquí una sola expresión del libro *Dichos y hechos* de Baltasar Porreño:

"Solía decir Su Majestad: El tiempo y yo para otros dos; significando en esto que vale mucho el tiempo, pues sin él no se obra cosa de provecho y tiene grande espera". Así preséntase las cuatro dominantes de su fuero interno: el tiempo y el hombre que actúa en el tiempo y el ganar y esperar, como pares: pares de una polarización. Y así se descubre cómo fue, *en realidad,* su "paisaje interior", poblado por dos castillos de opuesto sentido simbólico. Porreño relata cómo se retiraba Felipe, si era el éxito lo que lo elevó, a su castillo "Humildad"; en cambio, al haberle atacado el mundo enemigo, refugiábase en el otro, el fuerte de la "Confianza".

Fray José de Sigüenza, testigo ocular de los terribles cincuenta y tres días del último sufrimiento de su rey, habla, respecto a Felipe, en vez de dos castillos, de dos templos: castillos de Dios. Al seguir Fray José a su señor en dicho vía crucis, y, al observarlo cada día, llegó gradualmente a descubrir en él los dos hombres que actúan: uno que sufre y soporta los dolores, otro que medita sobre ellos. Y así se le revela *la verdad* de ese hombre: "... que dos son los hombres de cada hombre, y los ejercicios en que se empleava, el de fuera mostrava claro el socorro grande que le venía del cielo al de dentro". *Th'exterior and the inward man,* diría su contemporáneo Shakespeare.

4.

Esa dualidad —una vez descubierta— se deja seguir cual hilo rojo a través de todas las generaciones de este linaje, aunque nunca más irá manifestándose con la profundidad psíquica —como en Carlos V— o en la ejemplar nitidez arquitectónica— como en Felipe II. Aún en ellos se revela a veces —tras su máscara de cultivado, benigno, beato y... disciplinado —un rostro que influye terror y hace desconfiar en los que lo tienen. Y lo tiene —aunque nos consterne el descubrirlo— hasta el propio Carlos V.

Cuando el 27 de agosto de 1526 —dos días antes de haber caído, tras heroica defensa, el último baluarte del reino de su cuñado, Luis II de Hungría, bajo los repetidos ataques del Gran Turco, Solimán II—, el primer príncipe del cristianismo occidental tuvo el cinismo de escribirle a su hermano Fernando, a quien diera plenos poderes para invadir Italia en su nombre, pidiéndole que fingiera y dijera a todos que la empresa se preparaba contra el Turco que amenazaba las puertas del mundo cristiano occidental. Ya se sabrá —añade— quién será el "turco" contra el cual se irá: el Papa.[3]

Y —a raíz de tal "preparación"— el "sacco di Roma" tiene lugar; el cuñado sufre su muerte de mártir cristiano en el trágico campo de Mohács; el *antemurale Christianitatis:* Hungría, se desmorona ante el enemigo infiel, pero dentro de pocos meses Fernando de Habsburgo podrá coronarse heredero de los santos reyes de Hungría.

Sorprende en Carlos, emperador, defensor del cristianismo, profesor de la fe, adalid mayor de una cosmovisión espiritual, su ambición tozuda, su avidez casi innoble de obtener más y más coronas, tierras, poderes y riquezas, especulando con la muerte de personas jóvenes, para luego poder heredar todo lo que tenían. Tal actitud de Carlos es verosímil en el caso de la herencia húngara (comprobada en el caso de su hermano, Fernando)[4] y absoluta-

---

3. L. v. Ranke, *Reformation,* 409-410.
4. M. de Ferdinandy: *La ruina de Hungría, Magyarország romlása (1490-1526),* 46-47.

mente segura en el del legado portugués. Se trata de la combinación del anciano que cuenta con el temprano fin de un niño pequeño —quien, además, es su propio nieto— para alcanzar sus fines materiales bajo el signo de la omnipotencia de su adorada Casa.

El llevar a una muerte prematura —sin matarlos, por supuesto—, a los jóvenes en derredor suyo, es también una de las "especialidades" de su hijo Felipe. Mediante "muertes secretas y necesarias" perecen, uno después del otro, Don Carlos, Don Sebastián, Don Juan de Austria, y además de éstos, el barón de Montigny, los condes Egmont y Hoorne. Padre e hijo sabían que "la voluntad de los príncipes es violencia tácita".[5]

Tales muertes, a veces no tan "secretas", pero, desde el punto de vista del mismo monarca, sin lugar a duda "necesarias", fueron planeadas y llevadas a cabo, justificadas de modo consciente y hasta sincero por razones políticas; el bienestar de los súbditos o —muy a menudo— por causa e interés de la religión.

Fueron tal causa y tal interés —aunque desde el punto de vista de la moral y el humanitarismo, completamente erróneos, y en alto grado dañinos, desde las necesidades reales de España—, lo que movió al aparentemente más bondadoso y seguramente menos activo de todos los Habsburgo, Felipe III (1598-1621), a emprender la única acción que merece tal nombre en su reinado y en su vida: decretar la expulsión de los moros de sus dominios, en el año de 1609. Y este hombre, que "en la época de su acceso, era un muchacho pálido y anónimo cuya única virtud parecía residir en su total ausencia de vicios" (Elliott);que se dejaba conducir, en el más amplio sentido de este verbo, por su valido, dando la impresión de que no poseía ni voluntad ni carácter, esta única vez se mantuvo firme e inexorable. Sin piedad, sin dejarse influir por la misericordia o por la visión de los inmensos sufrimientos que causaba y seguía causando a tantos inocentes, entre ellos a muchas mujeres, ancianos y hasta niños de muy tierna edad por un lado, y por el otro, no movido ni siquiera por los más evidentes provechos industriales e intereses comerciales de su propio país; pero —esto sí— incitado por el racionalismo limitado y unilateral de la época en que vivía, mandó terminar la horrible tarea, con rara perseverancia. Era como

---

5. Cabrera de Córdoba, II: 170.

si aquí este "bondadoso", en el auge de su corta vida (tenía a la sazón treinta y un años de edad), se hubiese sacado una vez su antifaz de rey "justo, pío y pacífico" y revelara el verdadero rostro de Habsburgo, la "violencia tácita" de su padre. Sí, logró la unificación religiosa, racial, lingüística de su país, sin pensar, sin embargo, en la sabiduría de santos reyes medievales que —aunque cristianos— reconocían aún que *unius lingue uniusque moris regnum inbecile et fragile est.*[6] En vez de emplear cualquier doctrina de índole similar, puso el sello final al proceso de empobrecimiento interior de su reino. Es tristemente característico que en su hora suprema Felipe III no mostrara arrepentimiento por las miles y miles de muertes que causaba, y que no eran "secretas", y "necesarias" menos aún, sino por complacer a sus favoritos. Su tránsito fue desabrido y desesperado, contando el rey al morirse escasos cuarenta y tres años de edad.

Como tantas veces en la historia, así también en el caso de los Austrias españoles, habrá de ser el sucesor —bastante más vivaz, inteligente y culto, aunque no tan "bondadoso" como su progenitor— quien vaciará la amarga copa que le llenaron los hechos y las omisiones de sus predecesores. Felipe IV (1621-1665), falto de carácter, incapaz de llegar a una decisión, lleno de inseguridad ante la tarea de tomar una resolución, dependió toda su vida de sus favoritos, y, en los últimos lustros, hasta de una monja, supuestamente mística, consejera del monarca en todos sus asuntos privados y públicos. La disolución de la potencia mundial que era España llega a ser un hecho al final de su largo reinado, aunque su responsabilidad en ella es sólo mediata y parcial. La catástrofe ya venía preparándose desde la segunda mitad del reinado de su abuelo. No obstante, los golpes decisivos —uno tras otro— caían sobre él. Poco le valía esconderse tras el antifaz impávido e inalcanzable, que tan bien sentara aún a un Felipe II; al nieto le falta ya el armazón inquebrantable del antepasado. El anciano Felipe IV se culpa por todo. Tristes años de ocaso le esperan. Y el futuro tampoco le ofrece una perspectiva alentadora.

Él mismo, hijo, nieto y biznieto de enlaces consanguíneos, parece escaparse a la cada vez más amenazadora degeneración de su linaje, por su primer hijo varón que tuvo con la francesa Isabel

---

6. *Libellus*, II: 625.

de Borbón. Pero el príncipe Baltasar Carlos muere en la flor de su juventud, y su segunda mujer, su sobrina Mariana, hija de su hermana María y el emperador Fernando III (por las nupcias con ella la dinastía recae en los fatídicos matrimonios consanguíneos), sólo puede darle una hija de vida cortísima y dos varones, enfermos, raquíticos, malogradísimos desde su nacimiento. El primero de ellos morirá al cumplir cuatro años de edad; el segundo, heredará sus dominios antes de haber cumplido los cuatro años de edad.

El abuelo de Felipe IV, en medio de condiciones mucho más desfavorables que las de su nieto, supo eliminar a su vástago enfermizo, cuya subida al trono —según su criterio— hubiera puesto en peligro toda la obra de él, y también la de su padre, el emperador, pues Felipe II no tuvo ningún hijo varón cuando desheredó a Don Carlos. Felipe IV, quien en cambio, se dejaba vencer por el *carnalis amor*, dejó su reino en las manitas inertes de un niño raquítico y débil mentalmente, y nombró regente del país a la reina Mariana, de quien sabía mejor que otros que era "totalmente desprovista de capacidad política". No se atrevió a ir en contra de una ley que se había tornado obsoleta y hasta dañina, la de una legitimidad rígida, como tampoco se atrevería a echarla a un lado su lejano descendiente, el emperador Francisco I (1792-1835), en una situación muchísimo más favorable que la suya. Con todo, Felipe IV tuvo otro hijo más, saludable, activo, vigoroso, en los mejroes años de su vida —aunque ilegítimo. Pero el glorioso héroe del día de Lepanto fue un hijo bastardo de Carlos V; y el venerado fundador de la antigua Casa real de Portugal lo era también. Las dificultades hubieran sido vencidas también en el caso de este segundo Don Juan de Austria (1629-1679), siempre y cuando su padre hubiera aclarado su situación, sin dejar lugar a eventuales dudas.

Pues no lo hizo. Habrá tenido razones para ello. Don Juan era un hombre arrogante, ambicioso, inquieto y muy activo en la política, como también en la politiquería de su tiempo. Respecto a su orgullo "insoportable" y sus frecuentes actos precipitados, encontró, sin embargo, un autor de nuestro siglo una explicación psicológicamente válida. Estos no son —dice L. Pfandl— sino actitudes, respuestas, actos de defensa (*Schutzhandlungen*), muy naturales en un hombre que —sin culpa, pues el responsable por la supuesta "mancha" de su nacimiento no es él —está obligado a vivir en un estado que no le corresponde, expuesto a ofensas innobles y ataques indignos de parte de los que —en el mejor de los casos— son tan buenos o tan malos como él mismo, y que respecto a su origen real, en última instancia, ni le llegan hasta los tobillos.

Tras muchas peripecias, enviado contra Portugal, sus tropas quedan no solamente vencidas, sino aniquiladas; claro está, ya en los años de la final decadencia del imperio de su padre. Pero éstas ya no son tropas, sino una turba de pobres abaceros, obreros de mano y vagabundos que se dispersan ante Castel Rodrigo sin dar batalla, como había sucedido, unos ochenta años atrás, con las de otro bastardo, Dom António do Crato, ante el ejército del duque de Alba, cuando la marcha de éste sobre Lisboa.

Desde ahora quedará solo Don Juan, el doblemente fracasado, envuelto en las intrigas de la Corte. Como también él —similar hasta en esto a sus mayores, los tres Felipes—, falto de valentía personal, se deja manejar, pierde la jugada y, lo que es más esencial, el apoyo de su padre. Los años que siguen a la muerte de éste verán los esfuerzos repetidos del hijo para apoderarse del mando. A raíz de sus marchas sobre Madrid lo logra dos veces. La reina que le odió ha de ceder ante la presión del vulgo, que ve en el hijo de una española al tan deseado salvador *nacional*, tras tantos "extranjeros". Pero al comenzar sus reformas, lesiona los intereses personales, con consecuencias innumerables y pierde sucesivamente el apoyo de la aristocracia, el ejército y la Iglesia. En los últimos meses de su vida "se vio satirizado sin piedad por las calles de la capital" por un pueblo que de él "lo esperaba todo y no obtuvo nada" (Elliott).

En derredor del huérfano adulto, quien aún ocupa el trono de los Austria, Carlos II (1665-1700), se forma un aquelarre tragicómico en que, por un lado, corren los embajadores ansiosos y ávidos por obtener de la mano de este *ramus viridis et florens decrepitae plantae*, engendrado en la miseria de su padre,[7] la herencia más opulenta del Universo, y por el otro, frailes exorcistas y monjas visionarias se esfuerzan por librar al rey, el Hechizado, de su embrujamiento, que no es en realidad sino una serie de ataques de un triste enfermo epiléptico.

---

7. Palabras de uno de sus médicos al embajador imperial.

5.

Mientras el linaje de Carlos V se extingue por entre estos entreluces tétricos, de un caso sin porvenir inesperadamente se llena la rama oriental de la dinastía con los inicios de una vitalidad renovada. Después del fallecimiento de su prima y mujer, la pequeña Margarita, y de su segunda esposa, Claudia Felicitas, que sí le diera el Tirol, pero herederos no, para enorme suerte de Leopoldo I (1657-1705), ya no quedan más infantas Habsburgo para contraer matrimonio. Ha de casarse, pues, en terceras nupcias, con la alemana Magdalena Leonor de Palatinado-Neoburgo. Y la sangre sana de la nueva emperatriz produce el milagro. En los hijos de Leopoldo, José I (1705-1711) y Carlos VI (1711-1740), está superada la decadencia mortal de su Casa. Las saludables nupcias de este último y de su hija María Teresa (1740-1780), asegurarán el porvenir de la dinastía para toda la eternidad. María Teresa tendrá dieciséis hijos y su segundón, Leopoldo II (1790-1792), otros dieciséis más.

Hasta la actitud religiosa de la prole renovada de Habsburgo se encauzó de un modo más humanitario y satisfactorio para la totalidad de sus súbditos, al compararla con las medidas de un Felipe III o del propio Leopoldo I, aunque largo fuera todavía el procedimiento de este último, con fines de destruir sistemáticamente a todos aquellos que representaban —tanto en el plano religioso como en los anhelos nacionales— "la libertad de conciencia" hasta "el edicto de tolerancia" de su biznieto, José II (1780-1790).

La sinceridad de la profesión religiosa de esta dinastía —aunque de vez en cuando exagerada y equivocada, y llevando a catástrofes que hubieran podido evitarse— difícilmente se podría poner en duda. Y ni siquiera en los casos en que sabemos a ciencia cierta que tanto celo y afán se debió al temor insuperable que estas personas tuvieron ante los castigos que les esperarían en el Más-Allá. El mismo Leopoldo I, sin lugar a dudas, participó con sinceridad y conciencia tranquila en las misas que hizo cantar por la salud del alma de los tres grandes conjurados ejecutados por orden suya.

Por el mero hecho de la capitisdisminución de estos grandes, apenas se le podría censurar a Leopoldo. El amenazado se defiende; es lo natural. Pero estos altos dignatarios de su reino húngaro que se rebelaron contra él podían referirse a su antiguo privilegio, garantizado por la ley (Bula de Oro, 1222, §. 31), de resistir, hasta con las armas, al rey que viole... su propio juramento, prestado cuando su coronación, a las libertades del país. Y es por esta violación de la ley por lo que caen manchas sobre el carácter de Leopoldo. Según esta ley, los magnates —siendo nobles de Hungría— tenían que estar sentenciados por la Dieta magiar. Y, ¿qué duda queda de que ésta —en la situación dada en aquel entonces —también los hubiera condenado a la muerte? Pero en tal caso sería la Corona húngara la que heredaría sus latifundios y enormes riquezas. Leopoldo y el gobierno vienés estaban —como desde los tiempos de Carlos V todos los Habsburgo— en horribles y constantes dificultades financieras, hecho más que llamativo en el caso de una dinastía de riquísimos recursos y tan ávida —además— de obtener dinero. Años más tarde, una mano desconocida escribió sobre la pared del palacio vienés del general Carafa —a quien Leopoldo encargó la tarea de exterminar sistemáticamente la nobleza húngara— las memorables palabras: *"Ex lacrimis Hungarorum"*. El ala leopoldina del palacio imperial de Viena construyóse precisamente en 1670, año de la confiscación de los bienes de los magnates que habrían de ser ejecutados. La coincidencia es —por lo menos— curiosa. Un volante alemán decía al respecto: "Sáciate de la sangre de los Condes magiares, a quienes les robaste fortuna y hacienda".[8]

La famosa "conjuración" —como puede imaginarse— ha sido, a su vez, una tentativa bastante ingenua e inocente, como son en su mayoría tales movimientos. Los conjurados no sabían a ciencia cierta qué querían hacer—, ¡diecisiete años después del regicidio inglés! Y a aquel hidalgo al servicio de uno de estos grandes, quien les decía cuál debería ser su meta, lo querían ejecutar, asustadísimos por sus palabras atrevidas.

Pero, ¿cuáles eran los agravios de los húngaros frente a su rey extranjero, que se veían obligados a conjurar contra él y pensar —sólo pensar— de qué manera violenta podrían definitivamente deshacerse de él?

En resumidas cuentas, la situación del reino húngaro bajo el cetro del Habsburgo oriental era la misma que la de Portugal en el

---

8. "Sättige dich nun in ungarischer Grafen Blut, Denen du raubtest Hab und Gut". I. Acsády, 289.

Imperio del Habsburgo occidental, con una notabilísima diferencia, sin embargo: el reinado de los Austria en Portugal duró sesenta años; en Hungría, poco menos de cuatro siglos.

Por su madre portuguesa, Felipe II estuvo más cercano al trono lusitano que Fernando I, por su mujer húngara, a la corona magiar. No obstante, lo apoyó el acuerdo concluido entre Maximiliano I, su abuelo, y los Yaguelones. Ante la opinión pública húngara, quien lo hizo rey no fue la herencia ni los contratos dinásticos, sino la elección, la coronación y el juramento que el electo prestó a la constitución y libertades del Reino. Hungría renunció a su derecho a elegir sus reyes en 1687; al de coronarlos y tomarles dicho juramento, en cambio, no renunció jamás.

También Portugal instaló a su nuevo rey según la ley, costumbre y tradición antiguas; lo coronó y lo hizo jurar por sus libertades. Felipe II gobernó durante unos tres años su Imperio mundial desde su sede en Lisboa, la capital natural de una España unida, visto que la política de ésta ya no se dirigía, como antes, al Mediterráneo, sino al Atlántico. Luego, regresó —y para siempre— a Madrid.

Fernando I —al notar las leyes geográfico-políticas de su nuevo imperio del Este, entonces en vías de formación— hizo la tentativa de esclarecer su capital en Buda, el centro natural de todas sus tierras. Pero el avance turco le hizo, primero, inseguro, luego imposible quedarse en Hungría. Buda se perdió en 1541. Tuvo entonces que contentarse con Viena, ciudad periférica, tanto con respecto al espacio húngaro como a los territorios alemanes. Además, mirándola desde Hungría, como ciudad extranjera. Apta, sin embargo, como centro del Habsburgo mientras su Reino húngaro se reducía a una franja estrecha ante las fronteras de sus provincias austríacas, llamadas hereditarias. El resto se lo llevó el otomano. Y, sin embargo, a excepción de un solo caso, el Habsburgo no vulneró, en general, las libertades de su reino húngaro.

Este "solo caso" es el de Rodolfo II (1576-1608). "Los largos lustros de mala gobernación de él —dice un historiador inglés [9]— intensificaban de modo terrible el odio entre las confesiones y hacían inevitable la Guerra de 30 años; no obstante, él mismo no se arriesgaba por causa alguna, ni siquiera exponíase por amigo algu-

---

9. Sir A. W. Ward: *The Empire under Rudolf*, II: 735.

no. Debilitadísimas quedaban en sus manos impotentes la autoridad política como la judicial del Imperio. Las fronteras de éste en el Levante caerían si él no renunciaba a su defensa; las de Poniente se salvarían, únicamente por la daga de un asesino, de una invasión que las desmoronaba con casi completa seguridad. Y, a pesar de todo, todos los comentarios acerca de ese reinado se anulan ante la compasión por este pobre ser humano, por naturaleza ni malo ni innoble, cuyo destino no hubiera sido ni más oscuro ni más amargo si hubiera pasado la segunda mitad de los sesenta años de su vida recluído en un manicomio en vez de ocupar un trono imperial".

Y a este individuo le tocó la inesperada, casi increíble suerte de poder insertar, de modo pacífico, entre sus señoríos y dominios, al Principado de Transilvania: el Este húngaro —por cuya posesión su abuelo, Fernando I, tan en balde había luchado Esteban Boscskay, entonces partidario incondicional de Habsburgo, consiguió para él este cambio más que favorable. No obstante, Rodolfo, en vez de establecer en su nuevo país un régimen tranquilo y equilibrado, lo hizo —sin sentido alguno— ocupar militarmente; la soldadesca imperial lo hundió en la miseria y exterminó una notable parte de su población. Rodolfo, sumergido en ciega indiferencia, dejaba que sucediese todo esto. El ejemplo de los Países Bajos estaba todavía cerca; ya a los contemporáneos les llamó la atención el paralelismo entre los sucesos neerlandeses y los de Transilvania. Bocskay, provocado torpemente por los imperiales, cambió de actitud: marchó —apoyado también por los estamentos de Austria y Bohemia— contra el Habsburgo, logrando luego, en la Paz de Viena (1606), la garantía de la libertad política y la de "la consciencia" para las dos patrias húngaras. Transilvania —perdida ahora para Rodolfo, tan definitivamente como en su tiempo los estados neerlandeses para Felipe II —alcanza con esta fecha una independencia estatal apenas limitada. Y, realmente, mientras que Transilvania estuvo en condiciones de defender —a veces, con el arma en la mano— las libertades de Hungría, las relaciones entre los magiares y su rey fueron, si no satisfactorias del todo, al menos, tolerables y hasta sólidas.

El violento cambio lo trajo el régimen de Leopoldo I, con sus métodos de gobernar también a Hungría según las doctrinas del absolutismo, ahora en auge por la mayor parte del Oeste europeo.

La contestación a esto fue la mencionada conjuración de 1666-1671, y la guerra de los *mécontents*, llevada contra Leopoldo por Imre Thököly, más tarde Príncipe de Transilvania. En estos años, sin embargo, cambió la política del Oeste respecto al Este, de modo radical. El último ataque del turco contra Viena (1683) hizo surgir el plan de expulsar la Media Luna de Europa central. El Habsburgo se convirtió de repente en príncipe de un vasto imperio, cuyo peso industrial yacía, como antes, en sus provincias hereditarias, pero su peso territorial en Hungría y Transilvania, reconquistadas ahora por la retirada del Turco. Antiguos anhelos de controlar por lo menos el Norte de los Balcanes despertaron de nuevo. Por centro natural del inesperadamente extendido "complejo" Habsburgo se ofreció nuevamente, como en los comienzos de Fernando I, la ciudad de Buda. Pero Leopoldo no entendió la nueva situación. Al contrario, aunque rey de Hungría, mandará reintegrar los territorios conquistados para que nadie pueda disputarle su derecho a ellos. Hizo, al mismo tiempo — al reino húngaro— todo para transformar el país, rendido ante las armas, en una de sus provincias hereditarias. En 1686, Buda cayó en manos de los cristianos; en 1697, consiguió la dinastía —como fue dicho— la abolición del derecho de elección del rey y también la de la resistencia legal.

Favorecido por su situación geográfico-política, mil veces más propicia que la de Hungría —clavada entre tierras enemigas, sin salida hacia los mares—, Portugal recuperó su libertad después de los sesenta años de *los Felipes*, en 1640 y los años siguientes. No así Hungría. Aunque los sufrimientos inhumanos causados por la soldadesca y la mala gobernación de los imperiales llevaron, primero a los pobres, luego también a la nobleza a una sublevación general, el Príncipe Rákóczi no logró la independencia del país. La lucha se perdió —aunque no del todo. El hijo menor de Leopoldo I, Carlos (III tanto en España como en Hungría, VI en el Imperio) a la sazón el último varón de la Casa, en una célebre carta, aun desde Barcelona, mandó cambiar el procedimiento respecto a sus dos países húngaros.

6.

Carlos III, en 1711, después de la muerte de su hermano, el emperador José I, tuvo que darse cuenta de que los ingleses y ho-

landeses nunca permitirían que uniera en su persona la herencia
occidental de su Casa con la oriental, es decir, que surgiera de
nuevo el imperio de Carlos V sobre Europa. Sabía, además, que su
futuro régimen sobre Alemania tendría poco más que el valor de
título vacío de una dignidad anacrónica. Y a la vez entendió que su
única "colonia" de que aún disponía, era el territorio magiar, fer-
tilísimo, aunque terriblemente devastado por turcos y alemanes,
teatro de sus guerras durante dos siglos enteros; y —para acabar—
que esa Hungría nunca sería subyugada por los métodos de su
padre, Leopoldo. Tenía tanta comprensión e inteligencia que reconocía el error del método cruel y brutal de éste, sabiendo que el
mismo fin se lograría mediante un procedimiento suave y con buenas palabras. Y, por cierto, en escasos doce años logró todo lo que
sus antepasados no pudieron durante siglos. Hungría llegó a ser la
"colonia": el *Kornkammer* de las provincias hereditarias. Hungría
renunció a tener un ejército nacional; desde 1712 las tropas húngaras fueron parte integrante de las fuerzas armadas imperiales. Hungría reconoció, en 1723, el derecho de los Habsburgo al trono
también por la rama femenina. Por su parte, Carlos promovió la
obra de "poblamento" en el país desierto; fomentó la agricultura y
la pequeña industria local y elevó el nivel civilizador y cultural.

El reinado de su hija María Teresa —dice uno de los mejores
conocedores de esa época, el historiador Béla Grünwald (†1891),
en su "La vieja Hungría, 1711-1825", publicada la primera vez en
1888— "resulta fatal para Hungría por haberse madurado entonces
aquella política que obstaculiza —y hasta paraliza— por causa de
los intereses austríacos, en todos los altos niveles de economía, industria y comercio, el desarrollo magiar y eleva a rango de sistema
la dependencia y explotación económica del país, considerándolas
como base natural para el bienestar y evolución superior de las provincias hereditarias".

Claro está, también en su caso hay que subrayar lo mucho que
hizo por el país, al continuar, en mayor escala, los esfuerzos de su
padre. También estuvo agradecida a Hungría por la generosa ayuda
que le prestó la nación en 1741, cuando por poco se desmorona la
venerable construcción de sus mayores bajo los golpes de Prusia y
las potencias occidentales. De su afán de mostrarse grata surgieron
los siguientes gestos: la fundación de la Guardia noble del cuerpo,
en Viena; su actitud amigable hacia la alta nobleza, ante la cual

abrió su Corte y en cierta medida, hasta su corazón; y el restablecimiento de la integridad territorial de Hungría, lo que, a decir verdad, no le costó nada. Pero allí donde sí le hubiera costado comprometerse respecto a la libertad, independencia y dignidad del reino magiar, se mostró inquebrantable y, si no cruel, al menos llamativamente fría.

Esto por un lado. Pero por el otro: Su buen corazón de madre universal se llena de compasión y amor al pensar en la explotación del campesino por su señor noble. En junio de 1766, comentando su gran reforma —mejorar la situación del pobre— encuentra estas bellas palabras en una carta dirigida al Gran Justicia, un conde Pálffy: "No quiero violar sus leyes, amo la nación, le estoy agradecida, pero —como mi intención es seguir siendo el rey de ella— debo hacer justicia al pobre como al rico. Mis hechos, pues, han de estar en armonía con mi conciencia: no iré al infierno por unos nobles y magnates. Durante varios meses me esforcé por conciliar estos principios míos con los principios básicos del país; fracasé, empero, y es el campesino quien paga por ello. Lo que me interesa a mí es el bienestar universal, y no voy a soportar que éste esté obstruido por intereses privados".

Aquí habla una Reina, y sus hechos comprueban que habla con toda sinceridad. Pero no obstante, es ella misma quien establece, en 1760, el *Staatsrath* (Consejo del Estado), el que pronto empezará a tratar también los asuntos magiares como si una dieta, una cancillería húngara no existiesen en lo absoluto. El decreto de su nieto Francisco I (1792-1835), en 1801, que dice que el *Staats-Ministerium* (su nombre cambió, no así su carácter) es "la más alta autoridad para revisar *todos* los asuntos del Estado", tan sólo define un uso ya en ejercicio desde decenios. Convocar una dieta en esas circunstancias es pura burla de parte del poder central. Y que fue realmente así lo atestigua una prohibición de parte de la reina. No soportó que dijeran en su presencia *országgyülés, Reichstag* (Parlamento del Reino), sino sola y exclusivamente *Landtag* (asamblea provincial). O sea: no reconoció la independencia y "propia consistencia" de su reino magiar, lo que con otras palabras quiere decir: también ella, la tan religiosa, viola los términos del juramento que había prestado cuando su coronación. Tras su antifaz culto, benigno, beato, ya aquí se revela el verdadero rostro. Más aún, allí donde se trata del rencor secular de su Casa respecto a los que se atrevieron a resistir su voluntad o la de sus mayores.

Murió ya el rey que firmó la ley que desterrara a los próceres
de la postrera resistencia contra los Habsburgo. Había pasado desde entonces una generación entera, cuando el último de los desterrados, todavía en el imperio otomano, el escritor Clemente Mikes,
quien nunca se metió en política, ahora, anciano ya, suplica a la
reina en una solicitud conmovedora que le permitiera regresar, para
morir en su patria. Pero la sentencia de la Habsburgo reza: *Ex
Turcia nulla redemptio.*

Este es un caso; le sigue otro.

El conde Aspremont, detenido con su pesado coche en el lodo
de los malos caminos de Hungría, invoca su ascendencia rákócziana
para que los paisanos de la comarca le saquen de su incómoda situación. Lo consigue, pero la noticia del incidente alcanza la Corte.
La reina al avistarle cuando él iba entrando, desde lejos le clama,
mientras las mejillas se le ruborizan de desenfrenada ira: "¡Aspremont! ¡oiga él: seguramente no exijo que quede detenido en el
fango, pero estas bufonadas *con el Rákóczi* déjelas de una vez para
siempre o lo hago poner en la mazmorra!"

Explican e ilustran dicha dualidad de su ser —la de su raza—
las siguientes palabras de su hijo José, dirigidas a ella en el momento en que el entonces corregente de la reina acaba de sufrir un
gran dolor personal. Dice: "Pero dejemos esto, mi querida madre.
Penetrado por los sufrimientos, como estoy ahora, me absorbería
demasiado en ello. Me sería imposible continuar jugando mi papel,
caería *mi antifaz,* terminaría la ilusión con que mi buena voluntad
tiene cautivadas a tantas personas...". José, en su muy respetable
sinceridad, va tan lejos, que escribiendo una vez de este tema a su
hermano Leopoldo, hasta llegará a decirle: "Vales más que yo. Yo
soy un charlatán; y en este país he de serlo. Me entreno en cordu-
ra, en pobreza; y hasta las exagero: me manifiesto sencillo, natural,
mesurado en demasía".

José II es, posiblemente, el más notable entre todos los Habsburgo, desde Carlos V; y sin duda alguna, el más sincero de todos
ellos. Como sus mayores, por lo menos desde los primeros años de
Leopoldo I, también él quiere abolir la independencia húngara,
quiere asimilar su población al proyectado imperio neogermánico
unido, pero no anda por caminos escondidos, alevosos, por desvíos
y rodeos, como todos los otros, sino que intenta hacerlo de modo
varonil, por principios bien meditados, directa y consecuentemente,

y, si no lo puede evitar, recurre a medidas severas. No quiso mofar-
se de constitución y derechos consuetudinarios; los quiso aniquilar.

El posee la sinceridad y el valor suficientes para expresarse claramente en un autógrafo dirigido a su canciller, otro conde Pálffy
(30. 12. 1785): Unicamente de la decisión de renunciar la nobleza
a su exención de los impuestos "dependerá si Hungría participará
(en el futuro) en iguales favores que las provincias hereditarias respecto a comercio e industria o seguirá siendo, lo que es, *colonia...*
(En caso contrario) dificultaré la exportación de sus artículos... y la
haré explotar en la mayor medida posible...".

Pero, a pesar de leer expresiones de tan brutal sinceridad, una
reserva subsistirá en nosotros: José *sabe* que la nobleza va a rechazar su condición; por consiguiente, hay en sus citadas palabras un
grano de mala fe, que irá creciendo en la época de sus sucesores.

Sin embargo, al borde de la muerte, José tuvo —como la tenía
siempre— la sinceridad de reconocer el fracaso total de todas sus
reformas y revocarlas antes de fallecer. El Imperio moderno, social
y económicamente equilibrado de una Europa central *germanizada*
no tuvo éxito. Y surge la pregunta: en vez del Este, ¿por qué no se
dirigió José al Oeste, a la verdadera Germania, que sí hablaba alemán y de que él todavía era rey y emperador? No vale contestar
que Alemania, hallándose dividida entre tantos y tantos pequeños
principados y ciudades autónomas, no era apta para una reorganización, una unificación y el establecimiento de *la Nación* bajo el
cetro del más notable vástago de su antigua Casa reinante. Prusia,
aunque no disponía hasta la caída de Napoleón, de ninguna de las
tradiciones, fuerzas económico-políticas o autoridad imperial similares a las de la Casa de Austria, después de escasos noventa años llegó al mismo fin. Por cierto, no buscaba su salud ni su prosperidad
fuera de los límites de lo propiamente alemán, sino dentro de ellos.

7.

María Teresa no permitió llenar con un magnate magiar el
puesto del Palatino —el mayor dignatario del Reino de Hungría —
después de la muerte del conde Luis Batthyány (1765). Siguió el
ejemplo de Felipe II, quien tampoco nombró gobernador portugués para su nuevo reino lusitano, sino a su sobrino, el Archiduque
Alberto (uno de los hijos del emperador Maximiliano II), y como

lugarteniente de Hungría designó a su yerno, Alberto de Sajonia-Teschen. El palatinado nunca más volvió a la nobleza magiar. Aquí en Hungría, a fines del siglo XVIII, la tentativa tuvo pleno éxito, al contrario de la de Felipe IV, quien en el 1634, nombró gobernadora y lugarteniente a Margarita de Saboya, su prima, nieta de Felipe II, en Portugal. Seis años más tarde el reino lusitano se declaró independiente de la Monarquía española. No así Hungría. En el 1790, tras la muerte de José II, se hablaba aún de un *filum successionis interruptum*. Pero pronto volvió a someterse a la Casa real, incluso eligiendo para el palatinado a un archiduque, Alejandro Leopoldo, hijo de Leopoldo II, y después del fallecimiento prematuro de éste, a otro de sus hijos, el Archiduque José. Este palatinado tardío no fue, en lo esencial, sino un virreinato o una lugartenencia del Rey, quien residía en Viena, mientras el Palatino —su hermano— residía en el Castillo real de Buda. La larga gobernación del Arch. José (1796-1847) fue, en realidad, una preparación —aunque involuntaria, cada vez más perceptible para una segunda rama reinante de los Habsburgo en Buda. Al ascender el Arch. Esteban al puesto de su padre, José, durante el año revolucionario de 1848, expresóse a menudo el deseo de verle como *rex junior*, y hasta como Esteban VI en el trono de su santo tocayo. Si este posible desarrollo hubiera sido —al menos— vislumbrado por los conductores de la política austríaca antes del surgimiento de Napoleón, el representante de la primogenitura habría podido dedicarse por entero a los asuntos alemanes, manteniendo a Hungría gobernada por el representante de la segundogenitura , conservándola a su lado en forma de una estrecha alianza, basada en la ascendencia común de ambos gobernantes.

Pero nada de esto aconteció. Leopoldo II encontró el Imperio de José II en estado de disolución. Asustado frente a una reacción nacional, restituyó la Constitución, convocó la Dieta, se hizo coronar rey y prestó juramento a las antiguas libertades del país. De la sinceridad de su hermano apenas nada quedaba en él. Introdujo —ante todo— un sistema de espionaje en todos sus países, y contrarrestó las ambiciones de la renovada nobleza, en un principio ligeramente revolucionarias, con el despertar de una inquietud entre los campesinos de las minorías no húngaras del reino y con matices de hostilidad hacia la nobleza magiar. Por tanto, recurrió a la antigua divisa de los autócratas: *Divide et impera*.

Por estas jugadas, Leopoldo toma medidas que le traen, por lo pronto, brillantes resultados. Pero estas mismas medidas serán, en un futuro más lejano, uno de los factores que contribuirán a la caída del imperio de su Casa. Parece evidente que cada medida que —como las jugadas de Leopoldo— favorecía las fuerzas centrífugas iba a ser, a la larga, dañina para la monarquía, y que cada medida que favoreciese las fuerzas centrípetas le sería a la larga de utilidad. La más importante de estas últimas era la nobleza húngara, representante de un pueblo que, fuera de la Monarquía, no tenía pariente alguno, y cuyas condiciones de vida sólo se podían dar dentro de ésta. Metternich, ministro de Francisco I, descubrió la verdad de lo dicho, aunque demasiado tarde. Se tomó la molestia de leer el *Corpus juris hungarici,* dándose cuenta de que la antigua Constitución, que en el siglo XVII era todavía la enemiga mortal de las autocracias, ahora, bajo las nuevas circunstancias producidas por la Revolución francesa, se había vuelto un apoyo natural del trono. Después de una larga época de absolutismo se abrió la Dieta —la primera de la época de las "Reformas". Este cambio de rumbo fue, en gran medida, uno de los resultados del cambio de opinión operadas en el todopoderoso ministro (1825).

Lo que ganaron él y el imperio de su señor por esta comprensión que citamos, tanto o mucho más perdieron por el conservadurismo testarudo y torpe de mantener a todo costo de modo —como lo hizo dos siglos antes Felipe IV en el caso de Carlos II— una idea de legitimidad malentendida y obsoleta. A pesar de esto, Francisco y su ministro consiguieron que aquel heredara las coronas de su padre, medida tanto menos comprensible al saber que precisamente en la generación del mismo Francisco se encontraban los Habsburgo intelectualmente más destacados de toda la época postjosefina. El Arch. José resultó un excelente regente en los largos años de su palatinado húngaro; el Arch. Juan se destacó, en su juventud, como un buen organizador militar, y más tarde, incluso mejor en el campo civil. Representó digna y sabiamente los intereses, tanto de su Casa como de Alemania, en el Parlamento de Frankfurt, en su calidad de regente de aquel imperio (1848-1849). Su regencia constituyó el último papel de influencia importante de los Habsburgo en los asuntos alemanes. Pero entre estos dos estaba el tercero, el mejor de todos: el Arch. Carlos, mundialmente conocido como "el vencedor de Aspern". Allí quebró por primera vez la fama de invencible de Napoleón, aunque Aspern representa solamente una en la larga serie de sus notables victorias. Fue un experto en la organización, la teoría y la literatura militar. El emperador francés, quien sabía muy bien cómo respetar y valorar en el enemigo al superior conocedor de guerras y soldados, lo invitó a una entrevista. Ofrecióle la corona austríaca, ya que la romana, privada de todo su antiguo sentido y esplendor, había caído hacía poco de la cabeza de su hermano mayor. La disciplina familiar de los Habsburgo hizo que Carlos rechazara la oferta de Napoleón. Realmente: no tuvo otra alternativa. Pero también aquí surge la pregunta: ¿No hubiera podido salvar un regente de la calidad del Arch. Carlos la nave del imperio de su Casa que, no obstante las apariencias, entre las crecientes olas del nacionalismo iba a zozobrar —tarde o temprano, pero con una seguridad fatal—, ya que no pertenecía a ninguno de estos nacionalismos? Su supranacionalismo, que en el siglo XIX estaba fuera de lugar, hubo de perderla.

8.

Lo que le quedaba aún para prolongar, en este caso, su vida, eran unas mañas y tratamientos superficiales (*fortwursteln*). La primera víctima de estas mañas había sido el Arch. Esteban, Palatino del Reino y Lugarteniente del Monarca luego, el pobre Fernando, en cuyo nombre reinaban otros archiduques, ajenos a las ideas nacionales que Esteban intentaba representar; dispuestos —por consiguiente— a dejarlo caer cuando sus intereses "supranacionales" así lo exigieran.

Al haber sancionado Fernado V (I en Austria, 1835-1848), el 11 de abril de 1848, las nuevas leyes de una Hungría democrática, fue grande el entusiasmo de la parte magiar. Sólo el conde Esteban Széchényi —la mayor figura de la época de la "Reforma"— se da cuenta de la situación real. Los archiduques conservan su antifaz; parecen otorgar sinceramente a la nación lo que ésta exige: libertad, autarquía, parlamento de representación popular, ministerio responsable e independiente, etc. Pero tras su disfraz actúan las fuerzas contrarias a las aspiraciones nacionales. No sólo en Hungría, en Austria también. En una carrera larga gana el que tiene más aliento. Y Széchényi anota: "Desde Viena abandonarán a Hungría a su hado y finalmente la conquistarán".[10]

La revolución de Viena queda vencida en 1848; la caída de Hungría acontecerá al cabo de unos dieciocho meses, aunque no por la fuerza de los Habsburgo, sino por la ayuda militar prestada a Francisco José (1848-1916) por el zar de Rusia.

A la derrota siguió un nuevo experimento absolutista. Según todas las expectativas habría de durar mucho, quizás para siempre, pues esta vez Viena organizó su tiranía mejor de lo que lo hicieron antaño los absolutismos ingenuos y diletantes. En los "distritos" recién creados pululaba una burocracia disciplinada e impersonal. Si su señor era "supranacional", ésta —en cambio— ha sido internacional, pero incondicionalmente fiel al soberano imperial. Y penetró la sociedad entera. No obstante, le amenazó una circunstancia: la época era de ideales constitucionalistas y nacionales, y, en ella, cualquier absolutismo resaltaba como un anacronismo antidiluviano. Sin embargo, si no lo hubieran atacado —y muy sensiblemente— complicaciones de afuera y guerras perdidas que le sacudieron incluso su posición de gran potencia, posiblemente se habría conservado aún por numerosos años más.

Pero ya la guerra con Italia había hecho surgir la necesidad de experimentar con el restablecimiento, o mejor dicho, con la nueva creación de constituciones en ambas mitades del imperio. Luego, la guerra con Prusia, la expulsión de Austria del *Bund* alemán (1866) —seguramente la más fatídica frustración que le tocó al Habsburgo a lo largo de toda su historia— debía sugerir, de modo imperioso, la importancia de llegar a un acuerdo con la mitad oriental del "complejo" habsburgués: el reino magiar. Se logró por el Compromiso (*kiegyezés; Ausgleich*) de 1867, coronándose Francisco José Rey de Hungría y prestando el juramento a la Constitución.

Pero la artimaña, el proceder de mala fe, también esta vez ocultaba su rostro malicioso tras el antifaz satisfactorio y benigno. Hungría recibió todos los bastidores de un constitucionalismo liberal para poderse arrullar en la ilusión de su carácter de *Regnum liberum... independens,... propiam habens consistentiam et constitutionem* (1790/91 §. X.), pero el fondo tras los bastidores quedó igual

---

10. *Diarios*, 24.3. 1848.

igual a lo que había sido desde 1712. Hungría, ni siquiera desde 1867, poseía ejército propio, dinero propio ni propia representación diplomática. Tampoco alcanzó el reconocimiento de parte de las potencias europeas garantizándole su independencia. Como antes el emperador, ahora es el rey quien queda en posesión de todas estas prerrogativas. En cambio, defendió la integridad del territorio nacional, y, con ella, las capas reinantes de la sociedad, contra toda amenaza por parte de las minorías: las nacionalidades que llegaron a formar la mitad (48%) de la población en el país.

En Austria, en cambio, formaron el 65% de la población, con el agravante de que la mitad austríaca de la Monarquía doble nunca fue una sola personalidad histórica, plasmada hacía numerosos siglos, como la húngara. Por consiguiente, su conjunto de provincias *hereditarias* nunca tuvo tampoco una sólida "consistencia" ni una propia "constitución" histórica y conscientemente desarrollada. De este hecho fluía que el "matrimonio" entre las dos partes del imperio habsburgo no fuera desde un principio sino un enlace de dos individualidades en alto grado heterogéneas, que en ningún momento quisieron ni pudieron entenderse, pues eran formaciones sociales y políticas de tendencias esencialmente diferentes. (Como única excepción a esta regla parece ofrecerse la alianza de los estamentos checos y austríacos con Esteban Bocskay, la que mencionamos en su adecuado lugar). Y —lo que es más llamativo todavía—, en el conglomerado de las provincias hereditarias se hallaron tales pueblos o parte de ellos que en sí y por sí disponían de una consistencia histórica fuerte (como los checos o los polacos), o tales que anhelaron unirse con sus hermanos de fuera de las fronteras del imperio (como italianos, eslovenos, dálmatas y hasta los mismos austríacos de habla alemana). Cada vez más se verificaban las palabras de Luis Kossuth, pronunciadas en la capital inglesa, en 1851: "Austria ni siquiera es una nación. La filosofía política hasta puede poner en duda que posee el derecho de existir. Austria es, o una dominación, o la parte de un pueblo".[11]

---

11. L. Kossuth, pág. 147, basándose en las palabras de Henri Martin: *De la France, de son Génie et de ses destinées,* Paris, 1947.

9

Característicamente, los miembros de la dinastía, y, con ellos, sus "camarillas" aunque estaban conscientes de los peligros y, más aún, de los síntomas de una decadencia final, entre cuyas luces espectrales seguían tambaleándose, ni siquiera ahora decidieron abandonar su "dominación" de índole supranacional para optar por una u otra de sus naciones —entre tantas— manteniendo todavía la antiquísima y anticuadísima ideología de su *Gesamtmonarchie*, el imperio universal.

El Arch. Francisco Fernando, heredero del trono, como consecuencia del suicidio de Rodolfo, único hijo varón de Francisco José (1889), aunque veía con claridad suficiente las amenazas que surgían contra su futuro imperio por las nacionalidades que querían —y cuanto antes— despedazarlo, mantiene con toda la tenacidad de su raza la idea de la Monarquía universal: la cúpula que va a erguirse sobre todas las "estirpes", como él llamaba a las naciones, unidas bajo la autoridad de su Casa. En vez de lograrla, será por su violenta muerte (1914) por la que se desencadenará la tormenta cruel y vergonzosa de la I Guerra mundial, que acabará con el Imperio de sus antepasados, esta vez para siempre.

Una triste caricatura de la dualidad —la doble faz que tuvimos la oportunidad de observar en el carácter y la actuación de sus mayores— deberán parecernos sus palabras siguientes: "Sé muy bien que la gente me llama 'esfinge'. Esto me satisface. Que no lleguen a saber nunca qué es lo que actúa en mí, qué es lo que pienso o quiero. Así me van a temer".[12]

Al ver, sin embargo, que en tantos años de su expectativa al trono, no hizo nada, no remedió nada, dejándose conducir por sus "colaboradores", que lo llevaban hacia el desmembramiento de su herencia ancestral, aunque logrando —esto sí— que le temieran y le odiaran, difícilmente podemos concordar con el veredicto del historiador austríaco, R. A. Kann, quien exhorta a "no negarle, a pesar de toda crítica, el respeto que le corresponde como a una personalidad de gran formato".

La personalidad de gran formato que —a pesar de toda la críti-

---

12. O. Eöttevényi, 382.

ca de la que puede ser, y con muchísima razón, blanco, y de las enormes dificultades que le rodeaban por todos los lados— hasta su último día logró conducir, sostener y guardar ese monstruo de tantas cabezas que era la Monarquía Austro-Húngara, ha sido, sin lugar a dudas, no Francisco Fernando, y Rodolfo menos aún, sino el Emperador-Rey Francisco José.

Es en esta seca pero profunda inteligencia, en esta tan amenazada pero inquebrantable voluntad, en esta perseverancia y este cumplimiento de un deber y una tarea cada año más difíciles, en que se nos presenta el largo ocaso de Habsburgo, y preséntasenos en formas no indignas de su gran pasado. Aunque el portador de estas calidades había de sufrir mucho, renunciar o hacer compromisos dolorosísimos más de una vez, el ser interno, *the inward man,* tras su inmóvil antifaz, no traicionó nunca nada de lo que consideraba como su legado. Con los húngaros hizo la paz, porque garantizáronle el mantenimiento del rango de gran potencia de su imperio, lo que le pareció la parte más trascendente y más integrante de dicho legado. El hombre que no nutría ilusiones, tenía, no obstante, ésta. No vio o no quiso ver cómo se desvanecían cada vez más las aspiraciones y las posibilidades de una política imperial de *su* Austria, hasta que ésta se redujo a poco más que territorios suplementarios de la verdadera gran potencia mundial de sus tiempos: el nuevo imperio alemán.

Como una tentativa desesperada por salir de esta situación parecen hoy la ocupación (1878) y la anexión (1908) de Bosnia, sin duda el error más notable de todo su largo reinado. Por ellas aumentó el elemento *eslavo* de su monarquía *austríaca* y *húngara,* saturadísima ya más que suficientemente de minorías eslavas. Al declarar la anexión ante el mundo, resultaba claro que Austria no renunciaría a sus anhelos imperiales. Esta revelación ayudó grandemente a preparar la constelación política por la que luego estallaría la I Guerra mundial. No obstante, hasta este paso precipitado —la anexión— le venía ya tarde.

"Por cierto, trágico es el destino de los Habsburgo—escribió un anónimo en el 1906—. *Ahora* han de despedirse de su rango de gran potencia, cuando el mundo entra en la época de un imperialismo nunca visto antes, aunque ellos han sido los primeros que ejercieron una política colonial de envergadura universal, ellos que señoreaban por primera vez sobre el mar Océano".[13] Las circunstancias por las cuales Francisco José entró en la I Guerra mundial comprobaron la verdad de lo citado, pero no pudieron quebrantar la actitud fiel a sí mismo y su deber ancestral de este hombre hasta el final. A pesar de haber sido él el único Habsburgo bajo cuyo reinado gozaban, por un lado Hungría, una era de constitucionalismo liberal, y por el otro el mosaico de las provincias hereditarias, llamado Austria, su única época de parlamentarismo constitucional, no cabe duda de que Francisco José, respecto a lo esencial de su carácter y actitud, fue el último autócrata de gran estilo de toda la historia mundial.

Los que anhelaron seguirle en su puesto y en su papel no lo serían. No carece de sentido histórico el hecho de que habían de morirse antes que él, pese a su edad mucho más avanzada. Ni su hijo, un psicópata suicida, ni su sobrino, Francisco Fernando, con su moral y costumbres de pequeño burgués, han podido librarse de la penumbra de lo decadente y lo cotidiano, tristes características del fin de siglo en Europa central. En cambio, Francisco José fue Rey y Emperador: "orden y ley": destino y hado de sus prójimos, como él mismo lo decía impávido entre las tormentas revolucionarias del 48/49, que llegaron a sacudir los cimientos más profundos de su trono. Y lo decía en tono de programa para toda su larga vida, por tener entonces poco más de dieciocho años de edad.[14]

10.

Los escasos dos años de reinado del último Habsburgo, Carlos I de Austria y IV de este nombre en el trono húngaro, son los de la disolución de aquello que antaño fue el Imperio de sus antepasados. Su abdicación definitiva al trono de Austria y su "renuncia temporera a la conducción de los asuntos" en Hungría, como también sus tentativas —precipitadas e insuficientemente preparadas— par retornar a ésta y no al antiguo centro del poder habsburgo, señalan un notable cambio: el de optar —aunque tardíamente— por *una nación,* en vez de seguir forzando la política supranacional de

---

13. Artículo de fondo, 18.1.1906, *Budapesti Hirlap* (Gazeta de Budapest).
14. Contestando a los oficiales imperiales de Olmütz, D. Angyal, 65.

gran potencia. Tal comprensión —como es conocido— se reveló demasiado tarde y desembocó en un fracaso final.

El hijo del último emperador-rey, tras muchas peripecias, optó por lo alemán. Al comprometerse a un papel activo de representante de Alemania en la política europea, se había cerrado —según parece— un círculo; el que después del reinado del primer coronado de su linaje, Rodolfo I, salió de lo alemán propiamente dicho para —a través de lo austríaco, lo borgoñón, lo hispano y lo austro-húngaro— hacerle retornar, en el final del camino, al punto de partida de la carrera histórica de su prole. A su propia biografía — por sus etapas austro-húngara, española, belga, austríaca y, al final, alemana— parece seguirle, cual en un compendio, la de su historia dinástica: un epílogo lleno de significado histórico y simbólico valor.

BIBLIOGRAFIA

I. Acsády: *Magyarország története I. Lipót és I. József korában, 1657-1711*, Budapest, 1898. Szilágyi: *A magyar nemzet tört.* (Historia de Hungría en la época de Leopoldo I. y José I., Szilágyi: Hist. de la Nación húngara), vol. VII.

D. Angyal: *Az ifjú Ferenc József,* (El joven Francisco José), Budapest, s.d.

V. Bibl: *Der Tod des Don Carlos,* Viena-Lipsia, 1918.

K. Brandi: *Kaiser Karl* V., 3ª, Munich, 1941.

L. Cabrera de Córdoba: *Felipe II, rey de España, I-IV,* Madrid, 1876-7.

J. H. Elliott: *La España Imperial, 1469-1716,* 4ª, trad., Barcelona, 1972.

O. Eöttevényi: *Ferenc Ferdinánd* (Francisco Fernando), Budapest, 1942.

M. de Ferdinandy: *Mi Magyarok,* Diez estudios de Hist. de Hungría, Budapest, 1941.

M. de Ferdinandy: *El Emperador Carlos V.,* Edit. Univ., Río Piedras, 1964, Tubinga, 1966, Munich, 1978.

M. de Ferdinandy: *Hist. de Hungría,* Madrid, 1967.

M. de Ferdinandy: "Die kranke Generation: Don Carlos, Don Sebastián, Rodolfo II", *Rec. de XIe Congrés Intern. des Sciences Généalogique et Héraldique,* Lieja, 1972.

M. de Ferdinandy: *Philipp II*, Wiesbaden, 1977.

M. de Ferdinandy: "Felipe II en perspectiva ancestral". En este volumen.

M. de Ferdinandy: "Felipe II, semblanza de un hombre", *Carnaval y Revolución*, Edit. Univ., Río Piedras, 1977.

M. de Ferdinandy: "Una concepción genealógica de la Historia", *ibidem*.

M. de Ferdinandy: *Magyarország romlása*, (La ruina de Hungría), Roma, 1979.

M. de Ferdinandy: "Francisco José", *Irod. Ujság* (Gazeta Liter.), Paris, 1980.

S. B. Fay: *The Origins of the World War*, 2ª, New York, 1959.

B. Grüwald: *A régi Magyarország 1711-1825*, (La vieja Hungría), 3ª Budapest, 1910.

K. Hampe: *Rudolf von Habsburg, Herrschergestalten des deustchen Mittelalters*, 7ª, Heidelberg, 1967.

H. Hantsch: *Die Geschichte Österreichs*, I-II, 4ª, Graz, 1959.

M. Horváth: *Huszonöt év Magyarország történetéböl, 1823-1848*, (25 años de la hist. de Hungría), Ginebra, 1864.

R. A. Kann: *Erzherzog Franz Ferdinand Studien*, Munich, 1976.

A. Károlyi: *Bethlen Gábor levelei* (La correspondencia de G. B.) *Néhány történelmi tanulmány* (Unos estudios de Hist.), Budapest, 1930.

L. Kossuth: "Felolvasások Angliában" (Conferencias en Inglaterra), *Obras Selectas, Remekirók*, tomo X, Budapest, s.d.

Libellus de institutione morum, Scriptores rerum Hungaricarum, Budapest, 1938, Vol. II.

G. Marañón: *El Conde-Duque de Olivares*, 10ª, Austral, Madrid, 1958.

H. Marczali: *Magyarország története II. József Korában*, (Hist. de Hungría en la época de José II), I-III, Budapest, 1885.

H. Marczali: *Magyarország története III. Károlytól a bécsi Kongresszusig*, (Hist. de Hungría desde Carlos III hasta el Congreso de Viena) *1711-1815*, Budapest, 1878, Szilágyi, Vol. III.

M. Marczali: Az 1790/1-diki országgyülés (La dieta de 1790/1) I-II, Budapest, 1907.

Oliveira Martins: *Hist. de Portugal*, 16ª, Lisboa, 1972.

T. Ortvay: *Mária, II. Lajos magyar király neje 1505-1558*, (M., esposa del Rey Luis II de Hungría), Budapest, 1914.

Gy. Pauler: "Zrinyi Péter "(Pedro Z.), Századok, Vol. I., 1867, 89 ss.

B. Porreño: Dichos y hechos del rey Don Felipe II, Madrid, 1942.

L. Pfandl: Karl II, Munich, 1940.

L. v. Ranke: Die Osmanen und die spanische Monarchie, 3ª, Berlín, 1857.

L. v. Ranke: Deutsche Geschichte im Zeitalter der Reformation, Phaidon, Viena, s.d.

A. L., v. Rochau: Die Moriscos in Spanien, Lipsia, 1853.

Fray Prudencio de Sandoval: Hist. de la vida y hechos del Emperador Carlos V, I-III, Madrid, 1955.

Fray José de Sigüenza: Hist. de la Orden de San Jerónimo, 2ª, I-II, Madrid, 1907-9.

A. Sergio de Sousa: Hist. de Portugal, Labor, Barcelona-Buenos Aires, 1929.

G. Stadtmüller: Geschichte der habsburgischen Macht, Suttgart, 1966.

Gy. Szekfü: "A tizenhatodik század" (El siglo XVI), Hóman-Szekfü: Magyar tört (Hist. de Hungría), vol. IV., 1ª, Budapest, s.d.

Gy. Szekfü: "A tizennyolcadik század" (El siglo XVIII), ibidem, vol. VI.

Los Diarios de Esteban Széchényi, años 1825 y 1848.

A. Wandruszka: Das Haus Habsburg, Viena-Stuttgart, 1956.

A. Wandruszka: Leopold II, I-II, Viena-Munich, 1963.

Sir A. W. Ward, Cambridge Modern Hist., Cambr., 1934, vol. III.